本书出版得到

北京科技大学科学技术史一流学科建设

经费支持

哲蚌寺壁画保护

郭宏 李博 祁娜 著

科学出版社
北京

内 容 简 介

本书是对哲蚌寺壁画保护修复工作全面系统的总结，书中不仅详细记录了壁画的保护修复过程，而且以哲蚌寺壁画起甲病害为对象，分析其主要病害原因及其表面所用胶结材料，研究适合修复西藏起甲壁画所用的材料及工艺，对于西藏起甲壁画机理及其修复材料和修复工艺的研究具有普遍的现实意义，对西藏壁画病害的修复治理亦具有重要意义，研究成果对于保护修复气候类似地区、具有相似制作材料和工艺的壁画具有较好的推广价值。

本书可供文物博物馆单位从事文物保护修复的工作人员，尤其是从事壁画保护修复的专业技术人员参考；也可供高等院校文物保护专业的教师、研究生、本科生阅读参考。

图书在版编目（CIP）数据

哲蚌寺壁画保护 / 郭宏，李博，祁娜著 . —北京：科学出版社，2022.7
ISBN 978-7-03-072669-8

Ⅰ.①哲… Ⅱ.①郭… ②李… ③祁… Ⅲ.①哲蚌寺－寺庙壁画－文物保护－研究 Ⅳ.①K879.414

中国版本图书馆CIP数据核字（2022）第117410号

责任编辑：雷　英／责任校对：邹慧卿
责任印制：肖　兴／封面设计：张　放

科 学 出 版 社 出版
北京东黄城根北街16号
邮政编码：100717
http://www.sciencep.com

北京汇瑞嘉合文化发展有限公司 印刷
科学出版社发行　各地新华书店经销

*

2022年7月第 一 版　　开本：787×1092　1/16
2022年7月第一次印刷　印张：12　插页：20
字数：280 000
定价：228.00元
（如有印装质量问题，我社负责调换）

前　言

哲蚌寺是藏传佛教格鲁派（黄教）最大的寺院，位于西藏拉萨市西郊约5km的根培乌孜山南坡山坳间，系格鲁派始祖宗喀巴弟子绛央曲杰·扎西班丹于明永乐十四年（1416年）所创建，距今已有近600年的历史，经后世不断扩增，形成现今占地约250000m²的庞大藏传佛教寺庙建筑群。因其建筑具有既沿横向轴线延伸，又沿纵向轴线依山就势逐层垒筑展拓的特点，故其东、西、北三面与根培乌孜山南坳自然相依，南面则与蜿蜒流淌的拉萨河遥相对望。又因各个建筑单位的布局设置大体可分为院落平地、经堂平地和佛殿平地三个地平层次，形成由门庭到佛殿逐层升高的格局，加之大殿和经堂顶部装饰金顶、金幢、法轮、灵兽等宗教元素，故而远处眺望，群楼层叠，鳞次栉比，雄奇壮丽，宛如一座美丽的山城。

1982年2月23日，哲蚌寺被国务院公布为第二批全国重点文物保护单位。2010年西藏自治区文物局拟对哲蚌寺殿宇建筑进行维修，其中的措钦大殿由于墙体变形严重，拟对该部分墙体进行整形与整体加固，这部分墙体主要集中分布在措钦大殿的龙布拉康殿四壁、三世佛殿四壁以及内转经道西壁内墙和北壁内、外墙等处。由于内转经道西壁内墙墙体变形最为严重，壁画中间部位空鼓达10cm（图版1）。必须先对壁画采取加固、揭取等措施，待古建筑墙体加固与整形维修完成后，再将壁画原位复原回贴。内转经道北壁外墙由于毛细渗水严重，底部壁画均已缺失。

哲蚌寺措钦大殿建筑采用土、石、木为主要建筑材料，各殿建筑因年久失修，局部出现墙体开裂、木构件糟朽、屋面漏雨等状况，对建筑内部的壁画构成严重威胁，壁画损毁现象十分严重。加之强紫外线阳光辐射、温度剧烈变化等环境因素的长期影响，壁画出现支撑体变形、开裂、局部坍塌，地仗层空鼓、裂隙、大面积脱落、酥碱，颜料层龟裂、起甲、粉化脱落，画面烟熏、油脂污染、贴纸、划痕等诸多病害，严重威胁着壁画的长期保存与展示（图版2~图版4）。

措钦大殿的龙布拉康殿和内转经道保存的壁画是全寺历史最早、价值最高的壁画。为了配合哲蚌寺古建筑的维修工作，同时有效保护这批珍贵壁画，2010年中国文化遗产研究院受西藏自治区文物局委托，对该部分壁画进行了详细的现场勘察与研究工作，根据哲蚌寺措钦大殿壁画病害的实际情况编制了《西藏哲蚌寺措钦大殿壁画抢救性保护方案》，并上报国家文物局。同年，国家文物局批复了该方案（文物保函〔2010〕1111号）。

哲蚌寺内转经道西壁内墙壁画的揭取与原位复原回贴工作，因壁画地仗层极厚、极脆，墙体变形导致壁画开裂、错位、破碎严重，且存在大量不规则裂隙，同时受操作空间极为狭窄等多种因素的综合影响，使得该项工作的难度极高。加之，为了尽量减少壁画揭取过程对壁画造成的不可逆损伤，以及考虑到后期壁画的整形、复位对接画面、原位回贴等工作，尽量选择在壁画已有裂隙处切割，以减少切割缝。但随之而来的是壁画分割块极不规则，使得壁画揭取工作难上加难，增加了后续壁画原位回贴工作的难度。

哲蚌寺壁画的修复工作受到西藏自治区文物局、拉萨市政府的高度重视，西藏自治区副主席、西藏重点文物保护工程协调领导小组副组长、办公室主任甲热·洛桑丹增在西藏自治区文物局领导的陪同下数次莅临哲蚌寺壁画保护修复工地，考察、指导壁画保护修复工作，并对壁画保护修复工作给予充分肯定。同时，哲蚌寺壁画的保护修复工作也得到了哲蚌寺广大僧侣的支持与赞赏，获得了良好的社会效益。

目　　录

前言 ··· i
Preface

引言 ··· 1
Introduction

第一章　哲蚌寺建筑及其壁画概述 ·· 3
Chapter 1　Overview of Architecture and Wall Paintings of the Drepung Monastery

1.1　哲蚌寺建筑概况 ··· 3

1.1　Architecture of the Drepung Monastery

1.2　措钦大殿壁画分布及主要内容 ·· 4

1.2　Locations and Descriptions of Wall Paintings in the Tsokchen Chanting Hall

    1.2.1　措钦大殿门厅 ··· 4

    1.2.1　Hallway

    1.2.2　龙布拉康殿 ··· 5

    1.2.2　Longbrakang Hall

    1.2.3　内转经道 ··· 6

    1.2.3　Internal Circumambulation

1.3　哲蚌寺壁画研究 ··· 7

1.3　Aesthetic Research on Wall Painting

1.3.1 壁画分期···7
1.3.1 Periods

1.3.2 壁画内容与构图特点···8
1.3.2 Contents and Compositional Characteristics

1.3.3 壁画风格、用色及其流派·····································10
1.3.3 Style, Color and Schools

1.4 哲蚌寺壁画价值评估···11
1.4 Significant of Wall Painting in Drepung Monastery

1.4.1 历史价值··12
1.4.1 Historical Values

1.4.2 艺术价值··12
1.4.2 Aesthetic Values

1.4.3 科学价值··14
1.4.3 Scientific Values

1.4.4 社会价值··14
1.4.4 Social Values

第二章 壁画保存现状调查与评估·····································16
Chapter 2 Investigation and Evaluation of Present Condition

第三章 壁画保存环境···19
Chapter 3 Environmental Condition

3.1 拉萨地区温湿度变化···19
3.1 Temperature and Relative Humidity in Lhasa City

3.2 哲蚌寺温湿度变化···22
3.2 Temperature and Relative Humidity in Drepung Monastery

3.2.1 温湿度检测仪设置··22
3.2.1 Installation of Environmental Sensors

3.2.2 监测数据统计分析··22
3.2.2 Statistical Analysis on Environmental Data

3.3 水文地质环境 ·· 24
3.3 Hydrogeological Environment
3.3.1 角岩化钙质板岩 ·· 24
3.3.1 Keratinized Calcareous Slate
3.3.2 第四系松散体 ·· 25
3.3.2 Quaternary Loose Body
3.3.3 地下水 ·· 25
3.3.3 Underground Water

第四章 壁画制作材料和工艺研究 ·· 26
Chapter 4 Raw Materials and Manufacture

4.1 壁画数字化分析与无损检测 ·· 26
4.1 Digitalization and Non-destructive Analysis
4.1.1 内转经道壁画支撑体三维扫描 ·· 26
4.1.1 3D scanning of the Mural Supporting Layer
4.1.2 地质雷达检测 ·· 38
4.1.2 Geological Radar Detection

4.2 取样分析 ·· 40
4.2 Scientific Analysis
4.2.1 内转经道壁画颜料取样记录 ·· 41
4.2.1 Sample Description
4.2.2 分析仪器及测试条件 ·· 41
4.2.2 Analytical Approaches and Conditions
4.2.3 分析结果 ·· 42
4.2.3 Analytical Results
4.2.4 胶结材料分析 ·· 47
4.2.4 Bonding Media
4.2.5 表面涂层判断 ·· 49
4.2.5 Coating

4.2.6 壁画制作工艺研究……50
4.2.6 Manufacture
4.2.7 关于藏传佛教壁画绘画工艺……51
4.2.7 Mural Painting Procedures

第五章 壁画病害类型与成因分析……54
Chapter 5　Classification and Mechanism of Deteriorations

5.1 病害类型……54
5.1 Classification of Deterioration

5.1.1 支撑体病害……54
5.1.1 Supporting Layer

5.1.2 地仗层病害……54
5.1.2 Plaster Layer

5.1.3 颜料层病害……56
5.1.3 Painting Layer

5.2 病害原因分析……57
5.2 Deterioration Cause Analysis

5.2.1 建筑结构的影响……57
5.2.1 Architectural Structure

5.2.2 制作材料与工艺的影响……59
5.2.2 Materials and Manufacture

5.2.3 保存环境的影响……60
5.2.3 Environment

5.2.4 渗水的影响……62
5.2.4 Water Seepage

5.2.5 震动的影响……63
5.2.5 Vibration

5.2.6 人为因素的影响……63
5.2.6 Human Behavior

5.3 变形破坏特征与机制分析 ·· 64

5.3 Deformation and Mechanism

  5.3.1 变形破坏现状 ·· 64

  5.3.1 Description of Deformation

  5.3.2 变形破坏特征及机制分析 ··· 65

  5.3.2 Characteristics and Mechanism

第六章 修复材料与工艺筛选 ·· 67
Chapter 6 Evaluation of Materials and Techniques for Restoration

6.1 实验室研究 ··· 67

6.1 Laboratory Works

  6.1.1 哲蚌寺壁画地仗材料的分析 ··· 67

  6.1.1 Scientific analysis on the Plaster Layer

  6.1.2 传统灰浆材料改性 ·· 72

  6.1.2 Modification of the Traditional Mortar Materials

  6.1.3 混合灰土材料焙烧实验 ·· 76

  6.1.3 Roasting Experiment on the Hybrid Lime Materials

  6.1.4 改性灰土材料相关问题讨论 ··· 82

  6.1.4 Discussion

  6.1.5 空鼓壁画灌浆加固材料筛选 ··· 85

  6.1.5 Grouting Material Evaluation for Preparation Layer

  6.1.6 起甲壁画加固材料筛选 ·· 106

  6.1.6 Stabilization Material Evaluation for Painting Layer

6.2 现场试验 ·· 113

6.2 Experiments *in-situ*

  6.2.1 空鼓壁画灌浆加固工艺 ·· 113

  6.2.1 Grouting Techniques

  6.2.2 起甲壁画加固工艺 ·· 115

  6.2.2 Stabilization Techniques

6.2.3 揭取与原位复原回贴壁画工艺 ······117

6.2.3 Restoration Techniques for the Detached Fragments

第七章 壁画修复 ······120
Chapter 7 Conservation and Restoration

7.1 方案设计 ······120

7.1 Project Proposal

   7.1.1 设计说明 ······120

   7.1.1 Statement

   7.1.2 设计依据 ······121

   7.1.2 Rationales

   7.1.3 设计原则 ······121

   7.1.3 Principles

7.2 壁画修复 ······122

7.2 Implementation of the Conservation Project

   7.2.1 保护修复技术路线 ······122

   7.2.1 Technical Procedures

   7.2.2 原位保存壁画的保护修复 ······124

   7.2.2 Conservation of Wall Painting *in-situ*

   7.2.3 内转经道壁画的揭取与原位回贴 ······128

   7.2.3 Restoration Techniques for the Detached Fragments from the Internal Circumambulation

7.3 成果与效果 ······138

7.3 Outcomes and Aesthetic Presentation

   7.3.1 壁画修复成果 ······138

   7.3.1 Outcomes

   7.3.2 壁画修复效果 ······139

   7.3.2 Aesthetic Presentation

第八章 相关问题讨论
Chapter 8　Discussion

8.1　项目技术难点分析 141
8.1　Technical Difficulties

8.2　保护修复原则的应用 141
8.2　Conservation Principles Application

 8.2.1　关于不改变文物原状原则 142
 8.2.1　Preserving Historic Conditions

 8.2.2　关于最低限度干预原则 144
 8.2.2　Minimal Intervention

 8.2.3　关于可再处理原则 144
 8.2.3　Reaccessible Technology

 8.2.4　关于修复材料兼容性原则 145
 8.2.4　Compatibility of Restoration Materials

 8.2.5　关于可识别原则 146
 8.2.5　Identifiable Intervention

8.3　今后工作展望 147
8.3　Prospect

 8.3.1　壁画的数字化档案建设 147
 8.3.1　Archive for Digitalized Mural Painting

 8.3.2　壁画保护修复效果跟踪监测 149
 8.3.2　Outcomes Monitoring

 8.3.3　壁画保存环境监测 150
 8.3.3　Environmental Monitoring

参考文献 151
References

附录　哲蚌寺措钦大殿及其内转经道温湿度检测结果 ……………… 157
Appendix　Data of Temperature and Relative Humidity of Tsokchen Chanting Hall

内容提要 ………………………………………………………………… 175
Abstract ………………………………………………………………… 176

后记 ……………………………………………………………………… 178
Postscript

引 言

  壁画是指绘制于建筑物墙壁和天花板上的绘画，或先画在布、纸等载体上，然后再贴于墙上的图画或图案[1,2]。构成壁画有三个基本要素，即以人工改造或人工构建的建筑物为支撑体、以颜料为物质载体、以绘制技术为主要手段。在世界范围内，古代壁画比较发达的地区主要在亚洲，即西亚的两河流域和波斯、东亚的中国和日本、南亚的印度及东南亚地区。其次是非洲（主要是埃及）、欧洲和南美洲（主要是墨西哥）[3]。中国是世界上壁画保存最为丰富的国家。按照建筑物的功能与性质，壁画可分为殿堂壁画、寺观壁画、墓室壁画及石窟壁画等[4]。

  西藏地区的壁画类型主要为寺观壁画，另存有少量石窟壁画。据2018年统计数据显示，西藏共有寺庙1780余座，其中藏传佛教寺庙1700多座，苯教寺庙80余座。在这些寺庙内，均绘制了大量精美的壁画。西藏壁画内容主要有四类：一是佛和菩萨像；二是佛本生故事变相画；三是达赖喇嘛、班禅喇嘛及历代高僧的传记画和肖像画；四是重大历史事件及风俗画。这些壁画是研究藏民族起源、发展、社会变迁、信仰、科技等方面不可多得的、不可或缺的重要实物资料，是我国珍贵文化遗产的重要组成部分，具有重要的历史、艺术和科学价值。同时，藏传佛教壁画作为我国壁画传承发展史上的重要组成部分，既有和内地壁画相似的地方，也有其自身独有的特点。藏传佛教壁画有近千年历史，其内容丰富多彩，具有浓郁的宗教气息和民族情趣，在形式、思维、色彩表现和造型上都极具研究和借鉴价值。藏传佛教壁画最主要的表现形式为寺观壁画，主要分布在西藏、青海、甘肃、四川、云南等地的藏民族聚居地。在众多藏传佛教寺院中保存了大量内容丰富多彩、自唐宋至明清各时期的壁画，其内容涉及宗教、政治、经济、文化、历史以及社会生活领域的各个方面，从佛经、教义、神话传说、历史故事、生活场景到山水风景、翎毛花卉、图案、装饰，几乎无所不包，无所不有，表现内容极为丰富全面。

  西藏壁画分散于高原各处，受自然和人为因素的长期影响，加上本身制作材料和工艺的特殊性，产生了多种病害。对于壁画的保护修复已有大量的研究成果，涵盖了各个方面。壁画制作工艺方面，李长民对传统壁画制作材料和工艺方面的探讨[5]、徐军平等对东汉墓室壁画制作工艺的研究[6]，段修业对敦煌莫高窟壁画制作材料的认识[7]，以及刘凌沧[8]、吴炜[9]从较为宏观的层面对壁画制作技法的研究；壁画颜料方面，何秋菊等对壁画制作颜料的无损分析[10]，苏伯民等对克孜尔石窟壁画颜料的分析研究[11]；壁画病害机理的探索更是成果丰硕，唐玉民等曾就壁画颜料变色进行过相关研究探讨[12]，李最雄对敦煌壁画胶结料老化进行的探索[13]，以及汪万福[14]、马清林等[15]对微生物和壁画病变的相关性及治理进行的研究。此外，陆寿麟等也曾对壁画绘制、损坏原因以及相应的保护措施三个方面做了研究[16]。针对西藏藏传佛教壁画的保护修复，相关的研究成果则多集中于敦煌研究院自 2001 年开始实施的西藏三大寺壁画维修工程，如汪万福等对布达拉宫、罗布林卡和萨迦寺壁画保存现状、病害种类、壁画地仗及墙体制作工艺的调查及制作材料分析[17]，李最雄等对上述三处寺院空鼓壁画进行修复的模拟实验[18]，樊再轩等通过筛选灌浆材料结合现场试验进行的空鼓壁画灌浆加固试验[19]，段修业等对西藏萨迦寺壁画的保护修复研究[20]，王旭东等对萨迦寺壁画维修的前期试验及维修工程总结[21]，赵林毅对布达拉宫壁画维修工程的总结[22]以及李最雄等在布达拉宫壁画维修项目完成后对整个项目，包括前期调查、实验直至后期项目实施的工程总结报告[23]。

对于浩瀚的藏传佛教壁画而言，哲蚌寺壁画的保护修复，尤其是措钦大殿内转经道壁画的揭取、原位复原回贴，既有和其他西藏寺院壁画相似的修复材料和工艺，也有其特殊性，且壁画保存环境复杂，增加了壁画的揭取、原位回贴难度。此次壁画的揭取、回贴技术的研究成果及其修复工作，必将为之后藏区壁画保护中遇到的类似问题提供修复材料和工艺选择方面的借鉴。同时，以哲蚌寺壁画起甲病害为研究对象，分析其主要病害原因，研究适合修复西藏起甲壁画所用的材料及工艺，对西藏起甲壁画修复的研究具有普遍的现实意义，对西藏壁画病害的修复治理亦具有重要意义，研究成果对于保护修复气候类似地区、具有相似制作材料和工艺的壁画具有较好的推广价值。

第一章 哲蚌寺建筑及其壁画概述

1.1 哲蚌寺建筑概况

哲蚌寺由措钦大殿、甘丹颇章、四大扎仓（洛色林扎仓、郭芒扎仓、德阳扎仓、阿巴扎仓），以及各自康村和僧舍、库房等相对独立，且结构严密的建筑单元组成。

措钦大殿位于哲蚌寺的中心，占地面积近 4500m²，殿前有一约 2000m² 的石铺广场，17 级台阶之上，便是 8 根方柱分托梁枋的门廊。大殿经堂规模宏大，东西长 50.1m，南北宽 35.8m，面积约为 1800m²，堂中均布 183 根方柱分托梁枋，其中间升起一层，构成面积约 100m² 的高旷天井。所有方柱柱基为红饰，其上部、托木及梁枋则遍施以蓝色为主基调、兼以金色的彩绘。方柱、梁枋间，垂幡悬幔，五光十色。殿中除供奉文殊师利菩萨及大白伞盖佛母外，后殿正中，另供奉一高两层的鎏金弥勒佛像。其左侧为三进三间的"三世佛殿"。三世佛各与其随身二弟子组成一组，分别置身于三座鎏金塔形佛龛中，正中乃释迦佛及其二弟子。措钦大殿二楼东侧有甘珠尔殿，殿内藏有明永乐八年（1410 年）红印本甘珠尔、万历四十二年（1614 年）云南土司木增所奉丽江版甘珠尔（即理塘版甘珠尔）和第三任第巴洛桑土登祝贺五世达赖喇嘛六十大寿于康熙十年（1671 年）用金汁抄写的甘珠尔，以及康熙二十二年（1683 年）北京版甘珠尔各一部。三楼西北侧为弥勒佛殿，该殿及其殿内所供奉铜制鎏金强巴通真（弥勒八岁等身）巨佛像为 15 世纪初乃东王遵宗喀巴亲嘱而建造，该殿门楣悬挂着"穆隆元善"金字匾额，为清代道光时期驻藏大臣琦善于 1846 年所献；措钦大殿的四楼正中为释迦牟尼佛殿，其佛尊说法像系用"五佰两白银"制成。两旁置银塔 13 座，释迦佛殿顶部建一歇山式金顶，金顶前后檐下各施 7 组斗拱，左右二山檐下各施 4 组斗拱。

哲蚌寺西南侧是著名的甘丹颇章，系二世达赖喇嘛根敦嘉措于 1530 年主持修建的。颇章四周，围墙高耸森严，为古堡式建筑风格。其楼高 7 层（实际由前、中、后三栋楼组成）。2 层正中有一面积约 400m² 的场院，供僧人们于"雪顿节"跳神、表演藏戏所用。3~5楼为僧舍、经堂和佛殿。6楼是达赖喇嘛及颇章第巴办公场所。7楼为达赖喇嘛住处。五世达赖喇嘛时期，建立了强有力的地方政权，因政权设在该颇章内，被称为甘丹颇章（某些文献中称噶丹颇章）。

扎仓既是黄教寺院的学经场所，也是措钦以下的管理机构。洛色林扎仓是哲蚌寺最大的扎仓，建筑面积约1860m^2，分经堂和佛殿两部分。经堂由102根方柱构成，面积约有1100m^2，面阔13间，进深10间，第三排柱6根，其后两排六列柱子升高一层，形成高旷天井。经堂两边经架壁立，经架总长约60m。经堂后面是弥勒佛殿（强巴佛殿），佛殿内向并列三室，中室较大，面阔11、进深6.8m，三进四间，余略为三进二间。

郭芒扎仓是哲蚌寺第二大扎仓，亦分经堂和佛殿两部分。经堂东西长36.5、进深27m，面积约为1000m^2，由102根方柱构成，其柱网分布与洛色林扎仓相同。

德阳扎仓是哲蚌寺第三大扎仓，面积约合952m^2，其经堂共77间，62柱。经堂后面为佛殿，佛殿面阔7间（16.1m），进深2间（3.4m），主供奉维色强巴佛。

阿巴扎仓是格鲁派修习密宗的重地，其建筑布局比较特殊。前部是一封闭式庭院，庭院四周是僧舍，庭院后部为经堂，经堂面阔9间，进深7间，共48柱，面积约480m^2，其主供大威德金刚，它是格鲁派无上瑜伽部的三大本尊之一。经堂四壁密布密宗题材壁画。阿巴扎仓是哲蚌寺最早建筑之一，建筑风格粗厚古朴、佛堂布局严密局促，佛堂前墙厚2.5m，四周有宽1.5m左右的回廊，基本保存了早期建筑风格特征。

1.2 措钦大殿壁画分布及主要内容

本次抢救性保护修复的壁画主要分布在措钦大殿门厅、龙布拉康殿四壁、内转经道西壁内墙和北壁内外墙、大殿四壁下部等处，以及甘丹颇章阳光大殿四壁、护法神殿四壁。主要内容有佛陀、佛传故事、菩萨、尊者、天王、护法、藏传佛教祖师、供养人以及各种吉祥图案等。绘画形式多为排列画式及单幅式，构图方法主要为中心构图法，其突出特点是强调中心人物或主尊，诸佛、菩萨是构图的中心，其他部分都紧紧围绕中心向四面展开，主要内容如下。

1.2.1 措钦大殿门厅

壁画内容为四大天王。

多闻天王，梵名毘沙门，四大天王之一，黄色皮肤，有大福德，专保护众生的财富，故右手撑象征胜利的胜幢。由于口中蕴毒，多做闭口像。左手怀抱的蒙鼠，口中能源源不绝吐出珠宝。他持护郁单越洲（北俱卢洲）人民，故名北方多闻天王。

广目天王，梵名毗留博叉，红色皮肤。因视觉有大威力，故平时只注意手中托塔，不使目光伤人，且因其原为大鹏金翅鸟，能镇蛇，故于左手握蛇，率领诸龙和富单那（臭恶鬼），专司西瞿耶尼洲（西牛贺洲）人民之保护，故名西方广目天王。

持国天王，梵名提多吒，白色皮肤。率领毗舍阇（颠狂鬼）和乾闼婆（香音神），是帝释天的主乐神。据云听觉蕴毒伤人，故平时多以冠覆耳。手弹琵琶，以免闻者受伤害，专司护持东方弗婆提洲（东胜神洲）的人民，故名东方持国天王。

增长天王，梵名毗琉璃，蓝色或绿色皮肤。一说其能增长人智慧，持剑以断烦恼。一说其蕴触觉之毒，故横剑勿使人近身。他率领鸠乐荼（瓮形鬼）和薜荔（饿鬼），保护阎浮提洲（南赡部洲）的人民，故名南方增长天王。

壁画中的四大天王都身着王室盛装，穿铠甲，呈站立姿，表示他们将随时去护卫佛法。绘相中每位天王背后都有火焰及云彩，代表可以捣毁内外之敌的智慧与机敏。画面大气、色彩效果沉着、厚重，充分体现了四大天王器宇轩昂、威武壮勇的护法神风貌。

1.2.2 龙布拉康殿

此殿四壁均有壁画，具体包括如下内容。

东壁北侧绘有无量寿佛、摩利支天、白伞盖佛母、尊胜佛母等小佛像五行三列。中部为门窗、门楣上方绘有佛母小像八尊；南侧绘有大尊无量寿佛，身红色，结跏趺坐于莲花座上，手持长寿瓶结禅定印，座基前绘水晶、珍宝、水果供物。主尊佛像四周有多尊小像围绕，上方主要为无量寿佛小像，下方为白度母小像，背景表现为蓝色天空和绿色基调的祥云、山水。

南壁壁画保存基本完好。以中央绿度母为主尊，游戏坐姿于莲花座上，莲座下有财宝天王、象头神、大黑天、智行佛母四尊小像，其余四周围绕小尊佛像和度母像，主尊身光左上方和右上方分别为智行佛母和大日如来，分别以青狮和白狮为坐骑。整幅画面背景为天空、祥云、山水。

西壁南北两部分为两组主题不同的壁画，构图基本一致。南部以释迦牟尼佛为主尊，像高约3.0m，身黄色披红色袈裟，结跏趺坐于莲花座上，右手结触地印，左手持钵，钵内有如意八宝。头光和身光后以花草、祥云、瑞物装饰。座基两侧为一对白狮，中间绘一石桌，上置宝镜、法轮、法螺、水果、丝绢等供品。主尊佛两侧和下方围绕五行小尊佛像，似以三十五佛为表现主题，各小尊佛像结跏趺坐，像高约0.7m，身色、着装、结印各异，亦有持胜利幢、金钢剑、须弥山等。背景为天空、祥云和山水树木。西壁北侧主尊为大日如来，身黄色披红色袈裟，结跏趺坐于莲花座上，手结触地印和禅定印，左右两胁侍僧人手持钵和天杖，座前以犀牛角、象牙、珊瑚、珠宝、香花等为供物，下方两侧分别有两尊天王像。主尊两侧绘有多幅以供养为主题的故事画，多为僧俗弟子供养上师图，右下角为新绘太子舍身饲虎故事。主题故事画布局错落有致，其间以山水、花草树木画为背景，亦绘有鹿、孔雀、狮子等动物。

北壁壁画以大日如来、阿底峡、宗喀巴为主尊。西侧大日如来手结法轮印、结跏趺坐于莲座上，座前为四臂大黑天护法像；头光和身光饰以祥云，四周围绕多尊身色、着装、结印、持物各异之佛像。中间主尊阿底峡左手持钵，右手结触地印，结跏趺坐于莲花须弥座上，座基两端为大黑天护法和持钵僧人，座基前有法轮、香花、水果等供物；主尊身后从下至上绘有白象、白狮、骑瑞兽仙人、摩羯各一对，仙人在两侧托举起一道横梁；主尊两侧为白度母、绿度母，度母上方各绘一祖师像，其上再绘多尊小佛坐像。东侧主尊宗喀巴手持托起智慧剑和经书之莲花，结跏趺坐于法座上，座前以莲花托钵供养珍宝，钵两侧绘有供养僧人；法座上方亦绘多尊小佛坐像。

1.2.3 内转经道

西壁内墙壁画保存状况较差。南侧靠近后转经道处绘有一尊大白伞盖佛母像，画工细腻，生动饱满，尤其头冠、耳饰、颈饰、手饰之缨络以金色凸纹线描方式表现，尤为精美。周围壁面以蓝红地彩描为主，采用类棋盘式格局绘有小尊的佛、菩萨、度母、金刚、护法像和祥云等，并绘有台基、楼阁，具有将各种瑞物装饰柱间等立体空间表现形式。

北壁内墙壁画主体由八组覆钵式白塔构成，塔中均绘一佛二胁侍菩萨，塔基部分绘小尊度母像或天王像，塔顶之间由仙人持彩练飘然当空联结，四周饰以彩云、花朵。塔中佛像均结跏趺坐于莲花座上，手印各异，胁侍菩萨立于莲瓣或卷云上。塔身为缨络装饰，塔基为四或五层阶梯式，有方形、圆形和莲瓣形式，有平面和立体画法，精绘各种装饰图案。此幅壁画特点在于背景装饰图案和用色表现大气，在主题和主要装饰图案之余，全壁以黑蓝底色用白线勾描卷云纹，画面生动、丰富，见图版 5～图版 12。

北壁外墙以三世佛为主题。西侧主尊佛壁画仅残余头光。中尊主佛身黄色，结跏趺坐，右手结触地印，左手持钵，左右两胁侍僧人，身披红底黄格纹袈裟，内着僧祇支，蓝色头光和身光外圈以联珠纹和卷草纹装饰，头光两侧绘人身卷尾金翅鸟。东侧主佛身蓝色，结跏趺坐，右手结触地印，左手持十字金刚杵，身后由下至上依次为一对象、狮、托梁骑瑞兽仙人和摩羯彗星；衣着形式、头光身光的装饰形式和中尊主佛相同，身光为波浪虹光纹。主尊间绘千佛图，画面以红色为底，小佛坐姿、手印和持物和其围绕的主佛相同。

哲蚌寺措钦大殿壁画分布及其病害情况如图版 13 所示。

1.3 哲蚌寺壁画研究

2000 多年前，起源于古印度的佛教传入了中国，张志强总结考古界和艺术界有关佛教及佛教艺术传入中国路径的多种讨论，得出目前较为公认的三条路径[24]：一条是从西北路，即沿丝绸之路进入内地，如新疆龟兹石窟、敦煌莫高窟、炳灵寺石窟、麦积山石窟、云冈石窟、龙门石窟等；另一条是从海路，即从南亚斯里兰卡经中国南海到广州和青岛；第三条是从尼泊尔到中国西藏地区，从缅甸进入中国云南、四川（即南方丝绸之路）。在这三条传播路线上都留下了大量的佛教遗迹、遗址，成为我国珍贵的文化遗产。

1.3.1 壁画分期

在西藏历史上，佛教传入之前还有过原始的苯教信仰，他们对自然物以及鬼神的崇拜都催生了相应的艺术表达形式[25]，西藏地区现已发现大量的原始岩画，这些古老宗教信仰以及原始绘画形式对后期藏传佛教艺术表现形式产生了重大影响，并奠定了基础[26]。

藏传佛教发展历史可分为前弘期（629～841 年）和后弘期（978 年至今）两个阶段。佛教正式传入西藏地区是在 7 世纪吐蕃王松赞干布时期，在其遗训秘籍《柱间史》中提到了大昭寺壁画，这些壁画被认为是西藏最早的壁画[27]。到了 8 世纪中叶，赤松德赞大力扶持佛教，除从印度迎请莲花生、寂护等大师外，还从唐朝请来大批高僧，翻译佛教经典，传布教义，灭苯兴佛，建立了第一座具有佛、法、僧三宝的桑耶寺，首创藏族人出家为僧的先例，建立僧伽制度，广译经论，讲学修行，设置专修道场，佛教在藏区得以快速发展，形成西藏佛教盛况空前的"前弘期"。直至9世纪中叶，受唐朝会昌元年（841年）大肆灭佛的影响，吐蕃赞普朗达玛也兴苯教灭佛教，给早期兴建的佛教寺庙和壁画带来了灾难性破坏，这也成为"前弘期"结束的标志。10世纪后期，即宋代太平兴国三年（978年）时，被中断百年之久的佛教又分别由青海和西藏阿里地区传入，这也是藏族"后弘期"开始的标志[28]。再兴的佛教因修行方式、传承体系不同而形成了不同的教派——宁玛派、萨迦派等。13世纪后期，在元朝扶植下，萨迦派的上层喇嘛开始掌握西藏地方政权，但各教派争权夺势的斗争越来越激烈。15世纪初，宗喀巴进行宗教"改革"，创立格鲁派（黄教）。17世纪中叶，格鲁派在清政府的扶植下掌握了西藏的政教大权[29]。

西藏作为佛教及其艺术传入我国途径之一的中转站，糅合多重艺术风格形成了独具魅力的藏传佛教艺术，而寺院壁画是最普遍的一种表现形式。藏传佛教壁画是服务于藏传佛教且依赖于宗教的艺术，它的发展伴随着佛教的兴衰，也分为"前弘期"和"后弘期"两个历史阶段。尤其在"后弘期"，既有对"前弘期"的继承，又在形式和内容上发生了很大变化。此阶段，随着佛教势力的兴盛，寺院壁画艺术也得到迅猛发展，成就了大量杰出的佛教壁画艺术家。佛教本身所具有的丰富文化属性，融合藏区特有的各类艺术元素，使得藏传佛教壁画兼收了浓郁的宗教气息和民族情趣于其中，在我国壁画艺术中独树一帜[30]。

1.3.2 壁画内容与构图特点

藏传佛教壁画内容从佛经、教义、神话传说、历史故事、生活场景到山水风景、翎毛花卉、图案、装饰，几乎无所不包，无所不含，极为丰富多彩。可以将其扼要地分为古代人物和事件、密宗、显宗三个类型，还可以细分为以下11类[31]。

（1）本尊、佛、菩萨、罗汉、护法等。

（2）佛传与本生因缘故事。

（3）佛经变相，依佛经经义而绘制的壁画。

（4）西藏历史及传说故事画，以长篇连环画的形式绘制，洋洋洒洒，蔚为大观，如桑耶寺中的"西藏史画"描绘了自远古传说的罗萨女与神猴成婚，繁衍西藏最早的人类，直至九世达赖喇嘛的业绩，具有极高的历史价值。

（5）西藏历史著名人物画像。在西藏壁画中，历史名人画像甚多，这是西藏佛教艺术世俗倾向的标志之一。刻画了许多栩栩如生的现实人物肖像画传世，也是西藏壁画的一大成就，包括古代著名赞普、地方王，以及佛教各派系的法王、高僧、活佛和历届达赖喇嘛和班禅喇嘛。

（6）西藏著名历史人物画传。现存于布达拉宫的《松赞干布传》《五世达赖喇嘛传》《十三世达赖喇嘛传》，以及桑耶寺的《莲花生传》、白居寺的《八思巴业绩图》、夏鲁寺的《布顿业绩图》、色拉寺的《宗喀巴业绩百图》，这些壁画内容直接反映了当时西藏社会政治生活、宗教发展进程等社会现象的方方面面，具有极高的历史研究价值。

（7）著名寺院、宫殿的画史。桑耶寺、布达拉宫、大昭寺的画史，就是这类壁画中的典型代表，以形象、精致的绘画艺术再现了寺庙兴建过程中的曲折。

（8）佛教名胜古迹的建筑风景画，作为佛教弘扬过程中的实物依托。

（9）花卉动物画。

（10）藏医图谱，如在罗布林卡外宫的长廊上，绘有关于马种起源、治疗马疾兽医疗法的连环壁画，这些是祖国医学宝库中的重要组成部分，包含了珍贵的科学内容。

（11）补景的小品画，内容包括山水、花鸟，也有建筑、人物，因为多是作为大幅画面的补白之用，故无严格要求，往往更加富有情趣。

藏传佛教壁画对于佛、菩萨、神像多种姿态造像及坛城等的绘制，都有严格的尺寸标准规定，以经书、模式画版的形式传世。这些绘画理论书籍主要包括以下三个方面[31]。

（1）在藏文大藏经工巧明部有《造像量度经》《佛说造像量度经疏》《绘画量度》《造像量度》，即"三经一疏"。

（2）散见于一些佛教高僧、学者著作之中的有关绘画的论述。

（3）民间艺人中流传的绘画著作。

在藏传佛教壁画的绘制过程中除了严格遵循规制绘制的佛、菩萨、神像等，还有大量写实的绘画场面，如在大昭寺内转经道壁画中有打渔、浣洗、天葬等场景，绘制得栩栩如生，富有生活气息。

构图、造型和用色是绘画艺术的三个要素，壁画作为一种绘制在墙面上的艺术品也不例外。壁画是建筑物墙壁的一部分，而墙壁在建筑物中的作用是封闭和割断空间，它的这种物质职能自然就和壁画的构图联系在一起。在单一画面上表现为多个时空单位的组合，是壁画特别擅长的。一般有三种组合形式：一是同一时间单位中多个空间单位的组合；二是同一空间单位中多个时间单位的组合；三是时间空间都是多个单位的组合[32]。一幅壁画如何构图，不仅仅取决于它的社会职能、存在形态和绘制手段所提出的诸种制约，最重要的是它所要表达的主题内容。

内容决定形式，形式反作用于内容是壁画构图中遵循的一条基本规律。西藏壁画多存在于寺院之中，作为一种环境艺术，受到主客观多方面因素的制约[33]，在配合宗教活动的条件下，就要运用各种构图方式，创造恢宏的气势、神秘的氛围。藏传佛教壁画在构图上独具特色，主要表现为以下四种形式[34]。

（1）中心构图。这是最常见的一种构图方式，以主要人物（本尊）为中心，上下左右展开故事情节，以达到画面主次分明、饱满匀齐的效果。这种构图方式主要用于肖像作品。

（2）回环式布局。用来表现历史故事等有情节场面时，采用此类构图方式，以三点透视的"W"形布局，将每一片断按照一定的次序回环往复地安排成"连环画"式的结构，旁边配以文字说明，使得情节分明但又意义连贯。画面布局不受时间和空间限制，画面内容丰富、灵动、活泼。

（3）分格式布局。佛传故事多用这种方式，主要流行于西藏西部、西南部的寺院中，是"江孜"风格壁画的特点之一。

（4）坛城式布局。这是西藏寺院壁画中一类很特别的布局形式，又称"曼荼罗"，藏语称"经廊"。采用内外多层圆圈、中置井字形的布局，各层布满佛像，有数十种形制。画幅均较大，满壁只画3~4幅。还有的用来做天棚的装饰，类似"藻井"。

1.3.3　壁画风格、用色及其流派

藏传佛教壁画创作受到多重外来因素的影响，再结合自身原有绘画艺术的成就，形成了其特有的壁画风格；同时，藏族寺院壁画在色彩表现上也有其独有的感染力。

Huo（霍巍）曾在文章中提到日本学者对西藏西部佛教艺术五种式样的划分[35]：

（1）印度-尼泊尔式样；

（2）克什米尔-古格式样；

（3）中亚式样；

（4）中国内地式样；

（5）西藏本地式样。

整个藏区佛教壁画的发展，基本上也都经历了这样的历程，只是由于地域差异，在流行时间及表现形式上有所区别。尼泊尔的佛教绘画带有浓厚的密教色彩，如有很多女性神祇，盛行多头、多臂的护法神以及大量的裸体像等，多用晕染技巧，对西藏初期佛教壁画绘制影响颇深。之后，以尼泊尔风格为主体，包括克什米尔风格、

印度风格在内的所谓"江孜"绘画风格在较长的时期内对西藏壁画艺术起着最重要的影响。在画面布局、人物造型以及用色方面都有很大变化，日喀则西部及西南部的壁画较多地保留着这些风格特点。汉式佛教艺术对西藏寺院壁画风格的影响主要表现在用线及背景中多用青绿山水画法。所有这些绘画技巧在经过长期的融合实践之后，最终形成了藏传佛教寺院壁画独有的绘制风格。

藏传佛教绘画所用的颜料主要由矿物或植物加工而成，矿物颜料有青、绿、黄、红、黑、白等多种颜色，同时还用到珍贵的金属、宝石等作为装饰。这些原料的使用配合藏区壁画特有的绘制风格，使得西藏寺院壁画画面厚重而艳丽、历久弥新。在配色方法上，《知识总汇》等是藏族画师经过多代传承总结出来的有关颜色调和时色相变化的理论书籍。此外，壁画在用色上有着很强的象征性和装饰性，经常使用的纯色如黄、红、蓝的运用象征着政教共存[36]。

西藏壁画从其形成到发展壮大，经过了学习、吸收外来绘画艺术到形成自身特色的过程，在这段历程中逐步形成了以地区为分界的独有艺术风格，著名的有三大流派[37]，此外还有一些由这几个流派衍生出来的小流派。

（1）江孜画派，主要在日喀则地区，这一画派与尼泊尔绘画艺术有着渊源关系，也是西藏形成最早的一个画派。这一画派的艺术特点是：构图大方，疏密有致，造型大胆奔放，线条简练概括，色彩凝重，少用金银粉点缀。

（2）康孜画派，主要形成于康区，即现在的四川省甘孜藏族自治州一带。其艺术风格是：构图严谨，造型准确，人物刻画细腻，注重解剖和结构的起伏变化，线条多用游丝勾勒，劲挺有力，宛若飞流疾泻。敷色喜用重彩，颇有国画工笔重彩的韵致，鲜丽而华美。由于绘画艺人的流动，在卫藏地区的寺院中亦能见到该派风格的作品。

（3）卫孜画派，该派以拉萨为中心，故也称"拉萨画派"。格鲁派的发展壮大以及五世达赖喇嘛亲政期间修建寺院的一系列活动为卫孜画派的形成奠定了基础，它的形成相对前面两派都晚，故而兼收了两派之长，形成了自身的特点：壁画结构严谨，严格按照《造像量度经》作画。线条多采用铁线和蚯蚓线描，稳重浑厚，色彩丰富，而且喜艳色，注重用金银粉勾提显要处，显得富丽堂皇。

1.4 哲蚌寺壁画价值评估

壁画艺术不仅具有悠久的历史和独特的艺术风格，而且在其发展过程中烙刻着深深的时代痕迹，社会组织、政治、经济、文化等方方面面的内容都有所表达，是我国文化遗产的重要组成部分，在人类文化遗产宝库中占有重要地位。

藏传佛教作为我国佛教中的重要一支，与其相适应的藏传佛教艺术也有其自身独特的方面。其中藏传佛教壁画以其特有的形式、题材成为一种藏传佛教艺术独有的表达方式，再加上藏民族发展过程中文字的相关资料记载稀少，壁画所记内容自然就成了独有的史册。

根据相关资料显示，位于措钦大殿后面右侧（西北侧）的内转经道应为哲蚌寺早期建置，因其所用托木与甘丹寺初期托木相似。目前保留有右、后两面礼拜道，其左侧礼拜道的废除，应与左侧三世佛殿（弥旺拉康、左佛堂）的增建有关。左佛堂的增建在雍正六年至乾隆十二年间（1728~1747年）。转经道和三世佛殿前的大经堂，应是在兴建左佛堂时扩建的，阔十七间、深十三间、用柱一百八十四，是西藏寺院经堂建筑中最大者。大经堂右侧（西面）有灵塔殿（龙布拉康），应是1728~1747年时或稍后所增建或扩展。

1.4.1　历史价值

哲蚌寺是藏传佛教格鲁派最大的寺院，是格鲁派法王宗喀巴授意弟子绛央曲杰·扎西班丹建造，始建于明永乐十四年（1416年），名为"白登哲蚌寺"，后简称"哲蚌寺"，距今约600年历史。寺院建寺施主为内邬宗本，创拓期间，明朝中央政府亦多有支持。措钦大殿为寺院最早期的建置之一。

根据措钦大殿现存壁画风格和保存情况推断，内转经道壁画早于三世佛殿和龙布拉康。由于藏传佛教壁画性质的缘故，其历史价值偏重宗教史、艺术史、工艺史范畴。

1.4.2　艺术价值

15~18世纪，卫藏地区的绘画风格属于一种"过渡时期"，即从印度、尼泊尔的南亚画风向新勉唐派画风"过渡"，其间产生了多种变化风格，画师们以虔敬的教徒身份谨慎采纳新的画风。建于15世纪初期的哲蚌寺措钦大殿，到18世纪仍有主要的工程扩建，故在壁画表现上也呈现了该时期多种风格融合的特征。该时期出现的各绘画流派受到不同教派的扶持和赞助，17世纪中叶格鲁派在教派之争中取得胜利，故其支持的新勉唐派以"标准样式"的统一面貌成为绘画主流，亦结束了此过渡时期。

内转经道西壁内墙主尊大白伞盖佛母仍保留14世纪夏鲁风格的特征：佛像脸型

方正略短，头部上宽下窄，上大下小，五官较集中，耳饰为大耳环式样，首饰有表现立体感和光泽感的高光亮线（沥粉）等；但眉眼角度柔和、侧面脸部的画法又有江孜风格的痕迹。周围壁面的蓝红地彩描、棋盘式布局、人物戴单层五叶冠等，亦受早期壁画风格影响。主尊线条勾划明快、饱满、生动，用色古朴，整体画面表现了当时多种风格遗留和转变的过程，具有很高的艺术价值。

内转经道北壁内墙主要为勉唐风格：人物形象方正中见圆润，四肢较前期粗，颈项变短，五官变小，造型较为浑圆；有四大天王主题，画面上空有仙人飘在云端，宝座有向里透视的侧面，立体感强，背景有大量花卉、祥云等；此时期，青绿山水的汉式背景尚未出现。其装饰效果繁复的特点也受到江孜风格的影响。画面以黑蓝为底色，突出主题的白色和红色，对比强烈，装饰图案和用色表现大气，在主题和主要装饰图案之余，全壁以白线勾描卷云纹，画面生动而丰富。

内转经道北壁外墙从用色和人物造型看，也属于哲蚌寺建寺早期壁画。整幅壁画以红、蓝色为基调，主尊构图布局中有金翅鸟、摩羯、卷草鱼尾等古老形制，五彩莲瓣多为单层上合或下翻，造型元素大量运用卷草纹等，均受早期夏鲁风格的影响；中、东侧主尊衣带宽肥、飘动，以及中间主佛两侧胁侍僧人的面部特征，亦可见夏鲁遗风。现存两尊主佛构图布局对后期三世佛殿壁画也有直接影响。此壁面主尊的线描表现较北壁内墙更为精美。

龙布拉康殿东壁壁画的人物造型已为"标准样式"，是在新勉唐派吸收明、清两代汉地绘画风格、又融合嘎赤画派风格的基础上，以《造像度量经》作为制作壁画的严格标准而形成的风格。在造像规范化方面起到了重要作用，全壁以蓝天、卷云、青绿山水为背景，山水画法工笔细腻、用色淡雅。南壁绿度母和周围小佛像亦为18世纪后期的标准式样，背景画法基本和东壁相同，虽为标准式样，但和东壁相较，笔法活泼中带有细致，用色丰富，人物造型表现较为优美、生动。西侧部分壁画经过重绘，笔法和用色均明显比原作生硬。西壁南侧以释迦牟尼佛为主尊的壁画同样为标准样式。西壁北侧壁画属于尚未过渡到后期样板化标准风格式样的早期新勉唐风格，即立足于新勉唐派传承，综合嘎赤派和青孜派的部分特点：新勉唐派传承为造像度量严格、衣饰线条以"兰叶描"表现饱满的人物形态；嘎赤派特点为汉族化的青绿山水、渲染技法中层次丰富细腻；青孜派特点为人物毛发有虚实变化，形象边线的节奏丰富等。以上特点在西壁北侧壁画中均有充分表现，各组壁画布局错落有致，画面饱满、秀气、色彩丰富、协调，具有很高的艺术价值。北壁壁画风格和其余三壁基本相同，人物形象优美、生动；部分经过修复重绘，画工不如早期细腻。中尊祖师像构图布局中出现摩羯、狮、象、托梁仙人等，和内转经道北壁东侧主尊构图布局类似。

总结龙布拉康殿壁画中的整体风格和其所谓标准样式，接近于早期新勉唐画派创立时的清新风格，尚未流于样板化的传习，为西藏优秀绘画作品的代表。

1.4.3　科学价值

哲蚌寺壁画制作独具特点。首先，壁画的用色十分丰富，其中构成壁画色彩主色调的是蓝色、红色、黄色、绿色。多为工笔重彩，也有在黑色、红色衬底上的金线描。颜料大多为天然矿物颜料，有朱砂、孔雀石、氯铜矿、蓝铜矿、青金石、铅丹、雄黄、雌黄等，这些颜料具有经久不褪色的特点。使用前必须先经磨粉等数十道工序，才能成为可以绘画的颜料。颜料中调入适量牛皮胶和水，搅拌均匀，浓淡适中，便可使用。除天然矿物质颜料外，壁画中还使用金粉、金箔、银粉、银箔等珍贵材料，用这些珍贵材料作画，色彩光亮，经久不褪。

其次，壁画绘制前，一般先用阿嘎土和细沙混合的泥土抹平墙面，并用光滑的石头打磨抛光，然后根据墙壁的朝向、大小，构图布局打底色，再用木炭或铅笔素描打底，接着着色、细描。画体轮廓常用金粉勾勒以增强立体感。为了保护壁画，最后还要在壁画上刷上用牛皮胶熬成的胶水，有时待干后再用鬃刷平罩一道清漆，至此一幅壁画的制作才全部完成[38]。

哲蚌寺壁画对于研究西藏传统绘画颜料、壁画制作工艺、壁画保护提供了科学依据，具有一定的科学价值。

1.4.4　社会价值

哲蚌寺是西藏最重要的宗教场所之一，其壁画具有重要的宗教意义和浓郁的民族风格。壁画和宗教活动的首要作用是为加强该地区佛教信仰、安定当地社会的功能而服务的，作为文化遗产呈现了宗教和民族双重特色，并对祖国文化遗产构成的多样性有所贡献。

总之，哲蚌寺壁画所具有的强烈的宗教色彩和浓郁的民族风格，以及寺院的宗教活动为稳定民族关系、加强祖国安定团结发挥着重要的社会价值。同时，哲蚌寺壁画在藏传佛教壁画艺术中具有承前启后的重要作用，以其独特的绘画技法及本地区本民族的审美情趣，从现实生活中提炼素材，采用劲紧连绵的铁线描、兰叶描、金线描、银线描，晕染和平涂等多种绘画技法，创造出了栩栩如生的画面，从中可以看到佛教艺术在西藏地区的发展、流传、演变的脉络，对于研究我国佛教史、美术史、美学理论，以及西藏的社会、历史都具有特殊价值，尤其是其高超的绘画艺术，为中外学者所青睐，已成为世界佛教艺术中的一朵奇葩。

鉴于其所具有的重大历史、文化、宗教和艺术价值，哲蚌寺于1982年被国务院公布为第二批全国重点文物保护单位。

第二章　壁画保存现状调查与评估

为了治理哲蚌寺壁画病害，在哲蚌寺管理委员会工作人员的协助下，于2010年对措钦大殿壁画进行了全面考察，按照国家文物局颁布的《古代壁画病害类型与图示》《古代壁画保存现状调查规范》，重点对措钦大殿内龙布拉康殿壁画、内转经道壁画，以及门厅壁画和甘丹颇章阳光大殿壁画的保存现状进行了详细勘察，对壁画的病害类型和数量进行了统计，并绘制了总计病害图76张，各大殿壁画病害图示例见图版14～图版17。

哲蚌寺措钦大殿保护修复的壁画主要分布在龙布拉康殿、内转经道等处。依据中国文化遗产研究院编制的《西藏哲蚌寺措钦大殿壁画抢救性保护方案》（文物保函〔2010〕1111号），各壁画位置及面积见表2-1。

表2-1　哲蚌寺措钦大殿抢救性保护壁画位置及面积统计表

壁画位置		壁画面积/m²
龙布拉康殿	南壁	8.82×6.60＝58.21
	西壁	14.79×6.56＝97.02
	北壁	7.56×9.05＝68.42
	东壁	14.67×7.49＝109.88
	小计	333.53
内转经道	西壁内墙	12.16×5.22＝63.48
	北壁内墙	20.10×4.82＝96.88
	北壁外墙	18.22×4.33＝78.89
	小计	239.25
合计		572.78

哲蚌寺措钦大殿壁画病害面积情况见表2-2。龙布拉康殿、内转经道等各殿壁画病害面积情况见表2-3和表2-4。

表 2-2 哲蚌寺措钦大殿壁画病害面积统计表

殿名		内转经道	三世佛殿	龙布拉康殿	总计
壁画面积 /m²		239.25	469.45	333.53	1042.23
病害种类及发育面积	裂隙 /m	100.313	69.1	128.004	297.417
	水渍 /m²	7.773	15	66.09	88.863
	泥渍 /m²	71.199	0.35		71.549
	地仗脱落 /m²	70.91	1.5	4.755	77.165
	颜料层脱落 /m²	8.633	0.55	2.79	11.973
	空鼓 /m²	34.205	58.93	39.55	132.685
	烟熏 /m²	100.807			100.807
	点状脱落 /m²	2.52		1	3.52
	划痕 /m	0.16		80.69	80.85
	粉化 /m²	4.045		0.5	4.545
	起甲 /m²	4.47		1.23	5.7
	龟裂 /m²			0.5	0.5
	覆盖 /m²	0.1		0.152	0.252

表 2-3 龙布拉康殿壁画病害面积统计表

龙布拉康殿		东壁	南壁	北壁	西壁	总计
壁画面积 /m²		109.88	58.21	68.42	97.02	333.53
病害种类及发育面积	裂隙 /m	21.8	19.28	21	65.924	128.004
	水渍 /m²	13.8	11.36	11.66	29.27	66.09
	点状脱落 /m²	0.5		0.5		1
	划痕 /m	27	16.14	20	17.55	80.69
	地仗脱落 /m²	0.05	1.75	0.5	2.455	4.755
	颜料脱落 /m²	0.05		1	1.74	2.79
	空鼓 /m²	12.5	1.95	16.6	4.5	35.55
	覆盖 /m²		0.152			0.152
	粉化 /m²			0.5		0.5
	起甲 /m²			1	0.23	1.23
	龟裂 /m²			0.5		0.5

表 2-4 内转经道壁画病害面积统计表

内转经道		北壁内墙	西壁内墙	北壁外墙	总计
壁画面积 /m²		96.88	63.48	78.89	239.25
病害种类及发育面积	裂隙 /m	39.653	42.35	18.31	100.313
	水渍 /m²	2.773	0.5	4.5	7.773
	泥渍 /m²	20.961	46.71	3.528	71.199

续表

	内转经道	北壁内墙	西壁内墙	北壁外墙	总计
病害种类及发育面积	地仗脱落 /m²	17.8	12.92	40.19	70.91
	颜料层脱落 /m²	5.238		3.395	8.633
	空鼓 /m²	7.069	18.28	8.856	34.205
	烟熏 /m²	31.707	35.37	34.73	101.807
	点状脱落 /m²	1.3	0.75	0.47	2.52
	划痕 /m²	0.16			0.16
	粉化 /m²	0.045		4.0	4.045
	起甲 /m²			4.47	4.47
	覆盖 /m²			0.1	0.1

由表 2-2～表 2-4 的调查数据可知，哲蚌寺壁画存在的主要病害为地仗层空鼓、裂隙、大面积脱落，壁画颜料层粉化脱落、点状脱落、龟裂、起甲、水渍、泥渍、覆盖、划痕、烟熏等。在其病害成因及其表现形式上，危害哲蚌寺壁画的病害主要是墙体变形等原因引起的地仗层空鼓、开裂及大面积脱落等病害；由于胶结材料老化及自然因素引起的颜料层粉化脱落及龟裂起甲，以及由于人为活动、雨水流挂引起的表面污染——水渍、泥渍、烟熏及划痕等。

第三章 壁画保存环境

环境是壁画得以长久保存的必要条件，无论是原址保存的壁画还是揭取的馆藏壁画，只有保证壁画保存环境稳定和适宜，才能达到长期保存壁画的目的。由大量有关壁画病害的研究可知，任何壁画病害的产生、发展、蔓延均与其保存环境密切相关，只有了解壁画的保存环境，才能为壁画的保护修复以及后期的维护提供依据。在壁画保存环境的许多因素中，温湿度长期不间断对壁画的作用，是引起壁画发生病害的关键环境因素。

哲蚌寺位于雅鲁藏布江支流拉萨河中下游北岸、西藏自治区拉萨市西北（偏北10°左右）5km处的根培乌孜山南坡的山坞里。因其既沿横向轴线左右延伸，又沿纵向轴线依山就势逐层叠筑的展拓特点，故而其庞大的建筑群落，西、北、东三面与根培乌孜山南坳相偎依。南面则与蜿蜒流淌的拉萨河遥相对望，地理坐标：北纬29°40.460′，东经91°02.393′，海拔3800m，方位坐北朝南。

3.1 拉萨地区温湿度变化

拉萨又称"日光城"，是西藏第一大城市，位于西藏自治区东南部，雅鲁藏布江支流拉萨河北岸，地理坐标：北纬29°36′，东经91°06′，海拔3650m。图3-1表明，2013年拉萨地区温度自1月开始上升，到8月达到年内峰值，然后又逐渐下降，到12月又接近年内谷值。月平均温度梯度变化在1.2～5.8℃，以1月和8月为分界线，呈缓慢递增或递减趋势。年平均温度为8.76℃，最高26.8℃（8月），最低-12.3℃（1月）。在一年中，1月、2月、3月、4月、11月、12月共6个月中存在温度低于0℃的情况。月平均相对湿度梯度变化在0～18%，在6～9月中，湿度梯度基本不变，为高湿天气，平均湿度为62.5%。年平均相对湿度为45.5%，最高95%（7月、8月），最低2%（12

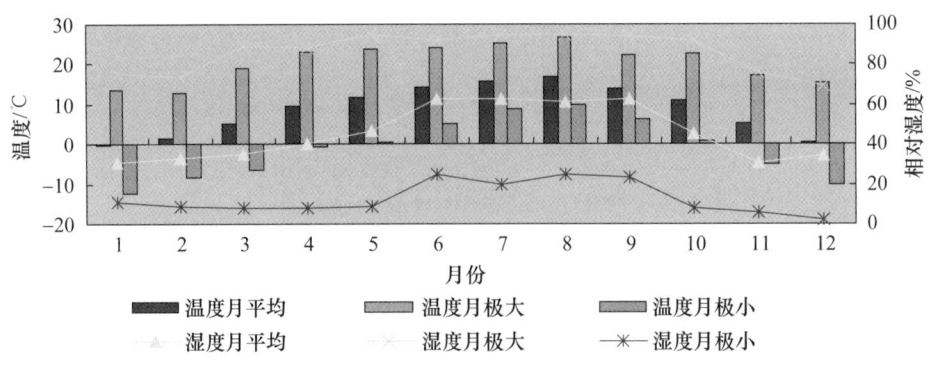

图 3-1　2013 年拉萨温湿度图
（数据来源于西藏自治区气象局）

月）。其中，有 6 个月（5~10 月）相对湿度的极值在 90% 以上，如图 3-1 所示。

为研究拉萨市温湿度变化规律，根据图 3-1 对其中的 1 月和 7 月数据按日温度变化、日相对湿度变化进行数据分析。1 月多为拉萨每年的最低温度月份，7 月为拉萨每年温度较高的月份，通过对这两个月数据按日变化处理，基本能反映拉萨每年日温度、日相对湿度变化的规律，即拉萨每天的日温度、日相对湿度在此区间波动。

图 3-2 为 2013 年拉萨 1 月、7 月温度日变化曲线图。由图可见，拉萨 1 月日平均温度为 −0.43℃，日均温围绕 0℃ 上下波动，其中，0℃ 以下的有 16 天。日温度极大值为 13.4℃，日温度极小值为 −12.3℃；拉萨 7 月日平均温度为 15.81℃，日均温围绕 15℃ 上下波动，日温度极大值为 25.3℃，日温度极小值为 8.7℃。1 月的温度整体小于 7 月的温度。1 月日极大值和 7 月日极小值有重叠，说明即使在最寒冷的 1 月，每天的最大温度也可能达到 7 月的最低值。

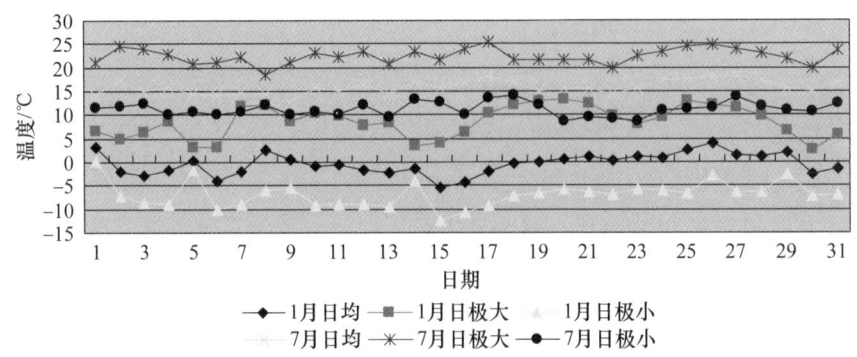

图 3-2　2013 年拉萨 1 月、7 月温度日变化曲线图

图 3-3 为 2013 年拉萨 1 月、7 月相对湿度日变化曲线图。由图可见，拉萨 1 月日平均相对湿度为 31.35%，日平均相对湿度围绕 30% 上下波动，日相对湿度极大值

为 75%，日相对湿度极小值为 11%。拉萨 7 月日平均相对湿度为 63%，日平均相对湿度波动较大，日相对湿度极大值为 95%，日相对湿度极小值为 20%。7 月日相对湿度大于 80% 的有 16 天，大于 90% 的有 6 天。1 月的相对湿度整体小于 7 月的相对湿度。

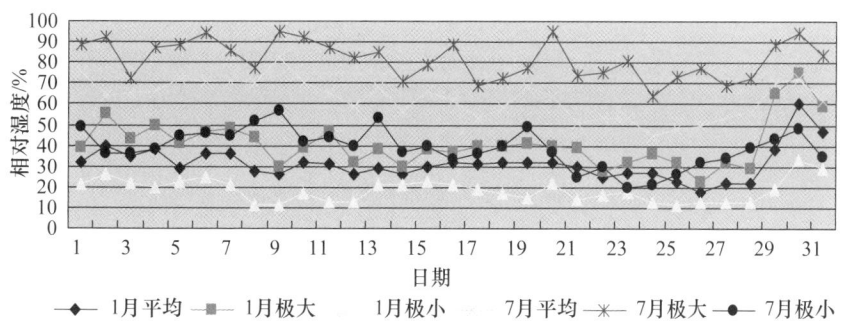

图 3-3　2013 年拉萨 1 月、7 月相对湿度日变化曲线图

温湿度变化是壁画产生病害的重要因素，拉萨每日的温度和湿度最大值和最小值之差即为每日温差和相对温度差。

图 3-4、图 3-5 分别为 2013 年拉萨 1 月、7 月日温差、日相对湿度差变化图。由图可知，拉萨 1 月日平均温度差为 15.5℃，日温差极大值为 20.9℃（1 月 7 日，

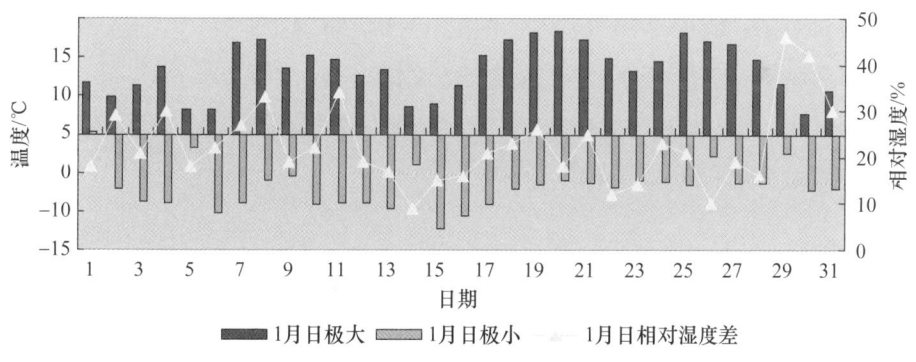

图 3-4　2013 年拉萨 1 月日温差、日相对湿度差变化图

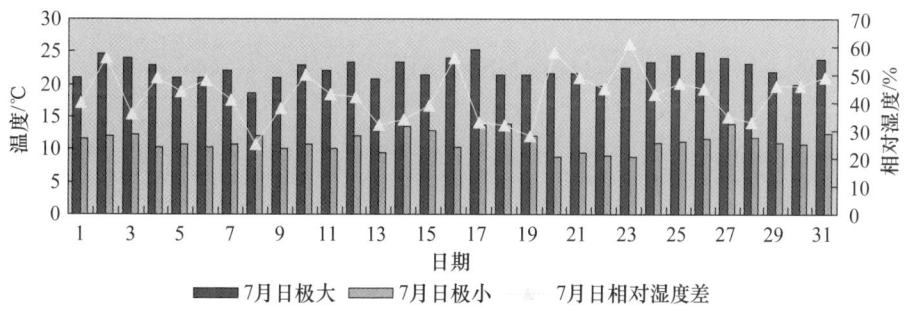

图 3-5　2013 年拉萨 7 月日温差、日相对湿度差变化图

—9～11.9℃），日温差极小值为5℃（1月5日，—1.7～3.3℃）。7月日平均温度差为11.2℃，日温差极大值为13.9℃（7月23日，8.7～22.6℃），日温差极小值为6.6℃（7月8日，12～18.6℃）。1月日温差比7月日温差变化更大。

拉萨1月日平均相对湿度差为22%，日相对湿度差极大值为46%（1月29日，43%～89%），日相对湿度差极小值为9%（1月14日，21%～30%）。7月日平均相对湿度差为43%，日相对湿度差极大值为61%（7月23日，20%～81%），日相对湿度差极小值为25%（7月8日，52%～77%）。

3.2 哲蚌寺温湿度变化

3.2.1 温湿度检测仪设置

1. 测量仪器

测量仪器采用L92-1温湿度黑匣子，基本参数如下：
（1）传感器：温度，热敏电阻NTC传感器；湿度，美国进口霍尼韦尔传感器。
（2）测量范围：温度—40～70℃，湿度0～100%RH。
（3）测量精度：温度 ±0.5℃，湿度 ±3%RH。
（4）分辨率：0.1℃/0.1%RH。
（5）电池型号：3.6V高能锂电池。

2. 温湿度仪安置及参数设置

根据壁画所在位置不同，分别在措钦大殿内转经道西壁、内转经道北壁以及四大天王处安放了温湿度监测仪（图版13）。其中四大天王处监测的数据可以作为室外温湿度值的参考，与内转经道温湿度变化情况做对比分析，以了解内转经道壁画温湿度环境变化的特点。温湿度仪记录时间间隔为2小时，启动方式为手动，停止方式为存满为止。

3.2.2 监测数据统计分析

采集记录的温湿度数据为2013年5月至2014年6月，通过对各个监测点的环境数据分析，基本掌握了内转经道环境变化规律，以及内转经道内部环境与外部环境的相关性，为后期研究判断壁画病害原因提供基础数据，进而为病害治理材料和工艺选择提供依据。

1. 温度

2013年5月至2014年4月哲蚌寺措钦大殿四大天王（室外）、内转经道西壁和北壁温度变化如图3-6所示。

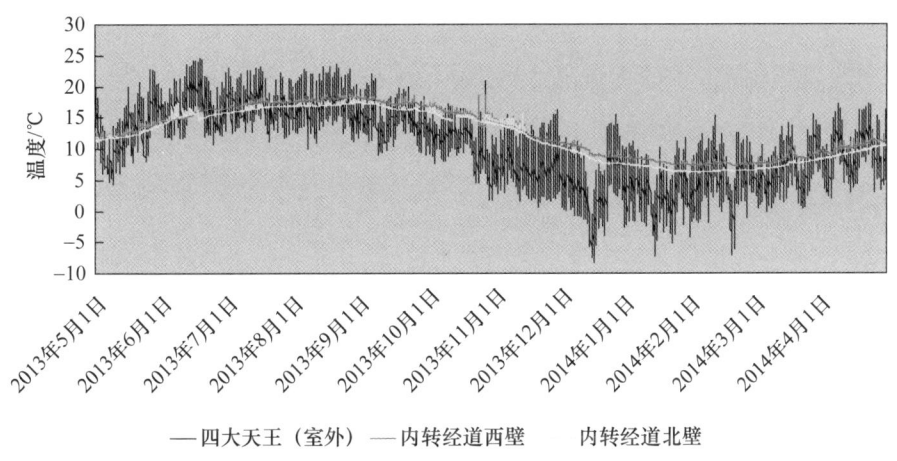

图3-6 措钦大殿四大天王（室外）、内转经道西壁和北壁温度变化对比图

由图3-6可知，三个测试点的温度最大值、最小值变化都是在8月达到峰值。内转经道北壁和西壁由于空间处于室内且相对封闭，每个月最高温度和最低温度变化幅度很小，差值不超过3.0℃，即使在室外温度最高的8月，也仅相差1.4℃，变化极小。四大天王（室外）月温差则达到18.0℃，变化幅度较大，8月以后平均温度高于室外平均温度，且差值越来越大，按温度变化规律和趋势预计在1月此差值达到最大。

总体来说，内转经道壁画温度较室外稳定，日温差较小，且不存在温度低于0℃的现象，年温度变化缓慢，有利于壁画保存。

2. 湿度

2013年5月至2014年4月哲蚌寺措钦大殿四大天王（室外）、内转经道西壁和北壁相对湿度变化如图3-7所示。

由图3-7可知，三个监测点中内转经道北壁和西壁空间由于处于室内且相对封闭，湿度月变化较小，月湿度差最大不超过30%RH。四大天王（室外）月湿度差则达到90%RH，变化幅度较大，呈现从5~7月逐渐攀升，7月达到最大，之后逐步下降的趋势。7~9月三个月属于拉萨地区雨季，湿度较其他月份大，变化比较平稳。

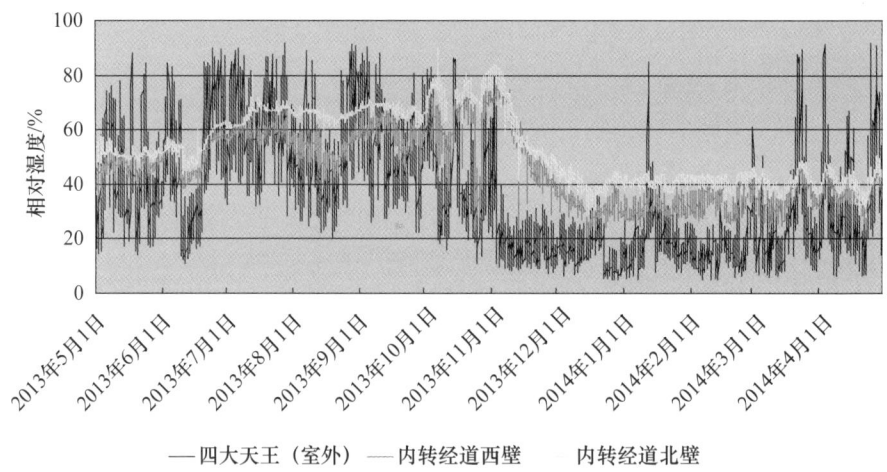

图 3-7 措钦大殿四大天王（室外）、内转经道西壁和北壁相对湿度变化对比图

内转经道也基本上遵循了这个变化规律，同温度一样，由于封闭空间的自调节作用，变化幅度很小。

内转经道西壁、北壁的湿度变化幅度较四大天王（室外）小，四大天王（室外）湿度极易受到降水等因素影响，内转经道则较为稳定。由监测数据可知，内转经道 2013 年 10 月、11 月上旬湿度处于较高水平，是由于回贴壁画时材料中存在大量水分。

通过对环境温湿度的监测数据分析可知，由于内转经道相对密闭的环境，导致室内温湿度变化较室外稳定得多，且变化幅度小，存在冬暖夏凉的现象，即夏季内转经道温度低于室外温度，冬季则刚好相反；同时，拉萨地区明显的干湿两季相交替的特点，使得内转经道湿度也存在雨季（6～9 月）低于室外，干季（10～12 月、1 月）高于室外的特点，这为壁画揭取回贴时间的选择提供了有力依据。

3.3 水文地质环境

根据国家地震局 2001 年编制的《中国地震动参数区划图》（GB18306—2001）50 年超越概率 10% 的地震烈度图，经现场勘察、室内试验及工程物探确定，可知对哲蚌寺措钦大殿有直接影响的地层岩性主要有两种类型。

3.3.1 角岩化钙质板岩

根据《工程岩体分级标准》（GB50218—94），板岩风化程度为微风化，坚硬程度为较硬岩，完整程度为较完整，岩体基本质量分级为Ⅲ级。综合确定的板岩主要物理力学指标见表3-1。

表3-1 板岩主要物理力学指标

密度 ρ/(g/cm^3)	单轴抗压强度 σ_c/MPa	黏聚力 c/MPa	内摩擦角 φ/(°)	承载力基本值 F_0/MPa
2.60～2.80	86.35～97.50	18.2～30.5	35.3～55.7	2.1

3.3.2 第四系松散体

第四系松散体的物理力学参数主要根据现场判别密实度、原位测试、室内土工试验来综合确定，综合分析后主要物理力学指标见表3-2。

表3-2 第四系土层主要物理力学指标

地层编号	地层名称	密度 ρ/(g/cm^3)	承载力基本值 F_k/MPa	变形模量 E_0/MPa
①	碎石	2.21	201	17.3
②	黏土	2.05	139	5.0（压缩模量）
③	卵石	2.21	281	20.1
④	细沙	1.96	212	16.2

3.3.3 地下水

哲蚌寺角岩化钙质板岩内的地下水主要为基岩裂隙水，赋存于节理裂隙中，主要接受大气降水、春季融雪和生活用水的补给。山脚第四系松散层内埋藏的地下水为潜水，根据钻探结果，水位埋深8.80～8.90m（孔口），主要含水层为第3层卵石、第4层细砂层，主要补给方式为大气降水和地表水补给；主要排泄方式为补给地下水、蒸发排泄以及人工抽取地下水。钻孔取样进行的室内试验分析结果表明，该处地下水没有化学腐蚀性。

第四章　壁画制作材料和工艺研究

西藏寺院佛教壁画在其绘制内容、画面构图、艺术风格、用色、制作材料和工艺等方面都有着自身的独特之处，对其进行深入研究，不仅能够丰富藏民族工艺美术史、宗教史和社会史资料，还可以作为后期壁画保护修复材料和工艺选择的基本依据之一。

4.1　壁画数字化分析与无损检测

4.1.1　内转经道壁画支撑体三维扫描

基于计算机技术的高速发展，文物信息数字化的研究和应用已成为一种必然趋势。文物的三维数字化包括三维信息获取、三维建模、纹理信息绑定三个步骤，此技术在敦煌莫高窟壁画信息调查时得到了应用，即准确测量定位了壁画病害存在的空间位置和分布状况[39]，在西藏壁画调查时也开始使用该技术[40]。

1. 项目意义

三维激光扫描技术（3D laser scanning technology）是在地面利用激光扫描装置自动、系统、快速获取对象表面的三维坐标的测量技术，相对于传统的皮尺加水准仪、实测法、近景摄影测量法等测绘方式，具有非接触式、无损、数据全面、精度高、速度快、直观等优势。

三维激光扫描技术是目前进行壁画支撑体测绘的最佳手段，可迅速获取翔实的现状信息，提供设计所需的图件和精确数据；扫描获取的三维数据可永久存档，在后期可根据具体需求，进行数据处理加工，对档案建设、保护工程应用、文化遗产的本体监测及数字展示等均具有重要意义，主要表现为以下三个方面。

（1）数字化永久保存：实现珍贵历史信息翔实留存（高精度、全方位），进行数字化存档，可永久保存与使用。

（2）及时为保护修复工程提供精准数据与图件：为保护修复工程提供正射影像图、平面图、剖面图、精确量算图、形态分析图等。

（3）本体监测：可通过不同时期的三维扫描，监测变化趋势或保护效果。

2. 主要工作目标和内容

西藏哲蚌寺壁画保护修复工程——三维扫描测绘与信息留取主要目的是通过高精度三维激光扫描技术记录壁画的真实信息，并进行精确建模，为保护修复工程提供精准测绘数据，主要工作目标如下：

（1）完成内转经道壁画现状测绘，提供基础图件与数据；

（2）实现内转经道壁画文物信息留存，保存历史资料；

（3）对测绘数据进行分析，为壁画保护修复工程提供科学支撑。

主要工作内容包括以下四个方面。

（1）内转经道壁画支撑体测绘方案设计。

（2）外业数据采集，包括：内转经道壁画支撑墙体三维点云数据采集和纹理照片采集。

（3）三维数据内业处理，包括：三维数据预处理（除噪、滤波、拼接等），纹理照片预处理（色温调节、白平衡调节等）和内转经道壁画支撑墙体三维建模。

（4）成果图件制作，包括：内转经道壁画支撑墙体点云、三维模型效果图、白膜正射影像图（具可量测特性）、彩色影像图、横剖面图、纵剖面图、精确量算图和形态分析图。

3. 外业数据采集

哲蚌寺壁画三维数据采集使用的激光扫描仪为FARO Focus 3D。工作主要分为三部分：项目准备及外业、内业数据处理和工程应用。按照整体部署和要求对西藏哲蚌寺措钦大殿内转经道壁画支撑墙体开展了三维信息现场采集，主要包括三维点云数据采集及纹理照片获取等工作。自9月5～8日经过近4天的工作，获取了3.85GB原始点云数据（*fls格式）、5.60GB纹理照片数据（*JPG格式、*NEF格式）和高质量的三维信息数据，点位精度2mm，点云两点之间间隔3～10mm。

1）设备性能特点及优势

小巧方便：Focus 3D是现今最小最方便的扫描仪，其重量仅为5kg，并且实现了电池内置。触摸屏：交互式的触摸显示屏使FARO Focus 3D在用户友好方面建立了一个新标准。

集成彩色相机：主机内集成 7000 万像素真彩色相机，可在扫描时生成全真三维高清晰彩色图像。

SD 卡：为方便用户储存以及在扫描项目进行过程中实时提取数据，Focus 3D 设置了 SD 卡插槽，实现了更安全的数据储存与电脑的瞬间传输。

数据处理和接口：Focus 3D 提供的利用工业级标准的自动注册软件可以自动处理点云数据。

FARO Focus 3D 扫描仪技术参数见表 4-1。

表 4-1 FARO Focus 3D 扫描仪技术参数

参数项目	技术参数
扫描距离 /m	0.6～120
扫描速度 /（点 /s）	122000 / 244000 / 488000 / 976000
系统距离误差	25m 时，为 ±2mm
垂直视野范围 /（°）	305
水平视野范围 /（°）	360
扫描头尺寸 /mm	240×200×1
工作温度 /℃	5～40
湿度环境	无凝露

2）准备工作

（1）FARO Focus 3D 三维激光扫描仪 1 台。

（2）与扫描仪匹配的 DELL 笔记本 1 台。

（3）纹理采集设备：Nikon D4 1 台。

（4）附件：大容量移动硬盘 1 块等。

3）数据采集

（1）三维激光扫描。

利用 FARO Focus 3D（扫描仪单点精度 2～6mm）扫描，仪器距离扫描对象 10m 时，扫描间距为 3mm。由于扫描的内转经道空间狭小，故在现场搭设的脚手架上进行分层扫描。

现场踏勘：主要是对场地的稳固性、场地空间是否满足安置仪器的要求，以及仪器安置的适合点及标靶的放置点进行踏勘。

现场准备：准备扫描仪、笔记本电脑、电源等现场扫描所需要的设备。

仪器安置：仪器进行安置、连线及调平。

标靶布设：标靶放置在合适的位置并固定，现场标定记号。

扫描目标：按站进行数据扫描，保证扫描站点之间数据有重合区域。

数据检查与保存：对扫描数据是否完整进行现场检查，检查合格的数据应及时保存。

（2）纹理信息获取流程。

灯光布设：保证拍摄照片颜色统一。

色温调节：在相机白平衡设置页完成，先拍摄标准灰卡，把灰卡的颜色设置为标准白平衡，使得纹理信息接近人眼所见色彩。

相机参数设置：相机（尼康D4），光圈（f7.1），快门（1/60s）。

近距离获取高分辨率纹理信息。

4）数据质量跟踪与检查

现场数据采集环境复杂，且采集的数据量大，由于环境和人为的因素，数据质量参差不齐，进行必要的数据管理和检查是保证数据质量的重要步骤。经过项目组多次讨论，最终确定数据质量跟踪和检查方案如下：

（1）制订详细周密的工作计划和科学合理的测量方案与作业细则；

（2）做好充分的准备工作，做好人员培训，资料收集、分析和仪器设备工具的准备工作；

（3）做好仪器设备经常性的保养和维护工作；

（4）按质量控制方案和实施方法开展检查工作，设计三维扫描现场记录表，并设专职的数据检查人员，现场检查出的不合格数据必须重新进行扫描，直到数据合格为止。具体实施步骤如下：①现场扫描后，立即将数据从数据采集电脑中备份到数据检查电脑上进行检查；②扫描人员在整体扫描图纸中标绘出采集位置信息，数据检查人员进行二次核实，填写三维扫描现场记录表，以防遗漏；③当天扫描数据，晚上进行数据统计及备份，同时备份到2个大容量硬盘中，保证数据不少于3份，现场负责人负责核实检查；④外业图纸也放到相应的图纸文件夹中存档。

4. 内业数据处理

外业数据采集的主要成果有：高精度三维激光点云、纹理照片。代表性原始点云数据截图见图版18和图版19、代表性纹理照片见图版20。本书主要对哲蚌寺措钦大殿内转经道壁画支撑墙体进行外业数据采集，在外业数据采集完成后，即可开始数据准备、数据预处理、建立三维模型及成果制作等内业数据处理，工作流程如图4-1所示。

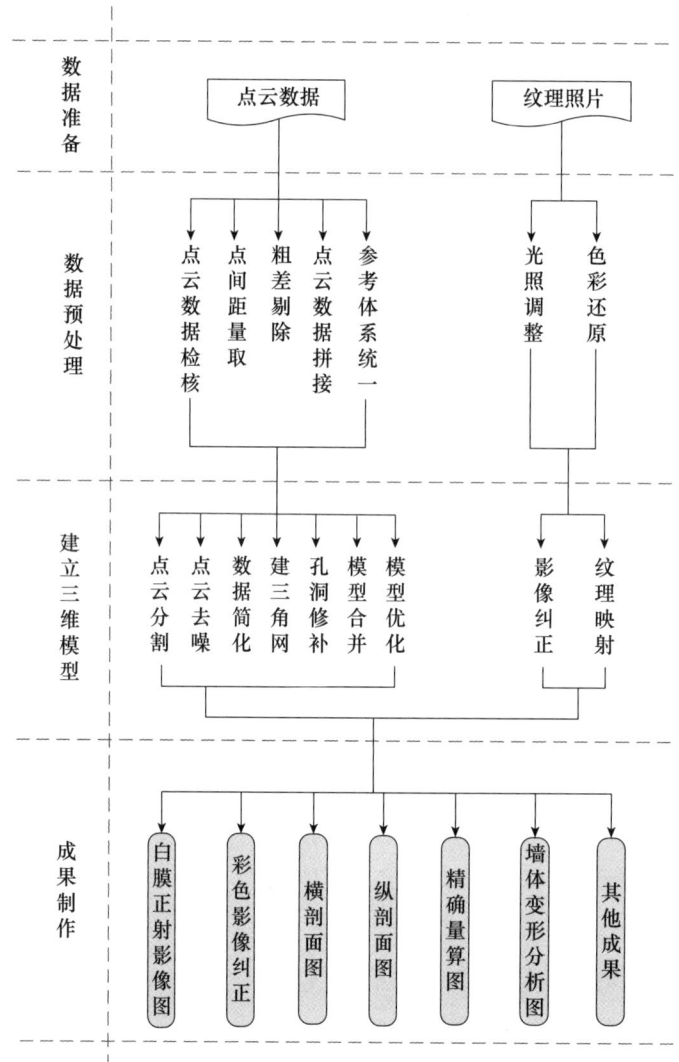

图 4-1 内业数据处理工作流程

1) 数据处理过程

(1) 设备。内业数据处理设备：HP 图形工作站 1 台、DELL M6400 图形工作站 1 台、DELL M6600 图形工作站 1 台。附件：大容量移动硬盘两块。

(2) 人员。内业数据处理投入人员 2 人，成果检查投入人员 1 人。

2) 数据质量检查和安全

内业数据处理的质量直接关系到后续成果的质量，制订内业数据质量检查方案有助于提高工作效率和质量。

(1) 质量控制的组织：工作开始前制订详细周密的工作计划和科学合理的方案与作业细则，做好充分准备工作；项目设立专职检查员，工作开始前做好人员培训，组织生产作业人员学习本工程项目的技术要求和相关规定。

（2）软件设备质量控制：工作开始前做好方法试验，确定方法技术和所选用软件能紧密结合，以便很好的开展工作。

（3）工作流程质量控制：做好试验计划和实施数据的选取工作，并对试验工作做认真总结，吸取经验教训，严格按要求开展工作。

（4）质量检查：按质量控制方案和实施办法开展工作，实行三级检查制度即作业者自查、作业组之间互检、专职检查人员的过程检查和精度检查。做到每一工序有检查，上工序对下工序负责。检查方式以自查、互查、抽查、专查等形式进行，检查完成后要签字确认，并对本成果负责。

另外在进行数据处理时还需要进行必要的安全管理，以避免数据遗失、泄漏：①原始数据要及时备份存档，备份不少于3份；②内业数据处理中间过程要适当存储；③各种成果备份不少于3份；④工作人员在项目实施全过程中严格遵守国家有关保密规定和相关制度，确保数据成果的安全，严禁流失和外传。

3）数据处理流程

点云预处理包括：数据准备、点云数据检核、点间距量取、粗差剔除、点云数据拼接、参考体系统一，最终形成三维点云模型，如图4-2所示。

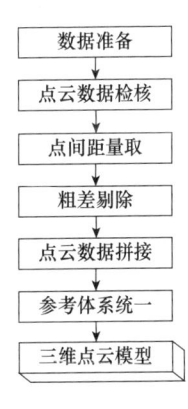

图 4-2 点云预处理流程图

三维激光扫描的内业点云预处理主要内容如下：

（1）点云数据检核：由于扫描过程中数据的遮挡，难免会引起数据的缺失，扫描外界条件还可能引起数据的分层，点云数据检核在点云数据预处理中是必不可少的第一步，并且目前没有相关的软件，只能人工利用工业测量中所使用的三维软件进行数据检核。

（2）粗差剔除：如前所述，原始点云数据包含了大量的粗差、错误和无关信息，这些信息的修正和处理工作，主要采用的是人工交互操作，在交互编辑环境下，实现粗差剔除、与考察对象无关信息的剔除和系统性遗漏信息的弥补及修正。

（3）参考体系统一（多站点云数据拼接）：参考体系的统一是后续数据处理和分析的前提，按照壁画墙体的特点，将所有测站数据统一归并到独立坐标系，独立坐标以竖直方向为 Z 轴，以中间站扫描时水平 $0°$ 角为 X 方向，Y 轴垂直于 X 轴。

（4）数据简化形成三维点云模型：三维扫描数据包含了较多的冗余数据，这些冗余信息对模型的建立或特征的提取没有帮助，所以选择或设计相应的算法对点云数据进行简化。

内转经道西壁点云预处理流程主要工作内容包括：①点云数据检核，在扫描现场已经进行了点云数据检核的部分工作，为了保证数据精度，内业还需重新进行数据检核，包括点云数据的缺失程度及局部点云分层情况等。②粗差剔除，可以使用人工方法手动剔除或者使用软件自动剔除。由于本次扫描使用的是高精度扫描仪，外界对粗差影响相对较小，故本次采用软件自动剔除粗差。③参考体系统一，本次扫描布设多站点进行扫描，扫描的数据要进行参考坐标系的统一，把扫描的点云数据统一到一个参考系，为三维建模提供基础数据，即多站点云拼接为一完整点云。④数据简化形成三维点云模型，由于扫描的数据有重叠现象，为避免冗余数据影响到数据质量和数据处理速度，在保证点云密度的情况下，进行了必要的数据简化。简化过程中使用三维软件，简化结果见图版21。

5. 三维建模

三维建模的主要流程包括确定边界、点云数据分割、点云去噪、数据简化、三角网模型建立、补洞、模型后处理等，如图4-3所示。以壁画支撑墙体为研究对象，三维建模主要流程如下：

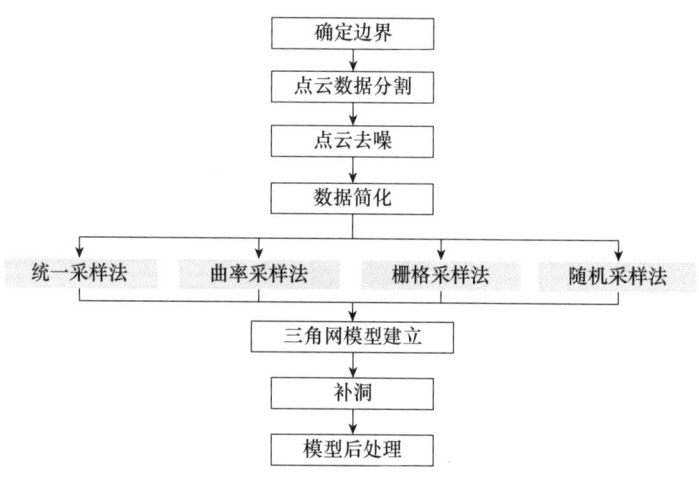

图4-3 三维建模流程图

1）确定边界

打开扫描文件后，根据模型的边界进行数据删除，即确定模型边界范围，删除多余的扫描数据，加快处理速度。

2）点云数据分割

首先在原始点云数据上选择要分割的区域，分割完成的点云数据另存为两个文件，这样可以方便数据处理，效果较理想。

3）点云去噪

激光扫描仪获得的是基于仪器坐标系的三维坐标数据，为无属性的离散"点云"数据。这些点云数据包含了大量由于局部跳变数据、前景遮挡数据以及无回波信息的局部空洞原因所造成的粗差和系统误差，不能直接使用。这些信息的修正和处理，需使用三维软件经过选择体外孤点、选择非连接项、减少噪声来进行点云去噪。

4）数据简化（统一采样法）

所采集的点云数据包含大量重复扫描的冗余信息，在精细建模之前需使用三维软件进行统一采样，采样点间距要求小于2mm。

5）三角网模型建立

点云数据去噪处理完成后，就可以进行三角网（TIN）模型的建立，根据实际的点云数据量来进行三角网模型的建立，从现有中等配置的计算机性能来看（6G内存），每个分割的点云三角形数量在2000万～3500万的效果最佳，见图版22和图版23。

6）补洞

由于扫描数据的不完整性，在建模过程中难免会出现空洞，所以需进行补洞。在补洞的过程中使用曲面来进行填充，根据实际情况需要来进行搭桥等相关操作，根据纹理照片使补洞在最大程度上保留原状，见图版24和图版25。

7）模型后处理

合并完成的模型还需进行模型后处理，如边界修剪等，最终三维模型见图版26。

6. 图件制作

在三维模型的基础上，制作壁画支撑墙体白膜正射影像图，并利用Auto CAD软件绘制相应的横剖面图、纵剖面图、精确量算图、壁画支撑墙体形态分析图等，可为后续壁画保护修复工作提供可靠依据，对病害调查、数据分析等定量调查与全面评估工作的开展有重要意义。根据拟定的绘制要求，图件制作主要工作内容如图4-4所示。

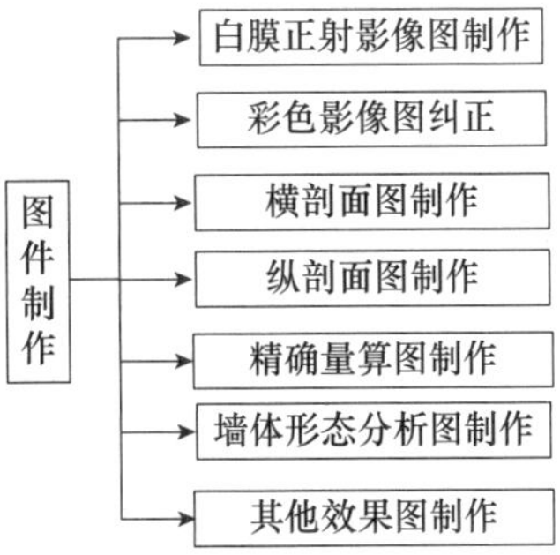

图4-4 图件制作内容

1）白膜正射影像图制作

正射影像是一种既具有像片影像特征同时又具有地图特征的图。由于其包含的信息丰富、直观性强，具有可量测性，因而是项目中不可或缺的图件成果。采用三维激光扫描技术，可在不损坏文物的前提下，快速采集文物外部表面的三维信息，利用相关专业软件制作高精度正射影像图。相对于以往近景摄影来说，正射影像图具有更为精确的可量测性，可供文物设计和保护人员进行精确测量，具体制作过程如图4-5所示。

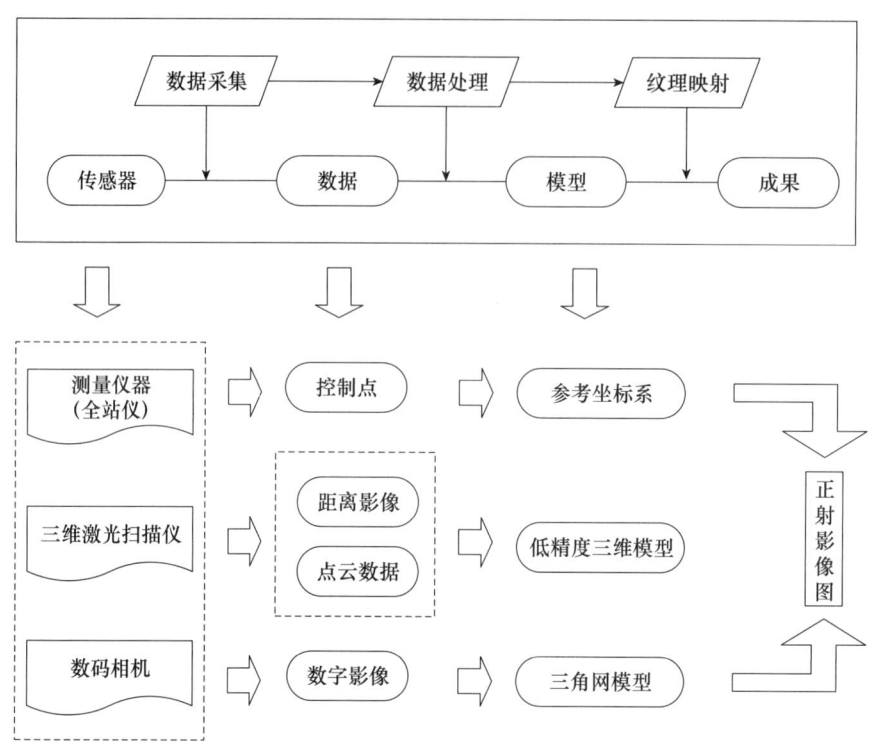

图4-5 正射影像图制作流程图

2）彩色影像图纠正

本书中保护修复的壁画存在空鼓、烟熏、脱落、裂隙、起甲等多种病害。传统测绘方法很难准确对其进行描述、测量与分析，需要寻求新的方法来解决这一难题。

利用近景摄影测量和三维激光扫描技术无接触获取彩色影像图可有效解决上述问题，对于壁画保护、病害调查等工作具有重要意义。在已制作的正射影像图基础上，结合前期拍摄的彩色影像数据，通过专业软件可为其赋予相应的彩色信息，再进行一系列纠正制作成彩色影像图，在其上方可进行病害标注等。

3）其他图件制作

在三维模型和高精度白膜正射影像图基础上，借助Auto CAD便可以制作横剖面图、纵剖面图、精确量算图、形态分析图等，为保护修复工程提供科学支撑。

主要数据成果如下:

(1) 原始三维点云。利用三维激光扫描仪进行外业数据扫描,可直接获取原始点云数据如图版 27 所示。由于外业扫描的点云数据量较大,所以采用数据库形式存储。原始点云数据为壁画支撑墙体真实的三维数据,可永久保存,为之后的文物保护和科学研究提供基础资料与依据。

(2) 三维模型。利用原始点云数据构建的三维模型,具有真实尺寸,如图版 28 所示。构建完成的三维模型可进行相应的图件制作,可提取出数据信息,从而使壁画现状完整永久地保存。

(3) 白膜正射影像图。基于壁画支撑墙体三维模型,制作白膜正射影像图,便于后续图件制作,如图版 29 所示。

(4) 彩色影像图。在已制作的三维模型基础上,结合前期已有的影像图(此图为前期已有成果),通过专业软件进行纠正,再经过加工便制作成彩色影像图,见图版 30。

(5) 横剖面图。在三维模型基础上,借助相关软件制作横剖面图,见图版 31~图版 34,据此可对墙体形态变化量进行分析。

(6) 纵剖面图。在三维模型基础上,借助相关软件可以制作纵剖面图,见图版 35~图版 37,据此可以对墙体形态变化量进行分析。

(7) 精确量算图。在已制作的高精度白膜正射影像图基础上,借助 Auto CAD 制作精确量算图,如图版 38 所示。

(8) 形态分析图。在三维模型基础上,借助相关软件对壁画支撑墙体进行形态分析,如图版 39 所示。

西藏哲蚌寺壁画保护修复工程——三维扫描测绘与信息留存项目通过高精度三维激光扫描技术进行了信息留取、三维建模、图件制作等初步应用,主要成果与结论包括:

(1) 实现壁画的信息留取,永久存档。获取了翔实的信息数据,包括:高精度、高密度点云数据(单点精度 3~6mm;点云间隔 3~10mm)、高分辨率纹理数据(300DPI),在此基础上可直接进行基本尺寸查询和量算。

(2) 建立壁画支撑墙体三维模型。建立哲蚌寺措钦大殿内转经道壁画支撑墙体高精度三维模型(模型精度约 3mm)。

(3) 制作白膜正射影像图。在高精度三维模型基础上,制作白膜正射影像图(西壁与南壁 2 个立面),具有可量测特性。

(4) 成果图件制作。制作完成彩色影像纠正图、横剖面图、纵剖面图、精确量算图、形态分析图等，为壁画保护修复工作提供数据支撑。

（5）为后续相关保护工作提供基础数据。从测绘与信息留存角度对三维扫描后的数据进行了部分提取与加工，在今后的保护工作中，不同领域的专家可根据其特殊需求提取相应数据或做进一步数据加工。

（6）修复效果监测。本次采集的三维数据可作为基准数据，壁画修复完成后还可采集相应数据，二者可进行比对分析，一是评估修复效果，二是进行监测对比分析。

7. 数据采集结果分析

此次三维扫描测绘与信息采集为哲蚌寺措钦大殿内转经道西壁墙体变形情况提供了翔实、准确的资料，建立了壁画支撑墙体三维模型并制作完成彩色影像纠正图、横剖面图、纵剖面图、形态分析图等，为壁画保护修复工作提供了数据支撑。为了将整体墙壁做详细的变形程度调查，分析过程中按高度将其分为10个区域，分别测出同一水平高度内墙体变形量，统计结果见表4-2、表4-3。

表4-2　哲蚌寺内转经道西壁墙体纵剖三维扫描结果统计表（水平范围）

距地面高度 /m	水平范围内距基准线高度 /cm	
	外凸最大值	内凹最大值
0.5	0.0	14.3
1.0	4.5	5.3
1.5	6.5	0.0
2.0	9.4	0.0
2.5	8.8	0.0
3.0	6.5	8.2
3.5	3.5	8.8
4.0	0.0	12.1
4.5	0.0	13.6
5.0	0.0	12.1

表4-3　哲蚌寺内转经道西壁墙体纵剖三维扫描结果统计表（垂直范围）

距墙体最北端长度 /m	垂直范围内距基准线高度 /cm	
	外凸最大值	内凹最大值
0.5	0.0	0.0
1.0	0.0	0.0
1.5	0.0	0.0

续表

距墙体最北端长度 /m	垂直范围内距基准线高度 /cm	
	外凸最大值	内凹最大值
2.0	6.2	1.6
2.5	8.9	1.8
3.0	5.8	5.7
3.5	7.1	4.0
4.0	9.2	3.1
4.5	13.2	0.0
5.0	10.5	10.7
5.5	7.7	11.7
6.0	11.3	8.9
6.5	10.3	11.3
7.0	7.8	11.7
7.5	6.4	11.6
8.0	7.8	12.0
8.5	0.0	14.2
9.0	0.0	16.7
9.5	0.0	18.3
10.0	0.0	20.1
10.5	0.0	14.7
11.0	0.0	16.7
11.5	0.0	12.2

墙体整体变化区域及严重程度如图版39所示。其中绿色区域表示未变形墙体，作为基准墙面，蓝色区域代表墙体内凹部分，深蓝色区域为墙体内凹最厉害部分；黄色区域代表墙体外凸部分，橙色区域为墙体外凸最严重区域。

由表4-2、表4-3的数据可知，内转经道西壁墙体内凹最大的区域为距地面高4.0~5.0m，距最北端8.5~11.0m范围内，其值可达20.1cm；外凸最大的区域为距地面高1.5~3.0m，距最北端4.0~5.0m范围内，其值可达到11.3cm。

通过三维扫描测绘，建立了可永久保存的壁画保护修复工程三维信息数据库，留存了珍贵的历史信息，为后续保护、修复设计、数字展示等工作奠定了基础，对之后的科学研究、保护决策等均具有重要意义。此次哲蚌寺内转经道壁画揭取与回贴修复前，为定量描述壁画支撑墙体变形特征，采用高精度激光三维扫描仪进行测绘及信息留取工作，获得了内转经道西壁内墙壁画的三维模型、二维立剖面图、正射影像图、墙体形态分析图等多种形式的高精度数据成果，为内转经道壁画的保护修复、考古研究、科学展示、监测等工作获得了基础数据和珍贵资料。同时，这种方法也可作为其他相关保护修复工作的参考。

4.1.2 地质雷达检测

1. 原理

地质雷达（ground penetrating radar，GPR）是近年来一种新兴的地下探测与混凝土构筑物无损检测的新技术，它是利用宽频带高频电磁波信号探测介质结构分布的非破坏性探测仪器，通过雷达天线对隐蔽目标体进行全断面扫描方式来获得断面的扫描图像。具体工作原理是当雷达系统利用天线向地下发射宽频带高频电磁波时，电磁波信号在介质内部传播遇到介电差异较大的介质界面时会反射、透射和折射。两种介质的介电常数差异越大，反射的电磁波能量也越大；反射回的电磁波与发射天线同步移动的接收天线接收后，由雷达主机精确记录下反射回的电磁波的运动特征，再通过信号技术处理，形成全断面的扫描图。工程技术人员通过对雷达图像的判读，判断出地下目标物的实际结构情况。

电磁波的传播取决于介质的电性，介质的电性主要取决于电导率 μ 和介电常数 ε，前者主要影响电磁波的穿透（探测）深度，在电导率适中的情况下，后者决定电磁波在该物体中的传播速度。因此，所谓电性介面也就是电磁波传播的速度介面，不同的地质体（物体）具有不同的电性，在不同电性地质体的分界面上，都会产生回波，探地雷达在勘察中的基本参数如下。

（1）电磁脉冲波旅行时间：

$$t=\sqrt{4z^2+x^2}/v \approx 2z/v \qquad (4-1)$$

式中，z 为勘察目标体的埋深；x 为发射、接收天线的距离（式中因 $z>x$，故 x 可忽略）；v 为电磁波在介质中的传播速度。

（2）电磁波在介质中的传播速度：

$$v=c/\sqrt{\varepsilon_r \mu_r} \approx c/\sqrt{\varepsilon_r} \qquad (4-2)$$

式中，c 为电磁波在真空中的传播速度（0.29979m/ns）；ε_r 为介质的相对介电常数；μ_r 为介质的相对磁导率（一般 $\mu_r \approx 1$）。

（3）电磁波的反射系数：电磁波在介质传播过程中，当遇到相对介电常数明显

变化的地质现象时,电磁波将产生反射及透射现象,其反射和透射能量的分配主要与异常变化界面的电磁波反射系数有关:

$$r=\frac{\left(\sqrt{\varepsilon_2\mu_2}-\sqrt{\varepsilon_1\mu_1}\right)^2}{\left(\sqrt{\varepsilon_2\mu_2}+\sqrt{\varepsilon_1\mu_1}\right)^2}\approx\frac{\left(\sqrt{\varepsilon_2}-\sqrt{\varepsilon_1}\right)^2}{\left(\sqrt{\varepsilon_2}+\sqrt{\varepsilon_1}\right)^2} \quad (4-3)$$

式中,r 为界面电磁波反射系数;ε_1 为第一层介质的相对介电常数;ε_2 为第二层介质的相对介电常数。

(4)探地雷达记录时间和勘察深度的关系:

$$z=\frac{1}{2}vt=\frac{1}{2}\cdot\frac{c}{\sqrt{\varepsilon_r}}\cdot t \quad (4-4)$$

式中,z 为勘察目标体的深度;t 为雷达记录时间。

2. 检测结果

在病害调查过程中,采用地质雷达探测技术对墙体缺陷和壁画空鼓病害区域进行探测,取得了良好结果。措钦大殿龙布拉康殿西壁壁画和甘丹颇章地质雷达检测结果如图4-6~图4-9所示。

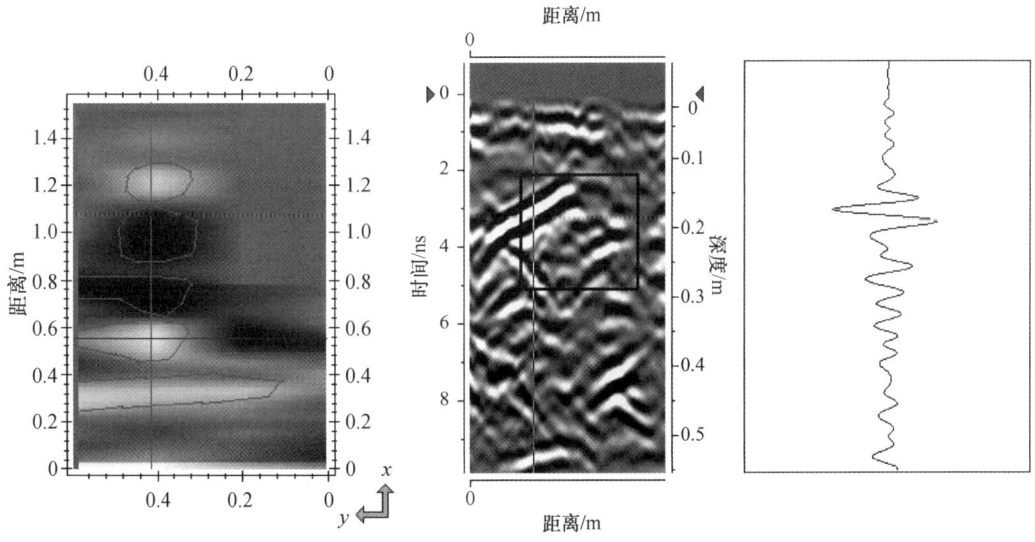

图4-6 龙布拉康殿西壁壁画测点空鼓切片

图4-7 龙布拉康殿西壁壁画测点的雷达垂直剖面图

从图4-6中可以清楚地看到,线框内部黑、白色阶强的区域为空鼓区域。从图4-7中可以清楚地看到在0.14~0.30m的深度范围内存在不同程度的破碎和空洞,且存在一条裂隙,说明墙体存在变形。

从图 4-8 中可以清楚地看到红色线框内部黑、白色阶强的区域为空鼓区域。

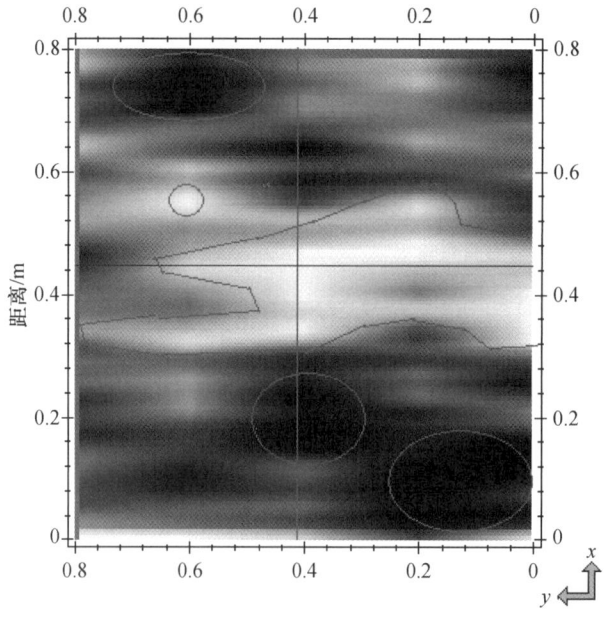

图 4-8　甘丹颇章壁画测点空鼓切片

从图 4-9 中可以清楚地看到在 0.2m 和 0.3~0.45m 的深度范围内存在空洞。

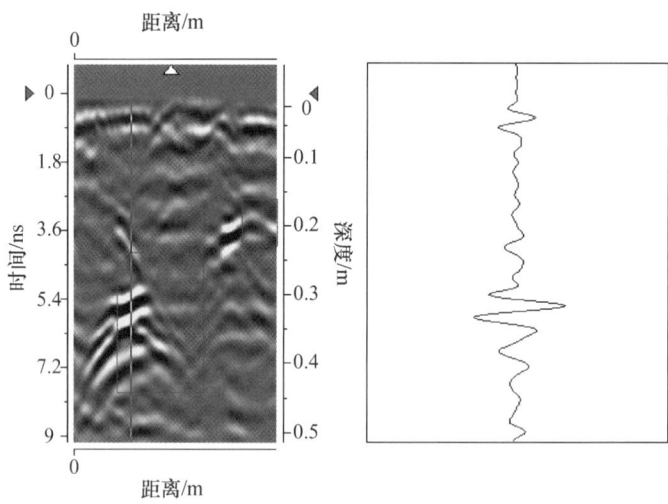

图 4-9　甘丹颇章壁画测点雷达垂直剖面图

4.2　取样分析

在壁画进行修复工作之前，必须对壁画制作工艺及材料进行分析研究，不仅可以为筛选壁画保护修复材料与工艺提供基础依据，也是制订壁画保护方案的前提。壁画作为一种绘画艺术，颜料是壁画制作材料中最重要的部分。国内外对于壁画制作工艺和颜料的分析研究，采用的方法有多种，常用的有X射线衍射分析[41,42]、激光拉曼光谱分析[43~45]、偏光显微分析[46]，尤其是激光拉曼光谱分析，由于其样品需求量少、快速、准确的特点，近年来应用于壁画颜料分析研究的报道越来越多[47,48]。

综合上述研究成果，哲蚌寺壁画制作工艺和材料的分析：利用金相显微镜观察壁画的剖面显微结构，以确定壁画结构；利用X射线荧光分析、X射线衍射分析、扫描电子显微镜（SEM）及能谱分析（EDS）、显微共聚焦激光拉曼光谱分析等方法研究壁画每层材料的化学成分、矿物颜料的显色成分，从而确定壁画制作工艺、颜料组成，为原位壁画的保护修复以及内转经道壁画揭取回贴材料和工艺的选择提供基础依据。

4.2.1 内转经道壁画颜料取样记录

按画面色彩分布特点和差异，选取的15个样品均为块状带有地仗层的壁画样品，采样位置见图版40~图版53，样品统计结果列于表4-4中。

表4-4 哲蚌寺内转经道西壁壁画样品统计表

样品颜色	样品数量/个	样品编号
红色颜料	5	4#、6#、9#、11#、14#
绿色颜料	2	7#、13#
蓝色颜料	2	3#、8#
黑色颜料	1	2#
白色	1	1#
黄色颜料	2	5#、12#
沥粉样品	1	10#
地仗样品	1	0#

4.2.2 分析仪器及测试条件

1. X射线荧光分析

采用日本岛津 EDX-800HS X射线荧光仪（X-ray fluoreseny, XRF），分析条件：铑靶 Rh，电压 Ti-U 50kV；Na-Sc 15kV，测试环境为真空，测试时间200s。

2. X射线衍射分析

X射线衍射分析是研究壁画地仗层物质组成的有效手段，将所取样品用研钵磨碎，粉末置于载玻片上进行X射线衍射分析（X-ray diffraction，XRD）。采用日本理学RINT 2000 X射线衍射仪（分析条件：铜靶，狭缝DS＝SS＝1°，RS＝0.15mm；电压40kV，电流40mA）。

3. 剖面显微分析

采用Leica DM 4000M金相显微镜，在暗场下对焦拍摄。可将物体放大50、100、200、500倍。

4. 扫描电子显微镜及能谱分析仪

采用Hitachi S-3600N扫描电子显微镜（SEM），分析电压20kV；美国EDAX公司Genesis 2000 XMS型X射线能谱分析仪（EDX）。

5. 激光拉曼光谱分析

采用HORIBA XploRA全自动显微共聚焦激光拉曼光谱仪，激光器分别为532nm、632nm和780nm，配有Olympus光学显微镜，测试使用物镜为×20，空间分辨率小于1μm，光谱分辨率在532nm为$1.8cm^{-1}$，785nm为$1.1cm^{-1}$。

4.2.3 分析结果

1. 化学成分

为了了解各种颜料的化学元素组成，对样品进行XRF分析，分析结果见表4-5。通过对比表中数据可知，绿色颜料显色成分为Cu的化合物；红色颜料显色成分为Hg、Fe的化合物；蓝色颜料显色成分为Cu的化合物；黄色颜料显色成分为As的化合物；沥粉为Ca的化合物；白色、黑色颜料无法用XRF方法判断，需进一步借助其他方法进行分析。

表4-5 哲蚌寺内转经道西壁内墙壁画颜料XRF分析结果 （单位：wt%）

项目	Ca	Si	Fe	K	S	Mn	Al	P	Zn	Cu	Hg	Br	As
0# 地仗	18.206	49.918	8.631	3.827	0.416	0.237	18.765	—	—	—	—	—	—
1# 棕色	12.167	59.839	4.633	2.568	1.837	0.185	15.412	3.359	—	—	—	—	—
2# 黑色	22.440	55.740	8.480	5.077	3.571	0.294	—	4.243	0.154	—	—	—	—
3# 蓝色	13.746	34.864	4.098	2.367	2.376	0.118	—	—	—	41.924	0.439	0.068	—

续表

项目	Ca	Si	Fe	K	S	Mn	Al	P	Zn	Cu	Hg	Br	As
4# 红色	15.212	61.128	12.615	3.560	4.106	0.406	—	—	0.180	0.155	2.164	—	0.475
5# 黄色	21.881	44.669	6.093	3.342	15.111	—	—	—	—	0.474	—	—	8.430
6# 红色	13.936	55.691	7.109	3.316	2.434	0.229	11.809	—	0.042	0.061	3.248	0.425	0.608
7# 绿色	14.618	45.516	6.397	3.302	1.933	0.268	19.325	—	—	8.119	0.197	—	0.326
8# 蓝色	4.846	23.697	2.002	1.053	3.041	0.215	—	—	—	42.416	—	—	22.565
9# 红色	22.338	52.554	13.888	4.967	—	0.357	—	—	—	—	—	—	—
10# 沥粉	80.068	5.502	2.040	0.852	0.778	—	—	—	—	—	—	—	10.527
11# 红色	22.334	48.849	9.206	3.727	7.782	—	—	—	1.348	0.656	—	—	6.099
12# 棕黄	11.035	59.697	3.525	2.202	1.567	0.096	21.832	—	0.046	—	—	—	—
13# 绿色	15.997	39.233	5.476	2.678	2.236	—	—	4.107	—	28.842	—	—	1.121
14# 红色	36.388	46.454	11.163	3.585	2.114	0.261	—	0.036	—	—	—	—	—

为了进一步验证壁画颜料和地仗层各层元素成分，并为颜料的矿物组成判定提供帮助，对黑色、白色、蓝色、黄色、红色、绿色颜料分别进行SEM-EDX能谱分析。

1）黑色颜料

黑色颜料选择2#样品，SEM-EDX能谱分析位置如图版54所示，分析结果列于表4-6中。由表中数据可知，内转经道西壁2#黑色样品颜料层主要成分是碳（C），而地仗层中的主要化学元素是Si、Ca、Al、Fe等。

表4-6　内转经道西壁2#黑色颜料的SEM-EDX能谱分析结果　（单位：wt%）

位置	C	O	Na	Al	Cl	K	Si	Mg	Ca	Fe
A	74.87	18.85	1.76	0.70	2.20	1.63	—	—	—	—
B	80.69	10.14	—	1.85	1.03	—	3.81	0.46	2.02	—
C	10.11	27.28	—	13.75	—	3.28	22.94	6.65	1.09	14.90
D	31.68	23.20	0.72	6.23	0.29	2.07	11.28	1.75	18.42	4.38
E	—	30.45	—	—	—	—	69.55	—	—	—

2）白色颜料

白色颜料选择1#样品，SEM-EDX能谱分析位置如图版55所示，分析结果列于表4-7中。由表中数据可知，内转经道西壁1#白色样品颜料层和地仗层中的主要化学元素均为Si、Ca、Al、Fe等，只是在形貌颗粒大小上有区别。

表 4-7　内转经道西壁 1# 白色颜料的 SEM-EDX 能谱分析结果　　（单位：wt%）

位置	C	O	Na	Al	K	Fe	Si	Mg	Ca
A	11.03	25.97	6.28	13.99	—	—	42.74	—	—
B	10.03	35.46	—	26.03	—	—	26.20	0.69	1.59
C	8.12	38.77	—	24.46	—	—	26.35	0.16	2.14
D	18.77	35.36	1.36	17.24	—	1.35	23.05	—	2.87
E	19.25	31.94	0.95	6.75	1.71	3.58	21.87	1.43	12.51
F	20.65	28.09	0.87	5.77	1.27	4.55	14.19	1.28	23.33

3）蓝色颜料

蓝色颜料选择 8# 样品，SEM-EDX 能谱分析位置如图版 56 所示，分析结果列于表 4-8 中。由表中数据可知内转经道西壁 8# 蓝色样品颜料层中主要成分为 Cu，地仗层中的主要化学元素是 Si、Ca、Al、Fe 等。

表 4-8　内转经道西壁 8# 蓝色颜料的 SEM-EDX 能谱分析结果　　（单位：wt%）

位置	C	O	Na	Al	K	Fe	Si	Mg	Ca	Cu
A	8.85	16.86	—	—	—	—	0.90	—	—	73.39
B	—	31.50	—	—	—	—	68.50	—	—	—
C	13.57	29.67	1.40	9.66	2.51	6.3	17.16	2.09	16.65	—

4）黄色颜料

黄色颜料选择 5# 样品，SEM-EDX 能谱分析位置如图版 57 所示，分析结果列于表 4-9 中。由表中数据可知内转经道西壁 5# 黄色样品颜料层中主要成分为 As，地仗层中的主要化学元素是 Si、Ca、Al、Fe 等。

表 4-9　内转经道西壁 5# 黄色颜料的 SEM-EDX 能谱分析结果　　（单位：wt%）

位置	C	O	Na	Al	K	Fe	Si	Mg	Ca	As
A	23.20	3.39	—	0.37	—	—	1.11	—	1.27	48.07
B	25.17	25.99	—	6.17	1.68	3.59	30.28	2.83	4.29	—
C	—	28.23	5.55	16.65	—	—	42.11	—	7.46	—

5）红色颜料

由于红色颜料在画面上呈现不同的色彩，有大红和深红两种，结合上面 XRF 分析结果，可以看出其差异的存在，故选择 4#、14# 红色样品分别进行 SEM-EDX 能谱分析。14# 样品能谱分析位置如图版 58 所示，分析结果列于表 4-10 中。由表中数据可知，14# 红色颜料样品颜料层主要成分为 Fe，地仗层中的主要化学元素是 Si、Ca、Al、Fe 等。

表 4-10　内转经道西壁 14# 红色颜料的 SEM-EDX 能谱分析结果　（单位：wt%）

位置	C	O	Na	Al	K	Fe	Si	Mg	Ca	Cl
A	61.00	6.45	—	5.53	1.55	7.52	8.49	1.03	7.44	0.99
B	13.1	11.07	—	8.57	0.84	44.39	11.36	0.93	9.74	—
C	30.12	8.75	—	8.25	1.82	25.79	12.41	1.06	11.30	0.51
D	26.46	29.34	0.6	7.44	0.92	3.76	11.70	2.54	17.12	—
E	—	31.28	—	—	—	—	68.72	—	—	—
F	6.74	23.89	—	8.15	7.64	—	21.32	6.38	1.49	21.05

4# 红色样品 SEM-EDX 能谱分析位置如图版 59 所示，分析结果列于表 4-11 中。由表中数据可知，内转经道西壁 4# 红色样品颜料层中主要成分为 Hg、S，地仗层中的主要化学元素是 Si、Ca、Al、Fe 等。

表 4-11　内转经道西壁 4# 红色颜料的 SEM-EDX 能谱分析结果　（单位：wt%）

位置	C	O	Na	Al	K	Fe	Si	Mg	Ca	Hg	S
A	6.36	5.31	—	2.12	9.66	1.84	1.78	—	—	72.92	9.66
B	31.08	21.19	0.80	11.89	1.92	6.37	10.97	2.15	10.52	—	—
C	—	28.69	7.41	15.02	—	—	48.88	—	—	—	—

6）绿色颜料

绿色颜料选择 7# 样品，SEM-EDX 能谱分析位置如图版 60 所示，分析结果列于表 4-12 中。由表中数据可知，内转经道西壁 7# 绿色样品颜料层中主要成分为 Cu，地仗层中的主要化学元素是 Si、Ca、Al、Fe 等。

表 4-12　内转经道西壁 7# 绿色颜料的 SEM-EDX 能谱分析结果　（单位：wt%）

位置	C	O	Na	Al	K	Fe	Si	Mg	Ca	Cu
A	8.89	16.57	—	0.57	—	—	0.52	—	—	73.45
B	—	29.29	6.91	12.52	—	—	51.29	—	—	—
C	45.54	26.78	4.71	8.64	4.45	3.48	19.01	1.85	24.21	—
D	26.90	23.47	0.80	5.31	1.41	2.44	14.72	1.08	23.86	—

2. 壁画颜料矿物成分

壁画是一种凝固在墙壁上的艺术，其最终价值体现在用缤纷色彩绘制的画面所包含的古代科学、艺术、宗教、社会、政治、生活方面的各种信息，因此所有壁画保护措施实施的最终目标即是保护画面颜料层的稳定和信息不被损毁。从这个角度讲，对各色颜料进行详细的分析研究是科学保护壁画的前提。本书对内转经道西壁壁画颜料矿物成分研究采用了 XRD 和激光拉曼光谱分析相结合的方法。

通过将样品研磨用 XRD 分析方法进行测试，结果列于表 4-13 中。由表 4-13 数据可知，2# 黑色颜料没有测出显色物质，受 XRD 分析方法的限制，颜料中的某些微量成分以及非晶态物质无法得到分析结果。

表 4-13 内转经道西壁壁画颜料 XRD 分析结果

样品颜色	显色成分	其他物相
绿色	石绿 [$Cu_2(CO_3)(OH)_2$]	方解石（$CaCO_3$）、石英（SiO_2）
红色	朱砂（HgS）、铁红（Fe_2O_3）	方解石（$CaCO_3$）、石英（SiO_2）、钠长石 [$Na(Si_3Al)O_8$]
蓝色	石青 [$Cu_3(CO_3)_2(OH)_2$]	方解石（$CaCO_3$）、石英（SiO_2）
黑色	—	方解石（$CaCO_3$）、石英（SiO_2）
白色	白垩（$CaCO_3$）	石英（SiO_2）、钠长石 [$Na(Si_3Al)O_8$]
黄色	雌黄（As_2S_3）	方解石（$CaCO_3$）、石英（SiO_2）
沥粉	白垩（$CaCO_3$）	—
地仗层	方解石（$CaCO_3$）、石英（SiO_2）、钠长石 [$Na(Si_3Al)O_8$]	

为此，使用激光拉曼光谱对黑色颜料样品进行分析，分析结果如图 4-10 所示。结合表 4-6 中 SEM-EDX 能谱元素分析结果，判定 2# 黑色颜料显色物质为炭黑。

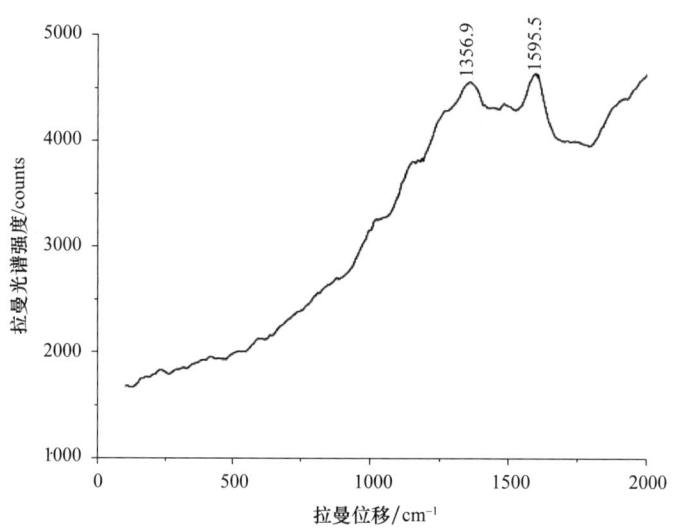

图 4-10 内转经道西壁 2# 黑色颜料拉曼分析结果
实验条件：532nm，10×5；峰值和相对强度：1356.9vs（br）1595.5vs（br）

3. 剖面显微分析

通过上述分析，已基本确定了壁画颜料和地仗样品的化学元素组成与矿物成分，为壁画保护修复提供了材料选择依据，但工艺的选择也至关重要。为此，使用剖面显微分析研究壁画的层次结构以了解哲蚌寺壁画制作工艺。

将块状颜料样品包裹在树脂中，经打磨平滑，露出样品剖面，用 Leica DM 4000M 金相显微镜进行观察分析，分别选择黑色、红色、蓝色、黄色颜料样品进行剖面显微分析，以了解不同壁画颜料样品的结构，进一步判断壁画绘画工艺。

1) 黑色颜料

内转经道西壁 2# 黑色样品的剖面显微镜照片如图版 61 所示。观察测得颜料层厚度在 10~33μm，只存在颜料层和地仗层中，颜料颗粒之间结合较松散。

2) 红色颜料

内转经道红色颜料经检测分析有朱砂和铁红两种，选择 9# 朱砂和 14# 红色样品分别做剖面分析，其剖面显微镜照片如图版 62 和图版 63 所示。分析结果显示，该样品中只有颜料层和地仗层，没有白粉层，颜料层厚度均在 10~15μm，颜料颗粒较细腻，结合很紧密。图版 62 中显示在 9# 红色朱砂颜料层下部有一层黄色颜料作为底色层，经激光拉曼光谱检测为雌黄。

3) 蓝色颜料

内转经道西壁 8# 蓝色样品的剖面显微镜照片如图版 64 所示。颜料层厚度在 60~90μm，颜料颗粒较大且松散，此外蓝色颜料颗粒中夹杂了绿色颗粒。这样的现象存在两种可能性，由于自然界中石青、石绿两种矿物颜料相伴生，故而蓝色石青颜料中会夹带有绿色石绿颗粒；还有一种可能就是刻意为之，使其在视觉上达到色彩纷呈的效果。

4) 黄色颜料

内转经道西壁 5# 黄色样品的剖面显微镜照片如图版 65 所示。颜料层厚度在 7~13μm，颜料颗粒细腻且结合紧密。

4.2.4 胶结材料分析

1. 仪器和试剂

氨基酸分析仪、真空干燥仪、氨基酸分析仪用 A 型和 B 型载液。

2. 分析方法

天然存在的蛋白质均由 20 多种氨基酸构成，特定的蛋白质中这 20 多种氨基酸的组成比例是恒定的，而不同来源的蛋白质中氨基酸的组成比例存在一定的差别。通过测定壁画胶结材料中氨基酸的组成比例，可以研究胶结材料的构成范围。

定量称取壁画颜料，采用盐酸（6M）60℃水解蛋白质后，利用 PITC 法，对氨基酸进行衍生，使用氨基酸分析仪对样品进行测定（254nm）。使用标准氨基酸建立工作曲线（在标准样中加入定量的羟脯氨酸和羟赖氨酸以测定样品中这两种氨基酸）测定样品中不同氨基酸的含量。根据样品量的多少，每个样品作 2~3 次平行测定。

采用式（4-5）计算 A、B 两种蛋白质的氨基酸组成类似率：

$$S(AB)=\cos\theta=\frac{\sum_{i=1}^{n}a_ib_i}{\sqrt{\sum_{i=1}^{n}a_i^2}\sqrt{\sum_{i=1}^{n}b_i^2}} \quad (4\text{-}5)$$

式中，a_i、b_i 分别为 A、B 两种蛋白质相对应的氨基酸的含量。

采用式（4-6）计算样品中胶结材料的含量 [% (w/w)]：

$$C\%(w/w)=\left(\sum_{i=1}^{18}c_iM_i\right)/m*100 \quad (4\text{-}6)$$

式中，c_i 为（$i=1\sim18$）是用氨基酸分析仪平行测定的 18 种氨基酸的试液的平均浓度；M_i（$i=1\sim18$）为相应的氨基酸的分子量；m 为样品的质量。

3. 分析结果

表 4-14 是哲蚌寺壁画样品中胶结物含量的分析结果。从氨基酸组成类似率的结果可知壁画样品和动物皮胶类似，接近牛皮胶，氨基酸组成类似率为 0.9892~0.9911。

表 4-14 哲蚌寺壁画胶结物含量的分析结果

氨基酸组成类似率				样品质量/g	C/% (w/w)	样品描述
牛皮胶	桃胶	米	小麦粉			
0.9902	0.4580	0.5595	0.4782	0.0009	2	绿色粉末，颜色艳，量少
0.9892	0.4528	0.5545	0.4729	0.0020	2.4	草绿色粉末，量少
0.9910	0.4725	0.5478	0.4761	0.0004	1	白色粉末，量少
0.9911	0.4769	0.5339	0.4571	0.0005	4	红色粉末，量少
0.9878	0.4387	0.5152	0.4305	0.0010	2.6	绿色粉末，量少
0.9790	0.3802	0.5677	0.4729	0.0006	0.3	浅蓝色粉末，量少

由于壁画样品的量较少，在样品称量时引入较大的误差，因此胶结材料分析的绝对浓度误差较大。考察样品量较多的一些样品绝对浓度的分析结果，可知壁画样品中胶结材料的含量在 2% 左右。

4.2.5 表面涂层判断

西藏寺院佛教壁画制作工序复杂，在制作时要举行一定的宗教仪式，反映了佛教在西藏的流传及对人们精神思维的影响，在最后一道工序中，多数壁画以刷牛皮胶、桐油或清漆作为保护层，一方面可以防腐防虫，另一方面可使表面平整光亮，使壁画呈现出金碧辉煌的效果。结合以往的经验，在西藏壁画中早期多刷牛皮胶，晚期多刷清漆。

西藏壁画表面多涂有清漆层，现在很难得知当时涂刷清漆的品种，但通过推断确定其主要种类，分析起甲原因，从而进行修复材料的筛选无疑是非常必要的。20世纪50～60年代，我国工业处于起步阶段，发展水平不高，油漆涂料处于初步发展水平。西藏地处边远地区，所以当时涂刷的清漆或者为外地运入，或者是产于当地的天然干性油。

天然干性油的主要品种是桐油和亚麻油，桐油产于内地南方省份，如果当时使用天然干性油，最为可能的是亚麻油。亚麻油为淡黄到棕黄色，主要成分为亚麻酸和亚油酸（为非共轭的十八碳三烯酸和二烯酸）的甘油酯。依靠空气中的氧气氧化不饱和双键而干燥。如果单独使用亚麻油作为成膜物，则干燥性能不好，容易在表面出现发黏现象，虽柔韧性较好，但是容易变黄。

如果从内地厂家购置清漆，根据当时国内主要产品的情况，有酯胶清漆、醇酸清漆、酚醛清漆这三个主要品种。经过红外光谱对起甲残片的分析测定发现，其中含有酯键的羰基吸收峰（1740cm^{-1}），因此可以排除使用酚醛清漆的可能性。

酯胶清漆一般为松香甘油酯，松香与甘油经过酯化反应后加入催干剂形成。醇酸清漆是多元醇与苯酐经过酯化反应而生成的，在当时属于中高档油漆产品。亚麻油、酯胶清漆和醇酸清漆这三类产品的共同特性为分子中均含有天然大分子物质（如油脂、松香），而且都含有容易水解的酯键和不稳定的双键结构，因而它们对于水和光线等物理和化学作用是非常不稳定的。在酸性或者碱性条件下酯键容易发生水解作用而使分子键断裂，在光线等能量作用下双键容易被破坏使得分子键断裂，所以漆膜的耐久性并不是很好。经过几十年外界能量、水汽、氧气、微生物等共同作用，分子中键能低的化学键断裂后导致原来整体大分子结构的破坏，即实际上壁画表面上已经基本不存在连续性的有机漆膜，而只是存在不连续的小分子有机化合物。有数据表明，醇酸清漆在正常条件下的使用寿命不超过20年。因此，上述三种漆膜无论是哪一种，其耐久性均不是非常好，经过50年的岁月洗礼，其中的有机大分子已经分解为小分子物质。

4.2.6 壁画制作工艺研究

1. 支撑墙体结构

西藏建筑因受地理位置、气候、宗教信仰等多重因素的影响，有其自身特点。经现场调查和分析研究表明，西藏壁画支撑体主要是由块石墙、夯土墙和笐玛草墙三种类型的墙体组成，往往因为建筑空间位置的不同，各类型墙体的分布也存在差异，如笐玛草墙一般用在上层建筑，可以显著减轻下层建筑的负荷。

哲蚌寺措钦大殿壁画的支撑墙体主要由块石构成，以藏族传统建筑工艺制作，块石与块石之间加有黄泥土，此外还以长方横木作为骨架，如图版66所示。为了增加建筑物的稳定性，这种墙体一般制作成下宽上窄，下部墙体厚度可达到2m。

2. 壁画地仗层结构

哲蚌寺壁画地仗层结构如图4-11所示。先在墙体表面抹一层粗沙泥作底层，这层沙泥层厚度1.5～3cm。沙泥层中土的含量相对较低，一般为20%～30%，沙子含量较高，达到70%～80%；底层干后，再抹掺有羊毛、牛毛的细泥为中层，泥的黏性较大，这层泥层厚度一般在1cm左右，沙土的比例与粗沙层基本相当。中层干后，又在其表面覆一层用阿嘎土加细沙拌成的沙泥层，这一层厚度一般不超过1cm。粗泥层中石灰的含量较低，细泥层中石灰的含量相对较高。粗泥层中的沙子粒径较大，粒径大于1.18mm的占20%左右，粒径小于1.18mm的沙子占50%左右；在细泥层中，沙子均匀、颗粒较小，粒径在0.5mm左右。

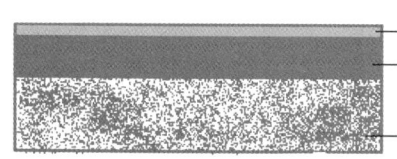

图4-11 哲蚌寺壁画地仗层结构示意图

通过现场观察和实验结果可知，哲蚌寺措钦大殿内转经道壁画地仗层制作分为两层，总厚度由于支撑墙体本身凹凸不平为3～5cm。靠近支撑体一层的主要成分为黄黏土，上层的白色阿嘎土层作为画面绘制平面，厚度约1cm，如图版67所示。

3. 壁画颜料层

哲蚌寺内转经道壁画绘制均采用无机矿物颜料，红色包括铁红、朱砂两种，其余均只使用一种色彩，蓝色为石青、绿色为石绿、黄色为雌黄、黑色为炭黑、白色为白垩，在画面的主要部位还存在沥粉工艺。颜料层的厚度因为色彩不同而存在差异，这种差异和颜料颗粒本身的粒径直接相关。

4.2.7 关于藏传佛教壁画绘画工艺

如前所述，西藏佛教壁画所用颜料大多为天然颜料，有红、绿、蓝、橙、黄、紫、黑等，这些颜料具有经久不褪色的特点，可调配所有色调的颜色。这些颜料必须先磨成粉，然后调入适量的牛皮胶和水，搅拌均匀，浓淡适中，方可使用。除天然矿物质颜料外，壁画中还大量使用金粉、金箔、银粉、铜粉、松茸石粉、珊瑚粉、珍珠粉等珍贵材料。用这些珍贵材料作画，色彩光亮，经久不褪色。具体绘制过程一般如下：

在绘制壁画前，首先在地仗层上准备绘画界面。这道工序按以下程序进行：先用鬃刷在墙上刷上一层淡红色的胶水，这种胶水是在熬好的牛皮胶中掺入少许藏语称为"江笛"的红色颜料制成。这道工序是为了平整壁面，提高颜料的附着力。刷完胶水后再刷土白色的粉浆，这是一种叫"萨昂巴"的颗粒极小的黏土兑入熬好的牛皮胶后拌成的糊状物，壁画就画在这层材料上。完成这两个步骤后，就可以开始绘制壁画了。

作画之前，一般要根据墙壁的宽窄高低按比例留出作画的位置，画好壁画的四面边框。这些位置和边框包括：

1. 先布

藏语原指挂于门楣、窗顶部的布帘，在壁画中则指墙壁上端占墙面高度 1/6 的色条。色条分三种颜色，最上端一道蓝色的色条上书写印刷体的藏文或梵文，内容多为咒语或菩萨名；下面两条各为红色和绿色，处理成有折纹的布帘形象，上面画上装饰图案、饰纹或是花草纹样，或是宝珠串样。

2. 吉热

由蓝、红、绿三道色条组成一道色条，书写印刷体藏文或梵文，其余色条中画上金刚或花纹图案。

3. 江木扎美多

这是指"先布"与屋顶檩木之间一格一格的空白，有的染上深蓝或土黄色底色，上面绘以花纹作为装饰。

4. 嘎裁

嘎裁指边框的下框到地面之间的空白，高度一般占墙面的 1/3，与一般人站立时的腰部、坐下时的肩部相齐。如果在高大的殿堂、回廊处，则相应地提高位置。"嘎裁"有的被染成深蓝、深绿色，但大都为白壁。

5. 美隆

在确定并画好四边的边框后，中间的部位就是"美隆"，藏语意为"心中的镜子"，壁画主题内容就绘制在这块"镜子"之上。作画开始前，先用粉兜打出对角线，以定出画面中心点，确定画面人物、景物的位置关系。

在上述准备工作完成后就可以正式开始绘制壁画了。绘画的程序大致如下：

1. 加布热

加布热即先勾草图。用炭条先勾出主要人物，再依次勾出与主要人物相联系的陪衬人物及云山雾水、楼台亭阁、飞禽走兽等。在勾画人物时，要根据《造像度量经》的要求，严格控制人体各部分的比例。

2. 介

介就是指勾墨线。用羊毛之类的柔软兽毛制成的毛笔，在草图上根据已定形的炭笔线条勾勒墨线（有时也根据具体情况用不同颜色），这些墨线就是壁画的定稿。

3. 存

存就是在"介"的基础上敷设颜色。着色有干画法和湿画法两种，干画法色彩浑厚而沉着，湿画法的色彩则显得清新明快。设色的顺序一般是第一步染天空，多用蓝色，由浅及深。第二步染地，多用绿色。第三步染云雾（主佛像的头上为云，脚下为雾）。第四步染主佛像及其背光、头光。第五步染人物的深色部分和其他景物的最深部分。

4. 当

当就是对画面的色彩团块进一步地渲染加工。例如，对天、地、华光、花瓣的较深部分的颜色，用水进行点、垛、皴、擦、晕染等处理。对袒露的肉体，则用橘黄色调和少许曙红色晕染出肌肉、骨骼的结构和明暗变化。经过这道处理，画面的色彩层次变得更为丰富。

5. 再"介"

这道工序是用彩色线条勾画轮廓线和衣纹。经过"存""当"两道工序后，原来勾勒的轮廓线和衣纹的有些部分被颜色覆盖，就需要用颜色顺着原墨线重提一次。凡敷暖色的地方，以深红色重提线条，敷冷色的地方则用深蓝色重提线条，以求线条与色块的和谐统一。

6. 赛热

赛热即上金。金银粉的运用是藏传佛教绘画，特别是西藏晚期壁画不可缺少的。壁画经金银粉提，整幅壁画便显得雍容华贵、富丽堂皇。描金的部位多为佛像的头饰、璎珞、衣纹、服装上的花饰、背光、供物法器、建筑金顶及山石脉络等处。

7. 坚契

坚契即开眉眼的意思。这是一幅壁画最为关键的绘制步骤，是所谓的"点睛之笔"。

8. 赛觉

赛觉是指用一种特制的笔将画面上有金银的部位抛光，抛光的工具一般是以宝石或琥珀作成状如子弹的笔头，用白铜皮或银皮固定在骨制的笔杆上。用这种藏语叫作"帕巴拉赛宝"的珍贵硬笔将壁画涂金银处抹平打光后，整个壁画绘制便宣告完成。

上述是西藏佛教寺院壁画制作的基本工序和画法，不同画派、不同风格、不同教义的教派在具体处理手法上略有差别。

第五章 壁画病害类型与成因分析

5.1 病害类型

5.1.1 支撑体病害

哲蚌寺措钦大殿内转经道西壁内墙体变形严重，导致壁画出现地仗层大面积脱落、空鼓及开裂；颜料层起甲、粉化；画面灰尘覆盖、泥渍、水渍等多种病害（见图版2）。应用激光三维扫描技术进行分析，绿色部分为基准面，变形程度<1.5cm，黄色区域为外凸部分，外凸最大值可达11.3cm；蓝色区域为内凹部分，内凹最大值可达20.1cm（图版39）。

5.1.2 地仗层病害

1. 空鼓与变形

壁画空鼓与大面积脱落是哲蚌寺各大殿壁画普遍存在的病害（见图版1~图版4），也是影响哲蚌寺壁画长期保存的严重病害之一，必须立即采取抢救性保护修复。藏传佛教壁画地仗层密实，多为黏土材料组成，由于该地区温差大，受热胀冷缩效应影响，与墙体黏结性较差的地仗层会发生局部脱离，在墙体不均匀沉降和重力等因素的综合作用下，导致空鼓面积不断增大，壁画变形增加。

2. 裂隙或开裂

因墙体地基下沉、受力不均引起墙体应力失衡而变形，导致壁画变形，在长时间的这种应力作用下，引起变形部位的壁画地仗层开裂。这类裂隙长度大，部分可以贯穿整个画面；呈上大下小的形状，宽度由几厘米到十几厘米不止。此类裂隙的存在严重影响了壁画画面的连贯性，将画面拉开、错位。而且，在裂隙周边通常伴随有空鼓病害发生（图版3）。通过调查发现，哲蚌寺壁画普遍存在裂隙。裂隙（缝）是应力作用的结果，是所受应力情况的表征，通过对不同形态裂隙变形特征的分析，可找出产生不同破坏的原因。研究发现，哲蚌寺措钦大殿壁画所产生的裂隙的变形特征有8种形式。

1）左行裂隙

在裂隙发展方向上，下一裂隙总是在前一裂隙的左方出现。产生部位主要在佛堂的墙面，墙体与屋顶木结构交接处也偶见。其受力特点主要是压剪、张剪以及拉剪作用。

2）右行裂隙

在裂隙发展方向上，下一裂隙总是在前一裂隙的右方出现。产生部位主要在建筑物的墙面，尤其是在墙体与屋顶木结构交接处较为常见。同时，上述两类裂隙经常对称出现。其受力特点同左行裂隙，主要受压剪、张剪以及拉剪作用。

对于对称出现的左行、右行裂隙，一般是由中间结构下沉造成的。

3）竖直裂隙

竖直裂隙指所产生的裂隙竖向发展。产生部位主要出现在建筑物的墙体上，在墙体与门框交接处、墙体与屋顶木梁交接处、墙体与门框及屋顶木梁交接处的组合破坏裂缝、墙体与柱上横木梁交接处、墙体与墙体交接处、墙体交叉处（十字形）等部位较为常见。墙体与屋顶木梁交接处有部分裂缝与地面裂缝贯通，而墙体交叉处的竖直裂缝均与地面裂缝贯通。其受力特点为由局部应力集中受压和向外或向下位移受拉而产生，见图版68。

4）水平裂隙

水平裂隙指沿水平方向产生的裂隙。产生部位主要出现在建筑物的墙面底部或是在木梁与墙体交接处。其受力特点是因下沉产生的压应力沿墙体砌缝或材料纹理产生裂隙，并沿水平方向发展，见图版69。

5）平行裂隙

平行裂隙指产生的两条裂隙具有相同的发展方向，近于平行。水平平行裂缝主要出现在建筑物的墙面底端；竖直平行裂缝主要出现在墙体交叉处，尤其是在墙体与门框和屋顶木结构组合交接处、屋顶木结构与墙体交接处等部位较为常见。其受力特点是受张拉或挤压产生。

6）"八"字形裂隙

"八"字形裂隙指两条对称产生的裂隙，其总体形状为"八"字形。主要出现在建筑物的墙面、门框上方等部位。其受力特点是由"八"字形裂隙下部结构下沉拉动产生的拉剪应力造成的，一般沿砌体结构的砌缝发展。

7)"Y"字形裂隙

"Y"字形裂隙指裂隙在其发展过程中，由初期的两条合并为一条，其总体形状为"Y"字形。主要出现在建筑物的墙面、地面等部位。其受力特点是在初期受压或受拉的作用下，裂缝在不同部位产生，因结构变化，随裂隙发展合并为在相同方向发展，见图版70。

8)帚状裂隙

帚状裂隙指裂隙在其发展过程中，由初期的一条分叉为多条，其总体形状类似扫帚。该类裂隙主要出现在建筑物的墙面上。受力特点是裂隙有一组核心，有一种力在起作用，见图版71。

3. 壁画大面积脱落

随着壁画空鼓、开裂现象的加剧，裂隙发育交切，在外力扰动及自重力的作用下，极易导致壁画地仗层片状、块状脱离剥落，对壁画造成毁灭性破坏。该类破坏在建筑墙体变形严重的区域表现较为突出，见图版72和图版73。

5.1.3 颜料层病害

1. 颜料层龟裂起甲

龟裂起甲病害是影响哲蚌寺壁画保存的主要病害之一，尤其在门厅四大天王壁画中分布很广，见图版74和图版75。拉萨市日照强烈，而哲蚌寺壁画颜料层较厚且表面多罩有一层牛皮胶或清漆保护层，由于紫外线辐照及温度波动，导致壁画颜料层胶结质老化，致使壁画表面出现起甲与龟裂现象，这类病害在哲蚌寺壁画中较为常见。

2. 粉化脱落

由于颜料层中的胶结材料老化、殿宇漏雨致使画面遭到水浸，部分壁画颜料层粉化脱落，此类病害在龙布拉康殿和内转经道壁画中普遍存在，见图版76和图版77。

3. 水渍、泥渍及灰尘覆盖

哲蚌寺建筑维修前，大部分殿宇存在漏雨现象，导致部分壁画顶部存在泥渍、水渍。灰尘覆盖也是哲蚌寺壁画表面普遍存在的现象，见图版78和图版79。

4. 烟熏壁画

烟熏是哲蚌寺壁画的主要病害之一，主要是指在殿堂燃酥油灯时，烟尘及未燃烧充分的碳粒在壁画表面沉积，形成一层油渍污垢，严重破坏壁画艺术价值和观赏价值，见图版80和图版81。

5. 划痕与覆盖

部分壁画表面存在划痕或覆盖，见图版82和图版83。

5.2 病害原因分析

壁画始终处于与外界环境相互作用的状态之中，壁画病害的发生和发展也受到多种因素的影响。

5.2.1 建筑结构的影响

哲蚌寺依山而建，其收分墙体和柱网结构是构成藏式传统建筑在视觉和构造上坚固稳定的基本因素。哲蚌寺建筑墙体的砌筑采用三种方法以有效提高建筑的稳定性。一是收分墙体，墙体下面宽、上面窄，墙体收分角度一般在5°左右，建筑物重心下移，保证建筑物的稳定性。二是加厚墙体，砌筑材料主要以生土和毛石为主，为增加建筑高度，采用了加厚墙体的做法，使得建筑物十分坚固。三是做笆玛墙，即在墙的上部用一种当地生长的植物笆玛草做一段墙，既减轻了墙体荷载，又具有很好的装饰效果。由于自然和历史等条件限制，藏式传统建筑使用的木梁较短，在两个木梁接口下面用一个斗拱，再用柱子支起斗拱，连续使用几个柱拱梁构架，形成了柱网结构。藏式传统建筑使用柱网结构扩大了建筑空间，增强了建筑物的稳定性。这些建筑特点一方面起到了坚固和稳定作用，也提高了建筑物的安全性和抵御自然灾害的能力。另一方面使得藏式建筑在严酷的自然环境下，殿堂内部形成比较稳定的环境空间。

但这种建筑结构的特点之一是下层建筑承载上层建筑，相邻殿堂之间也相互影响。殿堂结构形式多为墙柱混合承重结构，长梁和檩条所架设的楼层和屋面上的荷载均通过梁和檩条传到墙体上。而壁画地仗依附于墙体和屋面直接相连，在壁画干燥的过程中，不同材料的收缩性不同，极易在材料结合部位形成空隙，加上力的传递作用，诱发壁画产生空鼓病害。此外，寺院建筑走廊上游客数量多、走动过程中产生的震动及上部建筑物自身的重量，直接导致壁画发生空鼓、裂隙、大面积脱落等病害。

由上述对哲蚌寺壁画出现的8种裂隙受力状态及其受力机制分析可知，产生变形破坏的主要力学机制有三种：结构变形机制、基础变形机制和复合变形机制。依据建筑形制的研究成果，各佛殿的内墙，对于该层建筑来说是墙体，而对于上一层建筑来说是基础，从变形力学机制的角度来看，内墙的变形破坏更多受基础变形机制的控制。

1. 结构变形机制

结构变形机制是指由建筑结构形式控制下的应力分布引起的建筑结构变形。主要包括：墙体变形、梁变形、板变形和门窗变形。

墙体变形。主要是指各佛殿（堂）的外墙在雨水和应力集中作用下，产生墙体冲蚀、腐蚀与风化酥碱，以及墙体开裂变形。其中墙体冲蚀多发生在佛堂外墙体落水管附近。

梁变形。指承载托梁跨度过大时，在荷载作用下会引起严重的弯垂、劈裂、倾斜和扭闪现象。

板变形。指地面与顶板（顶篷）。多数佛堂的顶篷基本完好，只有个别佛堂顶篷上的椽条断裂、脱落、发黑；主要存在顶篷渗水、漏水现象和阿嘎土地面变形开裂、排水失效积水现象。

门窗变形。哲蚌寺门窗为木结构，直接搭接在泥砌块石的墙体上，一是搭接处在应力集中的作用下产生墙体压裂变形；二是门窗木梁在上部荷载作用下产生挠度变形，诱发上部墙体沉降变形；三是存在门窗与木梁的组合变形破坏现象。

2. 基础变形机制

哲蚌寺建筑基础由泥砌块石或片石构筑，自下而上逐层收分，同时又是各殿堂的内墙体。从调查殿堂的内墙体情况看，基础整体上是完好的，未发现较大的或整体性变形破坏现象，多为局部的变形破坏。基础变形机制由应力集中产生。主要包括：

（1）剪切滑移。由于基础墙体为泥砌块石或片石结构，本身抗剪强度较低，在上部墙体自重或其他不利因素的共同作用下，墙体产生剪切和滑移。

（2）挤出变形。鉴于基础墙体为泥砌块石或片石，建筑材料之间黏结力差，在上部荷载产生的应力集中作用下，墙体块石之间的块石或片石挤出，造成墙体结构破坏，同时使得壁画地仗产生开裂或鼓出剥落，此类变形破坏在措钦大殿内转经道西壁内墙表现得尤为突出。

（3）压张变形。压张变形常出现在基础墙体的两端，主要是由于墙体本身强度较低，在上部结构传来的荷载作用下墙体被压裂，出现压张裂纹。

（4）追踪张裂。哲蚌寺建筑墙体从平面上看为折角形泥砌块石或片石墙体，折角处墙体近乎垂直相交，互相垂直的墙体在砌筑时采用平直的砌筑方法，人为地形成了一道缝隙。这两道墙体所承受的荷载、墙体的厚度以及地基基础接触的关系均不同，使得这两道墙体产生的变形和位移极可能不一致。在有壁画的墙体上主要表现为追踪张裂的近竖直裂缝，该类裂隙在哲蚌寺各殿堂内普遍分布，且裂隙位置与十字折角形墙体转折的位置吻合性非常好。

由于泥砌块石拉结强度较低，在拉剪、张拉等作用下，裂隙会追寻块石边缘发展和展布。

3. 复合变形机制

哲蚌寺措钦大殿建筑变形破坏的各种模式并不仅仅是由单一的变形机制引起的，而多是由两种变形力学机制复合作用而形成的。主要表现在：由于建筑墙体的变形，以及板、门窗和梁的挠度变形，引起上层建筑荷载在基础局部应力集中，从而造成基础的变形破坏。由于基础的变形破坏，造成上层建筑结构的变形，从而引起墙、柱的变形，以及板、梁和枋的挠度变形。

5.2.2 制作材料与工艺的影响

壁画空鼓病害多出现于殿堂顶部壁画地仗层与木梁或椽结合部位及门框上部。壁画在制作时，部分壁画表面涂有清漆层，加上殿堂内的温度低，温差小，壁画干燥过程缓慢。由于泥层的收缩与木质不同，在壁画泥层与木质结合部位易产生空鼓现象。空鼓病害产生时，壁画就会脱离墙体，在地仗与墙体间形成一定的空隙，脱落的墙体及地仗就会填充于壁画的空鼓层中。随着脱落物的不断增加，空鼓就会越来越严重，随时都有脱落的危险。哲蚌寺建筑是随山体呈阶梯状修建的，屋面形式与建筑构造是刚性屋面与弹性支撑结构的关系。阿嘎土夯打层本身抗压、抗裂性能有限，在增加了屋面厚度的同时也增加了重量，支撑的木结构又容易产生变形和不均匀下沉，进一步引起屋面开裂，产生漏雨等现象，从而导致多种壁画病害的产生与发展。

此外，西藏壁画制作时，最后需要涂刷牛皮胶或桐油、清漆等表面涂层。容易产生一些问题，如因漆膜不透气性造成的开裂：涂在壁画表面的清漆漆膜具有不透气性、不透水性，当土质基地内部湿度增大时，内部的水分无法逸出，当水汽压力达到一定程度时（水汽压力大于漆膜的张力），它会顶破漆膜造成开裂和脱落。这种开裂不会造成地仗层的破坏。漆膜老化造成开裂：随着时间的推移和外界因素的作用，漆膜发生老化，即其中的有机涂层发生质变，由大分子分解为小分子，它的柔韧性下降，漆膜原来与底材形成的力的平衡由于漆膜连续性的破坏而被打破，在形成新的平衡过程中逐渐造成漆膜开裂、脱落。这种开裂和脱落，是在漆膜的背面黏附有少量颜料，并未造成地仗层的开裂，此类病害在措钦大殿南壁表现得尤为突出。

地仗层的开裂是由于壁画经历了成百上千年的自然风化，地仗层受气候环境的影响，黏结性能下降，再加之上层漆膜应力的作用，当地仗层黏结力小于漆膜应力时会发生开裂脱落。

在实际过程中，造成壁画开裂的原因不可能是上述单独的一种，而是几种因素共同作用的结果。根据哲蚌寺壁画结构、漆膜的特性以及外界因素的作用，可以推断出壁画开裂的过程，即清漆涂刷在壁画的颜料层表面，成分会逐渐渗透到颜料层内部，同时大部分附着在表面。漆膜在干燥过程中的体积收缩，使颜料层表面产生收敛作用。收敛的结果是颜料层相对于地仗层和墙体产生有分离倾向的表面张力。同时，由于该漆膜的透气性和透水性非常差，基本阻断了颜料层内外水和汽的交换，一方面空气中的水汽无法向颜料层内部渗透，另一方面墙体内部的水汽也无法通过颜料层渗出，如果积累到一定程度，便对颜料层产生一个由内向外的作用力。经过长年的自然风化，墙体、地仗层和颜料层都会逐渐老化而失去黏结力，即原来形成的壁画整体的作用力逐渐弱化，随着漆膜在水、能量及微生物的作用下逐渐老化，收敛的表面层的收缩力开始失去，在这个过程中颜料层有恢复原来形状的趋势而造成漆膜开裂。与此同时，地仗层和墙体内部的水汽得以向外渗透，作用力也会使壁画的颜料层开裂，壁画整体作用力自然丧失，使得颜料层的开裂更加容易进行。也就是说，涂刷清漆等于在原来的壁画整体上、短时间内（数十年）重新形成了几种力的平衡，随着漆膜的老化破坏，这种平衡被打破而造成最终颜料层的龟裂、起甲。

5.2.3 保存环境的影响

由哲蚌寺环境监测数据分析可知，殿内温度变化趋势明显受室外温度变化的影响，只是变化幅度稍有区别，变化频率和幅度比室外变化更为平缓。各殿内已形成相对稳定的空间，温度、湿度变化均比较缓慢。室外温湿度变化对不同殿堂的影响是不一致的，就哲蚌寺措钦大殿、内转经道而言，内转经道温湿度变化相对缓和，几乎接近"恒温恒湿"。

此外，马赞峰等在对莫高窟壁画起甲病害机理研究中，以明胶为胶结材料，保持恒定相对湿度（40%）时，温度在5～40℃范围内变动，模拟壁画试块迅速起甲。同样，在温度保持恒定（25℃），湿度为20%～80%时，胶浓度大的试块会缓慢地产生龟裂、起甲。将模拟试块老化的环境条件与拉萨室外温湿度变化的范围进行对比可知，影响壁画起甲的两个主要因素（温度、相对湿度）在拉萨无时无刻不在变化，其变化的频率、幅度均很惊人（日温度差为6.6～20.9℃；日相对湿度差为25%～61%），且两者是同时发生变化，以一天为小周期、一年为大周期，不断发生变化[49]。

处于室外的壁画在拉萨这种温湿度不断变化的气候特征下不断产生新的病害，其病害程度则与温湿度变化紧密相关。措钦大殿门厅壁画的龟裂、起甲病害，均非常严重，这正是拉萨地区温湿度不断高频率、大幅度变化的直接后果。因而可以说拉萨室外温湿度剧烈的变化对于壁画保存非常不利，很容易造成壁画起甲病害的发生。

虽然拉萨市室外温差大、湿度变化大，但哲蚌寺的殿内温湿度变化却较为缓慢，变化幅度也较室外小得多，为研究这一原因，有必要从哲蚌寺建筑特点、布局情况及使用情况加以分析。整个哲蚌寺为古代宫堡式建筑群，各个殿堂互相依靠、错落有致，有些殿堂被包裹在其中，也有外围殿堂。不同殿堂的结构及位置不同，使得室外温湿度变化对内产生不同的影响，如内转经道的温湿度变化就比较缓慢，而措钦大殿的温湿度变化相对较大。

在使用情况上，内转经道常年关闭，很少开放；龙布拉康殿每年仅开放数天；三世佛殿为开放殿堂，内部酥油灯常明，陈设颇多。在研究游客对莫高窟洞窟影响的试验中，发现游客的参观在短期内会造成洞窟的温度升高、相对湿度升高、二氧化碳含量升高，游客离开后，洞窟需要很长一段时间才能恢复到游客参观前的水平。同理，游客的参观对开放殿堂也会造成短期内温度、相对湿度及二氧化碳含量的升高。在对比温湿度数据中时发现，三世佛殿除易受室外温湿度影响外，游客参观也是另一重要的因素。

由以上分析可见，哲蚌寺的建筑特点、建筑结构、功能及建筑物使用情况的不同导致了大气环境对殿内温湿度变化影响的不同。结构越复杂，规模越大且在内部，则外界对于殿内微环境的影响越小；反之，结构越单一，规模越小，越在室外，则外界对于殿内微环境的影响越大。

5.2.4 渗水的影响

由以上分析可得出一些重要结论：拉萨室外温湿度变化对壁画保存非常不利，很容易造成室外壁画起甲。室外温湿度变化对室内温湿度变化有绝对影响，但影响有限。建筑物的结构、功能、使用情况的不同，所受影响的程度也不同。总体上，殿内温湿度变化比较小，对保存壁画比较有利，从而对壁画起甲病害影响很小。实际上，在所研究的门厅壁画（室外）、龙布拉康殿壁画（室内，有限开放）、三世佛殿壁画（室内，完全开放）、内转经道（室内，不开放）四处殿堂中，壁画均有起甲病害发生。因此，需要从其他环境因素中进一步分析起甲病害产生的原因。

调查中发现，内转经道北壁顶部椽上有雨水冲刷痕迹，南壁东侧及下方也有雨水冲刷痕迹。而在雨水冲刷部位，壁画均有起甲病害发生。这一现象，便将雨水与壁画起甲病害联系起来。在水的参与下，可对壁画形成多方面的破坏作用。大量研究证明[50~54]，壁画酥碱病害是地仗中的可溶盐在水的作用下，不断溶解、结晶、再溶解、再结晶，并随水分不断运移，最终对壁画的地仗层、颜料层产生破坏。在水的作用下，壁画中可溶盐的反复溶解、结晶除引起酥碱病害外，还可以引起起甲。

哲蚌寺壁画的结构为墙体、地仗层、颜料层及表面涂层。地仗层主要由沙子和阿嘎土组成，其主要成分为碳酸钙、二氧化硅、绿泥石及伊利石等。对哲蚌寺地仗分析结果表明，其中的土沙比为20%~30%∶70%~80%。据壁画地仗土沙比性能测试结果，哲蚌寺壁画地仗因含沙量高，其抗折强度减小，抗压强度增大。遇水时收缩，而在干燥过程中则表现为失水膨胀。地仗的外层是颜料层，颜料层中所用胶结物为动物胶。动物胶结构中本身含有一定的水分，在遇水时吸水膨胀，干燥时失水收缩。遇水时，颜料层的作用和地仗层中力的作用完全相反。同时，由于壁画表面涂有清漆层，不透气，水分不能蒸发出来，只能在地仗层和颜料层间活动。由于两种不同方向力的作用，最终导致颜料层龟裂、起甲，表层清漆层也开裂，水分也从裂缝中得以蒸发，达到新的平衡。

此外，降雨对建筑物的影响较大，特别是暴雨的冲刷，不但会破坏屋顶和地面的阿嘎土层，更主要的是水的渗漏和集中排泄，对土石砌筑的墙体不利，会降低墙体及木结构材料本身的胶结强度，使墙体整体强度降低并造成木结构腐蚀。

5.2.5　震动的影响

拉萨处于当雄－羊八井－多庆措与桑日－措那活动构造带之间，地壳基本稳定。从近代地震发育特征看，对拉萨比较有影响的地震断裂是西北侧的羊八井－当雄活动断裂，该断裂活动强烈，地震沿断裂带密集分布。根据西藏地震监测记录，对拉萨市较有影响的地震统计见表 5-1，拉萨市及邻区的历史地震对拉萨市的影响均高于Ⅶ度。

表 5-1　拉萨市及邻区破坏性地震统计

地震时间	震中坐标		参考地名	震级／级	震中烈度／度
	北纬	东经			
1901 年 04 月 21 日	29°30′	90°06′	尼木西北	6.7	Ⅸ
1915 年 12 月 03 日	29°30′	91°30′	达孜东南	7.0	Ⅸ
1951 年 11 月 18 日	31°00′	91°24′	当雄东北	8.0	Ⅺ
1952 年 08 月 18 日	30°38′	91°31′	当雄东北	7.5	Ⅹ
1972 年 07 月 23 日	31°24′	91°32′	那曲西	6.0	Ⅷ
1992 年 07 月 30 日	30°00′	90°12′	尼木北	6.5	Ⅸ

研究发现，频繁发生的不同级别的地震对整个哲蚌寺建筑物的变形破坏可能占据非常重要的地位，同时地震对屋面的影响也不能忽视。如前所述，哲蚌寺顶面在作为屋面的同时也作为上一层建筑的空间活动平台，除用于走廊、通道外，还经常举行寺庙的佛事活动，人为活动带来的震动也是壁画裂隙产生的原因。

5.2.6　人为因素的影响

内转经道自康熙年间扩建措钦大殿左佛堂之后即废置，后期作为储存佛事活动法器等物件的储藏间，经常有东西来回搬运，使得壁画多处出现不同程度因磕碰而导致的地仗层及颜料层脱落，此外还有划痕等，此类病害主要集中在画面下部以及西北转经道的转角处。

部分壁画脱落处存在边缘加固的痕迹，但是加固使用了水泥砂浆，与原壁画地仗层之间力学强度差异较大，原壁画边缘由于水泥砂浆干燥收缩时产生的拉拔力而形成了新的裂隙，且水泥砂浆稳定性较差，它的脱落会将边缘开裂的壁画也连带下来，造成一种人为的保护性破坏。

哲蚌寺是拉萨市的重要藏传佛教寺院之一，每年前来拜佛的藏族信徒络绎不绝，出于对佛教的敬仰，拜佛的信徒一手持酥油袋，一手抚摸佛像，有些甚至直接将酥油贴敷于壁画表面，造成壁画表面油渍污染。

近年，随着西藏旅游业的发展，慕名前来的内地游客逐年增多，为了保护壁画，工作人员在壁画表面贴了纸质说明牌。

早年，为了保护壁画，不使游客直接触摸，人为在壁画上直接凿孔设置木栅栏，对壁画产生了局部破坏。不当修复如使用水泥修补壁画地仗层脱落处，诱发了更大面积的脱落；使用不当材料加固壁画颜料层造成了新的画面污染。

总之，人为因素对哲蚌寺壁画的破坏是相当严重的。游人众多，常年踩踏以及维修不当，使建筑物变形破坏加剧，各殿内常年点酥油灯，也使外露梁架表面油饰、彩画、壁画大部分被熏黑。

根据目前建筑屋面的现状，几乎每年都要对其中的部分屋面进行维修。而维修夯打一层新阿嘎土时，由于人员众多，排队共同操作所产生的强烈振动，又加速了建筑结构的变形，造成直接的破坏。由于不断地修补，阿嘎土的厚度也随之增加，增厚的阿嘎土层又加重了原建筑的整体载荷，致使建筑结构局部产生变形和不均匀沉降，引发屋顶的开裂，形成恶性循环。

5.3 变形破坏特征与机制分析

5.3.1 变形破坏现状

哲蚌寺措钦大殿建筑建造年限已久，由于结构和建造材料上的特点，加之历史自然灾害等作用，目前存在许多变形破坏现象，工程的变形破坏主要表现为墙体等结构构件的裂纹和裂缝。

（1）建筑外墙表现出几处明显破坏，南墙外立面西侧和中部存在2条明显的竖向裂缝，西墙靠南侧存在一条斜向裂缝，东墙局部出现外鼓现象。为了保护墙体不受水害侵蚀，近年对墙体及其底部修筑了石质护墙。

（2）建筑内承重墙体表面普遍存在裂纹和裂缝，局部有漏水水印及墙皮剥落现象，个别部位有裂缝缓慢扩展现象。

（3）建筑内部轻质隔墙部分开裂，局部墙面空鼓、脱落。

（4）木结构构件的交点以榫接为主，木构架部分产生变形，变形处普遍产生脱榫。目前柱、梁、木椽等木质构件有虫蚀发生，并伴随有裂纹、变形、弯曲等现象，部分梁、柱产生开裂。

（5）建筑地面、楼面、屋面的主要材料为阿嘎土，裂纹、开裂现象普遍存在。个别部位地面、楼面裂缝与墙体裂缝贯通。柱基部位的地面产生下沉现象，周围开裂现象严重。历史上屋面有3条较大裂缝已经进行过修补。

5.3.2 变形破坏特征及机制分析

工程裂隙是结构产生破坏的最初发展阶段，对不同形态工程裂隙的力源分析，可揭示产生不同破坏的原因。通过对大殿建筑变形破坏现象的详细勘察、分析、研究发现，建筑所产生的变形破坏特征以各类结构构件的裂隙为主。何满潮等根据各种裂隙的特征，将其总结为14种破坏形态，归结为张性、单剪性、张剪性、压剪性4种破坏模式。研究结果表明，地基沉降差异是引起前3种破坏模式的主要原因，重力和地震等组合作用造成的应力集中是引起第4种破坏模式的主要原因。除以上两方面重要原因外，建筑局部水害酥粉和部分木构件发生虫害是造成结构破坏的次要原因[55]。

1. 地基沉降差异变形破坏机制分析

现场勘察显示，作用在第四系土层上的 A 轴墙体沉降差异性破坏特征明显，为了验证对破坏原因分析的准确性并分析变形破坏机制，根据勘察试验资料对该墙体地基不均匀及荷载不均匀的情况进行概化处理，运用 FLAC（fast Lagrangian analysis of continua）3D 程序计算该墙体在不均匀荷载作用下的地基沉降特征。对计算实体进行简化后，地基第四系墙体材料计算参数见表 5-2。

表 5-2 墙体材料计算参数

介质	体积模量 /Pa	剪切模量 /Pa	摩擦角 /（°）	黏聚力 /Pa	抗拉强度 /Pa
块石	2×10^9	1×10^9	30	1×10^7	3×10^5
砌缝	1×10^{10}	1×10^{10}	20	5×10^4	3×10^4

计算得到的地基沉降及墙体变形位移场，可知地基沉降左侧（西侧）明显大于右侧（东侧），墙体内质点位移与地基沉降相对应，即左端大于右端，墙体左端散在的沉降裂隙较容易相互贯通形成较大裂缝。该计算结果从理论计算分析的角度，佐证了沉降差异是造成 A 轴墙体西侧裂缝、外倾破坏严重的重要原因。

2. 应力集中变形破坏数值分析

为了分析墙体在自重及地震荷载等组合作用下的变形破坏机制，建立对 J 轴墙体的数值计算模型，考虑到墙体为块石黄泥砌筑的散体结构，采用基于块体理论的离散元法计算程序进行分析。墙体材料计算参数同表 5-2，室内试验获得基岩计算参数见表 5-3。

表 5-3 基岩计算参数

介质	体积模量 /Pa	剪切模量 /Pa	摩擦角 /(°)	黏聚力 /Pa	抗拉强度 /Pa
块石	8.3×10^9	8.38×10^{10}	36	2.1×10^7	6×10^5
砌缝	5×10^{10}	5×10^{10}	28	1×10^4	5×10^4

计算结果显示墙体内沿块石砌缝普遍存在裂隙，裂隙分布规律为左端（东侧）密集、右端（西侧）稀疏；墙体内各质点位移存在上端大于下端、右端（东侧）大于左端（西侧）的规律。在地震作用下的位移存在上端大于下端、右端（东侧）大于左端（西侧）的规律。计算分析结果与现场调查情况吻合。

由上述工程地质条件分析可知，拉萨处于当雄 - 羊八井 - 多庆措与桑日 - 措那活动构造带之间，地壳基本稳定。另外，红山岩体的岩性主要为灰黑色角岩化钙质板岩，表层岩体多呈弱风化，局部为强风化，岩石坚硬程度为较坚硬岩，岩体较完整，岩体基本质量等级为Ⅲ级。岩体的层面、坡面、结构面与临空面的组合关系有利于岩体的稳定性。现场调查并没有发现岩体有产生滑移的现象。由此可知，哲蚌寺措钦大殿建筑附近山体稳定。结构构件裂隙是哲蚌寺措钦大殿工程破坏的主要表现形式以结构应变、应力相关的工程裂隙破坏模式为主，结合局部构件的其他破坏（虫蛀、潮湿腐蚀等）分析，措钦大殿工程变形破坏的机制为沉降差异破坏、应力集中破坏、水害破坏和虫害破坏 4 种类型。

第六章 修复材料与工艺筛选

哲蚌寺壁画主要存在空鼓、裂隙、地仗脱落、粉化、颜料层脱落、点状脱落、龟裂、起甲、水渍、泥渍、覆盖、划痕、烟熏等病害。其中空鼓与颜料层起甲脱落是危害壁画长久保存的两大主要病害。通常对空鼓壁画采用灌浆回贴加固；对粉化壁画和起甲壁画采用适宜的加固剂渗透加固；对壁画表面污物采用适当清洗剂软化后，机械清除。由于内转经道西壁内墙壁画的支撑体墙体要进行维修，故该部分壁画拟采取揭取与原位回贴复原的方法进行保护，即壁画揭取后制作过渡层，待建筑维修完成后回贴到原位置，哲蚌寺措钦大殿壁画抢救性保护工作分为原位保护及揭取原位回贴复原保护两种方式。因此，保护修复材料和工艺的筛选主要围绕空鼓灌浆加固材料、壁画原位回贴材料，以及加固起甲壁画材料而展开实验室研究，并进行现场试验后确定修复工艺。

6.1 实验室研究

6.1.1 哲蚌寺壁画地仗材料的分析

现场调查及地仗层剖面分析结果显示，哲蚌寺壁画地仗层分为两层，底层为细黄土层（土层颗粒度较粗），上层为阿嘎土层，一般在细黄土层中放入少量具有补强及增加柔韧性的麦秸。由于片石墙体表面石块参差不平，致使壁画地仗层厚薄不一，有的地方厚达15cm，有的地方只有不到1cm。为了筛选壁画空鼓灌浆加固材料、壁画揭去后修复时的过渡层材料及壁画回贴材料，分别对哲蚌寺龙布拉康殿和内转经道壁画地仗层取样，并进行X射线衍射（XRD）和X射线荧光分析（XRF），分析结果如图6-1~图6-5和表6-1~表6-5所示。

1. 地仗层样品的化学成分和矿物成分分析

XRD 图谱（图 6-1）得出 LBLK6 号地仗细黄土样品含有钠长石、钙长石、石英。

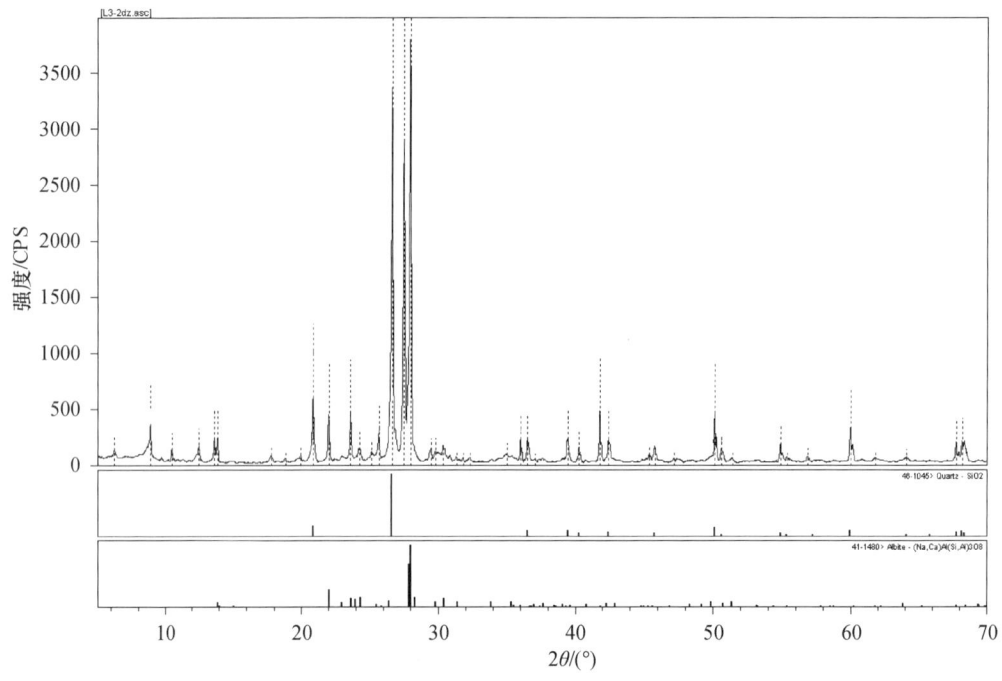

图 6-1　LBLK6 号地仗细黄土样品的 XRD 图谱

表 6-1　LBLK6 号地仗细黄土样品的 XRF 分析数据

化合物	SiO_2	Fe_2O_3	Al_2O_3	CaO	K_2O	SO_3	TiO_2	MnO
含量/%	57.557	11.803	10.946	8.689	7.504	1.757	1.517	0.228

XRD 图谱（图 6-2）得出 LBLK7 号地仗阿嘎土样品含有钠长石、钙长石、钾长石、白云母、碳酸钙、石英。

表 6-2　LBLK7 号地仗阿嘎土样品的 XRF 分析数据

化合物	SiO_2	Fe_2O_3	Al_2O_3	CaO	K_2O	SO_3	TiO_2	MnO
含量/%	47.526	11.741	8.641	21.402	6.271	3.059	1.110	0.250

XRD 图谱（图 6-3）得出 NZJD6 号地仗细黄土样品含有钾长石、石英。

表 6-3　NZJD6 号地仗细黄土样品的 XRF 分析数据

化合物	SiO_2	Fe_2O_3	Al_2O_3	CaO	K_2O	SO_3	TiO_2	MnO
含量/%	59.628	10.544	11.685	6.584	7.618	2.258	1.443	0.241

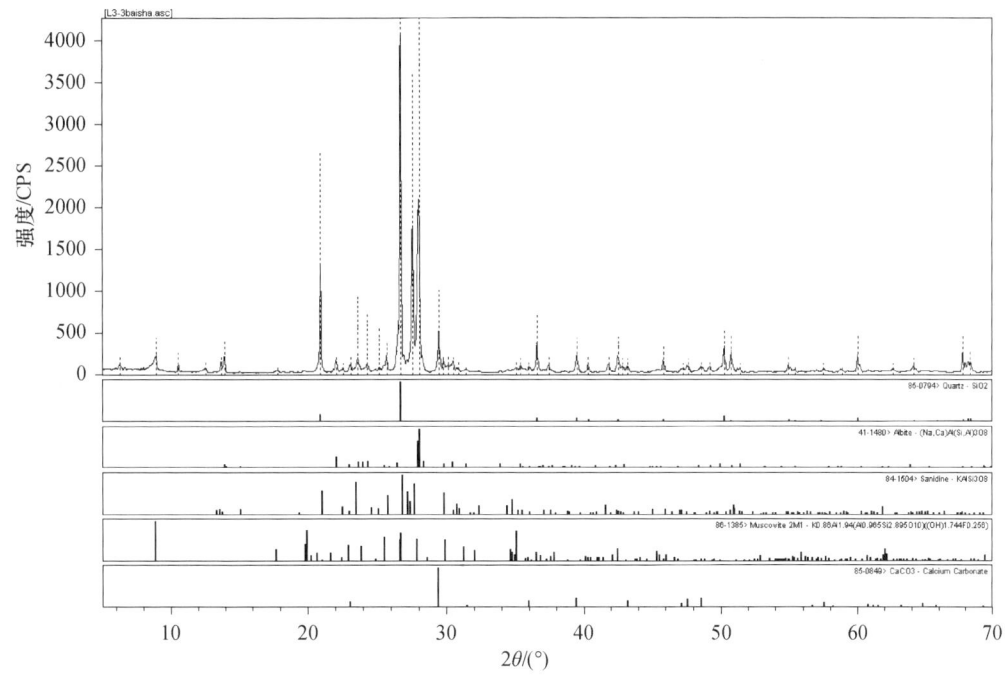

图 6-2　LBLK7 号地仗阿嘎土样品的 XRD 图谱

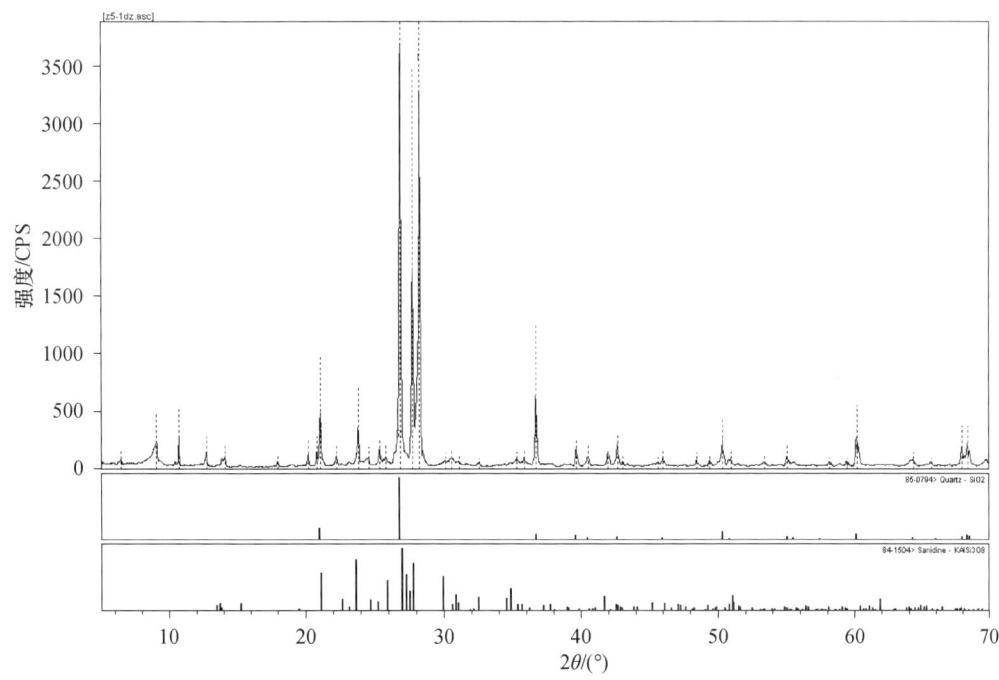

图 6-3　NZJD6 号地仗细黄土样品的 XRD 图谱

XRD 图谱（图 6-4）得出 NZJD7 号地仗阿嘎土样品含有钠长石、钙长石、白云母、碳酸钙、石英。

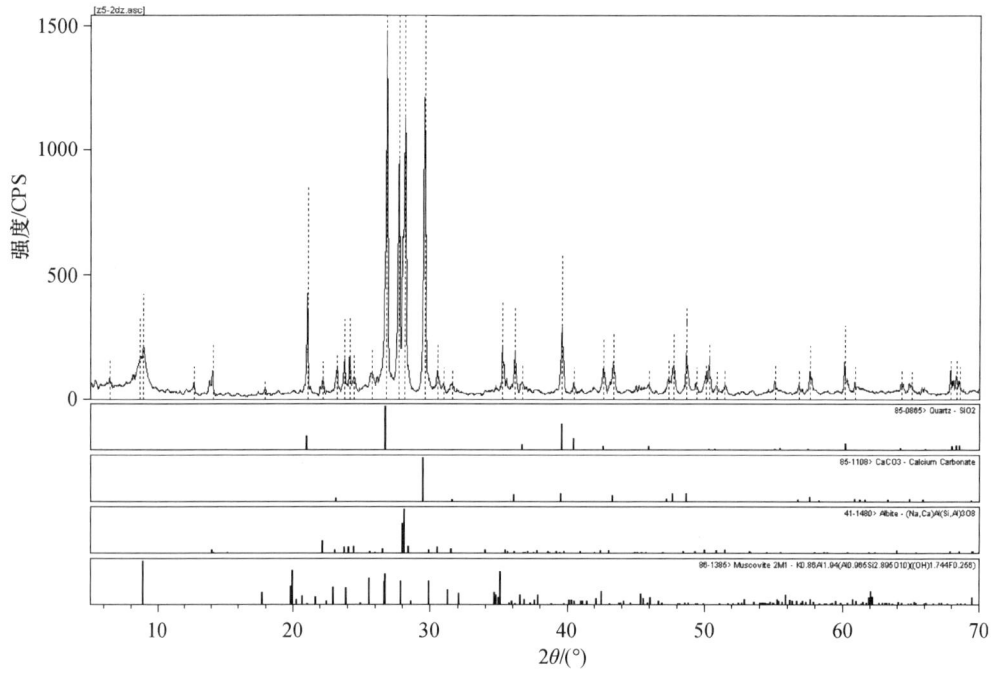

图 6-4 NZJD7 号地仗阿嘎土样品的 XRD 图谱

表 6-4　NZJD7 号地仗阿嘎土样品的 XRF 分析数据

化合物	SiO_2	Fe_2O_3	Al_2O_3	CaO	K_2O	SO_3	TiO_2	MnO
含量 /%	31.621	10.554	5.901	44.543	3.588	2.107	1.386	0.300

XRD 图谱（图 6-5）得出 NZJD3 号白粉层样品含有钠长石、钙长石、钾长石、白云母、碳酸钙、石英。

表 6-5　NZJD3 号白粉层样品的 XRF 分析数据

元素	Cu	Fe	Si	Ca	K	Al	S	Mn	Ti	Cl	Hg
含量 /%	0.088	5.712	8.424	73.070	2.364	2.854	1.984	0.179	0.651	4.603	0.071

将上述结果汇总，见表 6-6。

表 6-6　哲蚌寺壁画地仗层 X 射线衍射和 X 射线荧光分析结果

样品编号	样品名称	成分
LBLK6	地仗细黄土	钠长石 Na（Si_3Al）O_8、钙长石 $CaAl_2Si_2O_8$、石英 SiO_2
LBLK7	地仗阿嘎土	钠长石 Na（Si_3Al）O_8、钙长石 $CaAl_2Si_2O_8$、钾长石 $KAlSi_3O_8$、白云母 K{Al_2［$AlSiO_{10}$］(OH)$_2$}、碳酸钙 $CaCO_3$、石英 SiO_2
NZJD6	地仗细黄土	钾长石、石英 SiO_2
NZJD7	地仗阿嘎土	钠长石 Na（Si_3Al）O_8、钙长石、白云母 K{Al_2［$AlSiO_{10}$］(OH)$_2$}、碳酸钙 $CaCO_3$、石英 SiO_2
NZJD3	白粉层	碳酸钙 $CaCO_3$、石英 SiO_2

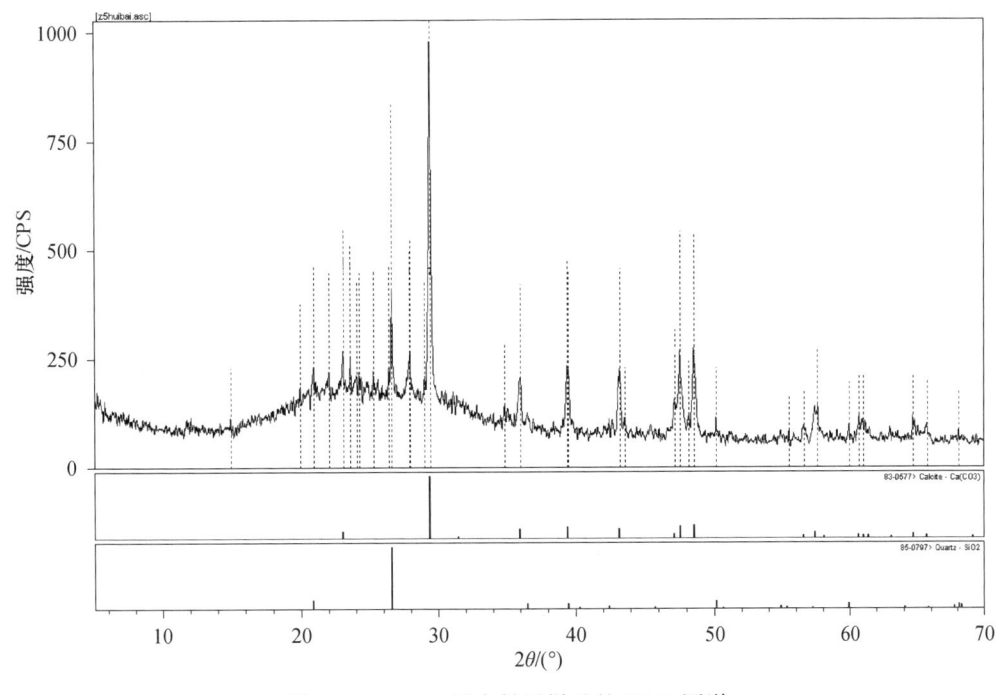

图 6-5 NZJD3 号白粉层样品的 XRD 图谱

2. 地仗层样品的颗粒度分析

将地仗样品表面颜料层用手术刀轻轻刮下,根据不同层位的颜色用钢锯沿分界处将两层割开,对带有墙体的地仗,用手术刀小心剔除,直至墙体部分与地仗完全分离。将上述几层分离样品分别用蒸馏水浸泡并充分搅拌,清出上层浊液,烧杯中留下的即为沙子,待烘干后用分析天平分别称重,计算地仗中沙土的质量百分比。将沙子过筛后测出沙子粒径的大致范围,黏土可用定量 XRD 分析其成分,分析结果见表 6-7。

表 6-7 地仗分析结果

样品编号	取样位置	层位	现状描述	沙土含量 /%		土液颜色	地仗土 XRD 分析结果
				沙	土		
DZ-1	龙布拉康殿	上层	表面颜料变黑,分两层,致密、均匀。上层灰白色,厚度为 3~10mm	80	20	淡黄,色澄清	$CaCO_3$ 65%;SiO_2 26%;伊利石 3%;绿泥石 4%
		下层	下层灰白色,较疏松。两层分界不明显	粒径在 1.18mm 以上占 15.8%;粒径在 1.18mm 以下占 53.4%	30.8	黄色,澄清	$CaCO_3$ 10%;SiO_2 77%;伊利石 8%;绿泥石 4%
DZ-2	内转经道北壁	上层	表面为白色,有黑色覆盖物,分两层,上层灰白色,厚度为 6~8mm	80	20	棕黄,色较澄清	$CaCO_3$ 64%;SiO_2 28%;伊利石 4%;绿泥石 3%

续表

样品编号	取样位置	层位	现状描述	沙土含量/%		土液颜色	地仗土 XRD 分析结果
				沙	土		
DZ-2	内转经道北壁	下层	下层为土红色，质地疏松	粒径在 1.18mm 以上占 24.7%；粒径在 1.18mm 以下占 53.6%	20.7	褐红，色浑浊	CaCO₃ 7%；SiO₂ 67%；伊利石 8%；绿泥石 4%
DZ-3	内转经道西壁	上层	表层为绿色颜料，均匀。上层灰白色，厚度为 6mm	粒径均匀，大多在 0.5mm 左右，占 72%	28	棕黄，色较澄清	CaCO₃ 60%；SiO₂ 31%；伊利石 5%；绿泥石 2%
		下层	下层土红色，厚度为 12～13mm	粒径大多在 0.5mm 左右，少量在 0.6～1mm，占 82.2%	17.8	褐红，色浑浊	CaCO₃ 11%；SiO₂ 67%；伊利石 6%；绿泥石 4%

6.1.2 传统灰浆材料改性

根据对哲蚌寺壁画现场勘察结果，结合壁画地仗层的 X 线衍射、剖面显微分析结果可知，哲蚌寺壁画的地仗层工艺采用较厚的阿嘎土层，主要成分都是石英和碳酸钙（方解石）。因此，按照"不改变文物原状"以及"最小介入、最大兼容"的文物保护修复原则进行壁画地仗加固材料的筛选研究。依据对哲蚌寺壁画制作材料与工艺的研究结果，初步选择与壁画地仗制作材料相同或相近的材料为研究对象，结合壁画保存环境监测数据分析、病害原因研究结果，进行壁画地仗层修复加固材料的室内筛选实验。

欧洲在传统建筑的砌筑中普遍采用水硬性石灰，这种材料的主要特点为强度高、初期凝结速度快、附着力强、具有较高的防水性、抗冻性、抗盐性等[56]。具有水硬性能的石灰材料在力学强度与耐久性能上更能满足延长古建筑寿命的要求。我国天然水硬性石灰矿源发现较少，现有制品多为欧洲进口，不适合古建筑维修等大规模保护工程使用。

我国历史上虽未出现大规模水硬性石灰材料的生产，但是对其使用可追溯到 5000 年前的秦安大地湾仰韶文化时期。研究者发现大地湾 F405 房屋的地面材料是由礓结石焙烧粉碎后与骨料混合水化而成[57]，并在地面材料中检测出一定量的水化硅酸钙（CSH）及微量水化铝酸钙（CAH）。水化硅酸钙与水化铝酸钙具有纤维状和网状分布的特点，其结晶度与力学强度呈正比[58]，可以有效改善灰土灰浆材料强度。正是由于此类水硬性化合物的存在，使 F405 地面材料具有较高的抗压强度，有世界上最古老的混凝土之称[59]。

同时，在古代样品分析检测结果中，已经发现河南邓州砖墓以及开封城墙灰浆材料中存在少量类似水硬性石灰的硅酸钙成分，这种灰浆材料致密而坚硬，同时耐老化能力较强，适合作为古代砖砌墙体黏结材料使用。但是如果不做任何处理，这种硅酸钙水合晶体成分在短期内不会生成。如何在不引入新成分的前提下，缩短其反应时间，需要借鉴水泥工业的某些加工工艺和技术。灰土材料混合焙烧、熟石灰中添加高活性材料、提高黏土活性这三种方式可以快速实现这一转变。

1. 灰土材料的混合焙烧

高温焙烧一定组成的灰土材料，是短期内提高灰土水凝强度的有效方式。在焙烧过程中灰土中的 SiO_2、Al_2O_3 可与 CaO 反应生成硅酸三钙（C_3S）、硅酸二钙（C_2S）、硅酸钙（CS）、铝酸钙（C_3A）等水硬性化合物，它们在水合反应阶段生成水化硅酸钙（CSH）与水化铝酸钙（CAH）[60]。

天然水硬性石灰的生产，即在煅烧中直接生成水硬性的硅酸盐。在煅烧过程中，碳酸钙分解为氧化钙，立即与周围的二氧化硅或三氧化二铝反应生成不同硅酸钙和铝酸钙等化合物，产物主要为水硬性 C_2S，更高硅钙比的硅酸钙成分含量较低，这也是水硬性石灰与波特兰水泥的主要区别。波特兰水泥中 C_3S 为最主要成分，其水化过程反应方程式为 $C_3S+H_2O \longrightarrow CSH+Ca(OH)_2$，生成热为 121kJ/mol，水硬性石灰中 C_2S 水化反应方程式为 $C_2S+H_2O \longrightarrow CSH+Ca(OH)_2$，生成热为 43kJ/mol[61]。虽然两种反应方程式水化过程相似，但是由于 C_2S 放热较低，因此水化动力学过程较慢，这也决定了与波特兰水泥硬度形成时间相比，水硬性石灰为一缓慢过程。

2. 熟石灰中添加高活性硅铝材料

熟石灰中加入人工或天然活性材料，并配以适量激发剂，经粉磨加工后，具有水硬凝胶性质。可以作为活性材料的种类很多，较常用的有火山灰、粉煤灰和高炉炉渣。

火山灰是由火山喷发出的直径小于 2mm 的碎石和矿物质粒子，在常温和有水的情况下可与石灰反应生成具有水硬性胶凝能力的水化物。火山灰－熟石灰组分的应用有着悠久历史，罗马人继承了希腊人生产和使用石灰的传统后，对石灰使用工艺进行了改进，在石灰中掺入磨细的火山灰[62]。这种砂浆被称为"罗马砂浆"，无论在淡水或是盐水中，都能产生很好的强度和耐水性。罗马人制造砂浆的知识传播较广，并得到了延续，直至今日，火山灰依然被用于制作水泥以及混凝土的掺合料[63,64]。

粉煤灰同样是火山灰质材料，它可在碱和硫酸盐的激发下生成具有一定强度的水化产物，它的性能取决于粉煤灰中活性物质的含量，其主要活性物是粉煤灰中无定型 SiO_2 和 Al_2O_3。这些物质在有 $Ca(OH)_2$ 和 $CaSO_4$ 存在的情况下，能生成

CSH、CAH等，使灰浆产生强度[65]。目前利用粉煤灰硅铝质玻璃相潜在活性，配制无熟料水泥及制品，是对粉煤灰的有效利用[66]。

与火山灰和粉煤灰相比较，高炉炉渣[67,68]有着更高的活性，同样可以作为高活性材料添加到石灰中去，从而生产出具有水硬性能的石灰材料。

3. 黏土材料活性的提高

通过灰土材料焙烧、粉磨以及添加其他化学试剂，在短时间内可以有效提高黏土活性，达到迅速改善灰浆强度的目的。现代水泥工艺中使用火山灰活性表述化合物的凝胶能力。火山灰活性指细分散相的硅铝质物质在水中与熟石灰反应生成具有凝胶性质化合物的能力[69]。加工后的黏土材料同火山灰质材料相似，具有火山灰活性，黏土材料自身不会发生水化反应，而其中的活性成分能与熟石灰在短时间内反应，生成低硅钙比的CSH凝胶[70]。常用的激活方式有以下4种。

1）热活化

焙烧是提高黏土火山灰活性最有效的方式。通常将1000℃以上焙烧温度称为高温焙烧，1000℃以下称低温焙烧。黏土在焙烧到一定温度后急冷，其颗粒由于不能及时形成规则的晶体，大量热能便蕴涵在玻璃体中，与熟石灰混合后可以很快生成硅酸钙与铝酸钙。

黏土材料活性主要来自高岭土、伊利石等黏土矿物组分。高岭土在500℃左右开始出现晶体变形，脱水转化为无定形偏高岭石（metakaolinite），具有潜在的活性。从微观上看，高岭土是由四面体配位的氧化铝层和八面体配位的氧化铝层交替组成的层状或片状晶体。在低温煅烧下高岭土失去质量分数14%的羟基水，形成偏高岭石。相关资料认为[71,72]，高岭土中的铝离子在540～880℃主要为四配位，在470～540℃和880～1050℃范围内铝离子则主要为六配位，在880℃左右偏高岭土的结构发生重大变化。在高岭土脱水成为偏高岭土时六配位的铝全部转变为四配位的铝。在低温煅烧脱去羟基时，Al—O八面体的对称性被破坏并伴随着晶体对称性的无序，直到Al—O四面体形成和非晶质偏高岭石结构的产生，高岭土结构转变成为偏高岭土结构后，氧化铝层和氧化硅层皱缩起来，丧失了原有长程有序性，其粉末体的X射线衍射结果显示变成了无定形体，导致其具有化学活性。偏高岭土的活性温度在500～900℃，大于900℃后水化活性明显下降，甚至不具有水化活性[73]。这是因为温度过高时，无定形的SiO_2与Al_2O_3重新结合形成铝硅尖晶石和莫来石晶体，使得活性降低[74]。伊利石在550℃后开始分解，其他黏土矿物一般分解温度在400～1000℃[75]。黏土矿物种类不同，所需温度也不同，应按照具体材料组分综合考虑设定。

2）物理活化

影响黏土材料火山灰活性的因素很多，其中离子粒度分布、比表面积大小都是重要因素[76]。通过物理活化方式，可以有效地提高火山灰活性。研究表明将玻璃粉磨至粒径小于300μm，可使其成为一种良好的火山灰活性材料[77]。物理活化方式很多，主要是指用机械力如冲击、压力、粉碎、研磨等。

黏土经焙烧后，所含玻璃体是保持高温液态结构排列方式的介稳结构，在常温常压下结构稳定，表现出较高的化学稳定性[78]。粉磨等方式使颗粒细化，解除玻璃体之间的颗粒黏结，破坏阻碍火山灰效应颗粒表层坚硬密实的玻璃质外罩，使比表面积增大，系统内部温度升高，自由能增大。通过加工，增大了参与火山灰效应颗粒的表面积，有利于钙离子渗透到玻璃体中使硅、铝溶解，颗粒无序度增加。从微观结构来讲，物理活化能促使晶体结晶程度降低，晶体结构中产生晶格缺陷并引起晶格点位移，破坏和切断网络中Si—O键和Al—O键，生成活性高的原子基团和带电荷的断面，提高了结构不规则和缺陷的程度，从而增大活性。

物理活化并不能直接激发黏土活性，只能起到改善作用，是提高其火山灰活性的主要辅助手段。

3）化学活化

化学活化是指通过某种化学物质的作用，促进系统内水化反应的进行。可以是直接促使化学键发生断裂，使内部结构发生解体，并形成胶凝性物质；或者通过解离出的离子与化学物质发生化学反应，形成稳定产物，从而加速结构的解体。化学活化剂种类较多，主要有碱性激发剂、硫酸盐类激发剂、硅酸盐类激发剂、碳酸盐类激发剂及铝酸盐类激发剂等。

碱溶液作为活化剂，能有效地激发烧黏土类矿物活性，并使之制备成具有良好力学性能的胶凝材料[79,80]。灰土材料在水合过程中存在大量的熟石灰，自身处于碱性环境中。同时，使用石膏作为激发剂，可以促进矿物的解体与CS和CAH的生成。NaOH、KOH与水玻璃等能促进矿物玻璃网络结构的解体，显著提高反应活性，但这些活化剂引入了可溶性盐分，不利于文物的长期稳定保存。

4）复合活化

复合活化是指综合使用上述热活化、物理活化和化学活化等。一般来讲，化学活化过程也发生着热活化，机械粉磨过程中也提高了热活化的效能，增加了化学活化的反应效率等，因此以上几种活化方式之间有着密切联系，综合利用这些因素，可使材料的活化效果达到最好。

以上方式在水泥工业中都已得到大规模的使用，而在砖砌墙体的黏结灰浆使用过程中要求不能引入有害盐分，并且强度不能过高，否则会引起砖块的损坏。

6.1.3 混合灰土材料焙烧实验

灰土混合材料经高温焙烧后，其中 SiO_2 可以与 CaO 直接反应生成硅酸钙，后在水合过程中生成硅酸钙晶体，从而给试块带来水硬性组分。由于选取黄土中 SiO_2 含量较少，因此在试验过程中添加适量石英，促使反应进行。以下分别从焙烧温度、焙烧时间、混合材料加砂（石英）量、粉磨颗粒度四个方面进行试验。本实验对焙烧温度及焙烧时间进行设定，具体如下。

1. 焙烧温度

将黏土、石灰、石英粉按照 7:3:2 比例混合，放入球磨机中粉磨至 160 目，三种配料混合均匀后置入黏土坩埚中分别在 700℃、800℃、900℃、1000℃、1100℃、1200℃、1300℃下焙烧 3h，按照生石灰质量×156%＋黏土质量×46% 的比例加水，在搅拌器中搅拌均匀后填入标准模具，放入养护室，测量 28 天密度与收缩率，14 天与 28 天抗压强度，每组数据平行测试 6 次，将数据取平均值列于表 6-8。

表 6-8 不同焙烧温度下混合焙烧灰土材料结果

编号	黏土:石灰:石英粉	焙烧温度/℃	焙烧时间/h	颗粒度/目	密度/(g/cm³)	收缩率/%	养护时间/天	抗压强度/MPa
1	7:3:2	700	3	160	1.41	5.4	14	1.4
							28	2.4
2	7:3:2	800	3	160	1.41	5.3	14	1.5
							28	2.5
3	7:3:2	900	3	160	1.41	5.3	14	2.1
							28	2.7
4	7:3:2	1000	3	160	1.42	5.3	14	2.4
							28	3.7
5	7:3:2	1100	3	160	1.42	5.3	14	2.7
							28	4.2
6	7:3:2	1200	3	160	1.42	5.2	14	2.7
							28	4.2
7	7:3:2	1300	3	160	1.43	5.2	14	2.5
							28	4.1

将表6-8中密度、收缩率、14天与28天抗压强度制作成折线－柱状图,如图6-6所示。由图可知,焙烧温度在700~900℃时,材料抗压强度缓慢上升,但是不明显;温度升至1000℃时,抗压强度上升较快,至1100~1200℃时达到顶点,温度继续升高至1300℃时,强度较之前有所下降。在温度达到1000℃以后,试块14天强度与28天强度差值增大。此外,随着温度的升高,试块的密度有所上升,收缩率随之下降,但是这两种因素变化均不明显。

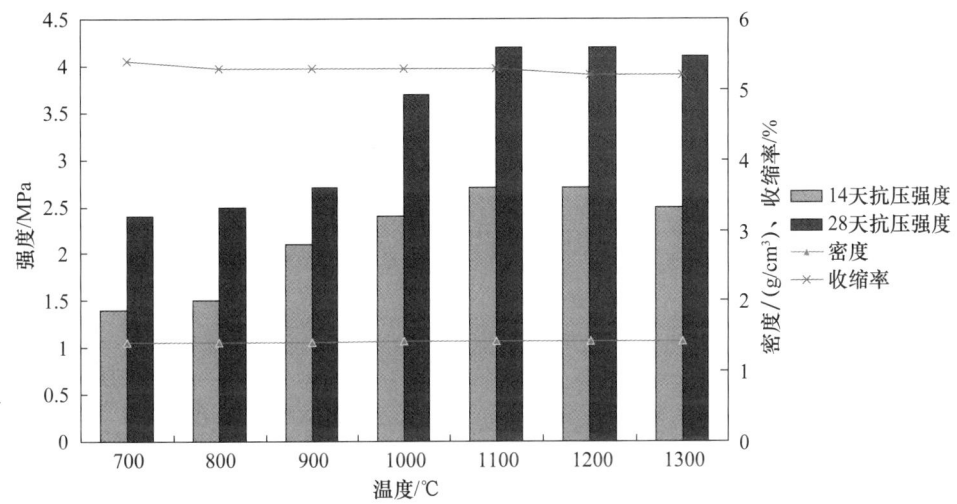

图6-6 不同焙烧温度下灰土材料强度与密度、收缩率折线－柱状图

2. 焙烧时间

为考察焙烧时间对试块强度的影响,将黏土、石灰、石英粉按照7∶3∶2比例混合后,倒入球磨机中粉磨至160目,三组分完全混合均匀后放入黏土坩埚,于马弗炉内在1100℃下分别焙烧1~6h共六个时段,取出后粉磨至160目,按照生石灰质量×156%＋黏土质量×46%的比例加水,倒入搅拌机中搅拌均匀,放入标准模具,移入养护室,测量密度、收缩率与14天和28天抗压强度,每组数据平行测试6次,将结果取平均值列于表6-9中。

表6-9 不同焙烧时间下混合灰土材料结果

编号	黏土∶石灰∶石英粉	焙烧温度/℃	焙烧时间/h	颗粒度/目	密度/(g/cm³)	收缩率/%	养护时间/天	抗压强度/MPa
1	7∶3∶2	1100	1	160	1.41	5.5	14	1.9
							28	2.8
2	7∶3∶2	1100	2	160	1.41	5.4	14	2.1
							28	3.6

续表

编号	黏土：石灰：石英粉	焙烧温度/℃	焙烧时间/h	颗粒度/目	密度/(g/cm³)	收缩率/%	养护时间/天	抗压强度/MPa
3	7：3：2	1100	3	160	1.42	5.3	14	2.7
							28	4.2
4	7：3：2	1100	4	160	1.42	5.3	14	2.8
							28	4.2
5	7：3：2	1100	5	160	1.42	5.3	14	2.8
							28	4.3
6	7：3：2	1100	6	160	1.42	5.2	14	2.9
							28	4.4

将表6-9中密度、收缩率、14天抗压强度和28天抗压强度数值制作折线－柱状图，如图6-7所示。由图可知，初始阶段试块强度随焙烧时间的增加增幅较大，在到达3h后，增幅放缓。焙烧2h后，14天抗压强度与28天抗压强度差值增大。整个过程中试块收缩率呈下降趋势，但是增幅缓慢，密度基本保持不变。

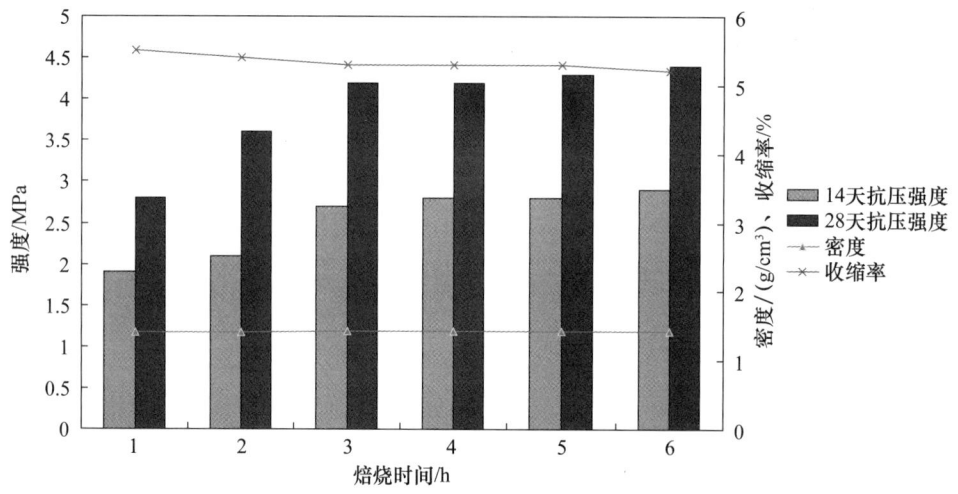

图6-7　不同焙烧时间下灰土材料强度与密度、收缩率折线－柱状图

3. 混合材料加砂（石英）量

如前文所述，所选取黏土中石英颗粒较少，因此在试验中加入少量石英颗粒，促使在焙烧过程中有足够的SiO_2与CaO反应。为考察加入石英量与试块强度、密度的关系，控制黏土与石灰比例为7：3，每次递增0.5的比例逐渐加入石英粉，将6组混合物置入球磨机中粉磨至160目，3组分充分混合均匀后分别倒入黏土坩埚中1100℃下焙烧3h，取出后粉磨，按照生石灰质量×156％＋黏土质量×46％的比例

加水，倒入搅拌机中搅拌均匀，放入标准模具，移入养护室，测量密度、收缩率以及14天和28天、抗压强度，每组数据平行测试6次，将结果取平均值列于表6-10中。

表6-10 焙烧不同配比混合灰土材料测试结果

编号	黏土：石灰：石英粉	焙烧温度/℃	焙烧时间/h	颗粒度/目	密度/(g/cm³)	收缩率/%	养护时间/天	抗压强度/MPa
1	7:3:0	1100	3	160	1.23	8.3	14	1.8
							28	2.4
2	7:3:0.5	1100	3	160	1.31	7.6	14	1.9
							28	2.7
3	7:3:1	1100	3	160	1.33	7.1	14	2.1
							28	3.2
4	7:3:1.5	1100	3	160	1.37	6.4	14	2.3
							28	3.8
5	7:3:2	1100	3	160	1.42	5.3	14	2.7
							28	4.2
6	7:3:2.5	1100	3	160	1.46	4.7	14	2.8
							28	4.3
7	7:3:3	1100	3	160	1.51	4.5	14	2.9
							28	4.4

将表6-10中密度、收缩率与14天抗压强度、28天抗压强度数值制作折线-柱状图，如图6-8所示。由图可知，随着石英的加入，14天抗压强度、28天抗压强度逐渐增高，石英粉比例增至2后，增幅放缓。在石英粉添加至1.5时开始，14天抗压强度与28天抗压强度差值拉大。可以明显看出，随着石英粉的加入，试块收缩率得到明显改善，至增加量到2后，收缩率减慢放缓。试块密度随石英粉的增加而逐渐增大。

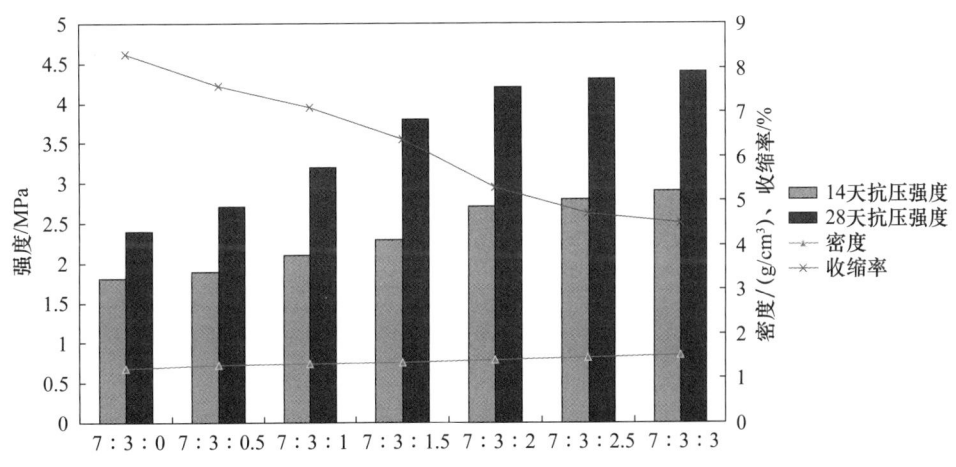

图6-8 焙烧不同配比混合灰土材料测试结果折线-柱状图

4. 粉磨颗粒度

为考察颗粒度对混合焙烧灰土材料的影响，整个实验过程中有两次粉磨，由于混合焙烧过程中石英与生石灰反应生成硅酸钙，因此颗粒度此时是针对焙烧前的一次粉磨加工。将黏土、石灰、石英粉按照7∶3∶2比例混合，倒入球磨机中分别粉磨至80目、100目、120目、140目、160目、180目、200目7组，粉磨过程中三组分充分混合均匀后，将混合物放入黏土坩埚中于马弗炉内1100℃下焙烧3h，按照生石灰质量×156%＋黏土质量×46%的比例加水，在搅拌器中搅拌均匀后填入标准模具，放入养护室，测量密度与收缩率以及14天与28天抗压强度，每组数据平行测试6次，将数据平均值列于表6-11中。

表6-11 不同粉磨颗粒度对焙烧混合灰土材料影响测试结果

编号	黏土∶石灰∶石英粉	焙烧温度/℃	焙烧时间/h	颗粒度/目	密度/(g/cm³)	收缩率/%	养护时间/天	抗压强度/MPa
1	7∶3∶2	1100	3	80	1.36	5.5	14	2.0
							28	3.4
2	7∶3∶2	1100	3	100	1.38	5.3	14	2.1
							28	3.6
3	7∶3∶2	1100	3	120	1.38	5.3	14	2.3
							28	3.8
4	7∶3∶2	1100	3	140	1.41	5.3	14	2.4
							28	3.9
5	7∶3∶2	1100	3	160	1.42	5.3	14	2.7
							28	4.2
6	7∶3∶2	1100	3	180	1.42	5.1	14	2.8
							28	4.2
7	7∶3∶2	1100	3	200	1.44	5.0	14	3.0
							28	4.3

将表6-11中密度、收缩率及14天抗压强度、28天抗压强度数值制作折线－柱状图，见图6-9。由图可知，随着粉磨程度的提高，试块密度稍微上升，收缩率略有下降，但是两项数值变化不明显。而随着颗粒度的减小，试块14天抗压强度与28天抗压强度均呈上升趋势，到达160目后，上升缓慢。试块14天与28天强度差值均较大。

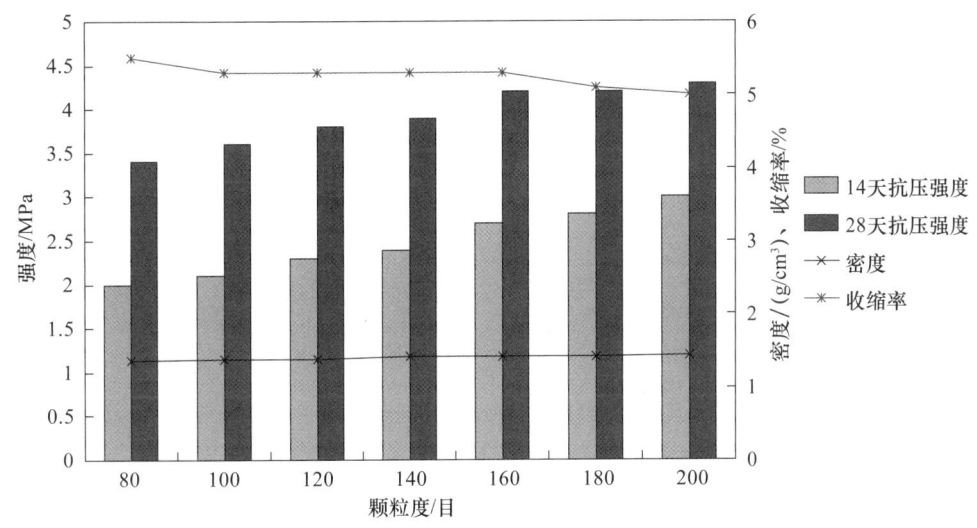

图 6-9 不同粉磨颗粒度对焙烧混合灰土材料影响测试结果折线 - 柱状图

5. 结果讨论

上述试验的目的是通过焙烧的方式，使混合材料中的石英与生石灰直接反应，生成硅酸钙，从而在试块中产生水硬性组分，提高灰浆材料性能。

通过试验过程发现，焙烧温度处于700℃、800℃、900℃时，试块性能并没有出现大幅度增长。这是由于石英材料本身非常稳定，低温状态下晶体变形较少，而在温度达到1000℃后，石英逐渐加速与石灰反应。在这三组低温焙烧过程中，试块强度较未焙烧材料高，这是由于在焙烧过程中，部分黏土矿物，如高岭土、伊利石等开始出现晶型的改变，在后期的保养过程中与熟石灰、石膏环境中出现化学键断裂，与熟石灰反应依然可以生成水硬性硅酸钙材料。这也意味着在焙烧混合材料的过程中，不仅可以直接生成硅酸钙、硅铝酸钙组分，还可以激活试块中黏土组分，使其具有火山灰活性，在保养过程中继续与石灰反应。

选取试验效果较好的黏土、石灰、砂7∶3∶2组分，按照试验优化后的条件，即粉磨160目，1100℃下焙烧3h，按比例加水，标准养护室内保养28天后，取断裂面喷金，在扫描电子显微镜下观察，见图版84。取保养365天龄期试块，同样断裂面喷金，其扫描电子显微照片见图版85。

由图版84、图版85可知，28天龄期灰土材料中已经出现了针状凸起，但是整个试块颗粒空隙较多，凝胶在形成过程中。365天龄期材料在相同倍数下观察，颗粒明显增大，试块孔隙减小，样品表面存在数量较多的针状材料，这种针状物为硅酸盐水合的产物。

由微观结构以及试块强度数值可以看出，通过混合焙烧的方式可以有效地缩短灰土材料水硬性组分形成的时间，同时提高试块强度。

6.1.4 改性灰土材料相关问题讨论

为使灰浆材料在砌筑早期出现硅酸钙、铝酸钙等水硬性晶体，给灰浆材料带来更好的硬度与耐老化能力，使用混合焙烧、在石灰中添加高活性硅铝材料以及提高灰土中黏土活性三种改性方式。对于壁画地仗层保护修复材料来讲，其选择需要考虑加工是否便捷、新材料对环境是否有较好的适应能力，从这两方面对比改性灰土的三种加工方式的优劣。

1. 加工便捷程度

在三种加工方式中，混合焙烧灰土材料是为了在焙烧过程中让材料中的CaO组分直接与SiO_2或Al_2O_3组分反应生成硅酸钙或铝酸钙，后在保养的过程中水合形成水硬性结构。添加高活性硅铝材料无须焙烧，粉磨后加入石膏催化剂即可，利用材料自身高活性，在水合过程中与$Ca(OH)_2$反应生成硅酸钙或铝酸钙水合晶体。提高黏土活性方式需对黏土组分进行焙烧后粉磨加工，加入催化剂加工后的黏土中矿物晶型改变，水合过程中分子键断裂与$Ca(OH)_2$反应生成硅酸钙或铝酸钙水合晶体。

从实验结果来看，三种改性方式均可以使灰土试块在短期内形成水硬性结构，但从加工方式来看，添加高活性硅铝材料的方式无须焙烧，更为简便。需热加工的两种方式中，混合焙烧灰土需加工至1100℃以上才可以达到满意效果，已经属于高温焙烧范围；提高黏土活性方式焙烧至800℃时即可达到要求，800℃属于低温焙烧范围。从加工的便捷程度及能源消耗的角度来讲，不需焙烧自然优于其他两种方式，在同样使用焙烧工艺的情况下，低温焙烧要优于高温焙烧。

2. 新材料的环境适应性

新材料的应用需通过长期的现场试验监测来检验其环境适应能力，这种适应能力表现为首先能否实现加固意图，即在现场环境中形成硅酸钙、铝酸钙水合晶体，给试块带来水硬性结构。其次，会不会出现剥落、裂缝、与墙体脱离等病变。

通过现场试验的结果来看，三种方式加工的材料均产生水硬性结构，但是其中两种出现了较为严重的病变。最严重的一种是添加高活性硅铝材料方式，使用炉渣——石灰制备的灰浆在早期与墙体即出现分离，后与墙体之间裂缝逐渐增大，取出样块后发现其内部粉化严重。显微镜下观察发现，材料中已经形成硅酸钙与铝酸钙晶体，但整体结构松散，晶体颗粒之间缺少石灰材料的填充。这种情况出现的原因是碳化速度造成的，即 $Ca(OH)_2$ 转变为 $CaCO_3$ 的速度。虽然所加工的水硬性石灰材料中碳酸钙的形成并不是材料强度的唯一来源，但无碳酸钙作为晶间黏结剂，试块中会出现硅酸钙晶体单独形成完备、整体却如散沙般失去强度的情况。实验室所做材料试验，试块为边长60mm六面体，碳化由六面同时向内部进行，即每面深度达到30mm时试块碳化完成，这一过程中水硬性晶体也在生成。试块中的氢氧化钙同时提供生成碳酸钙与硅酸钙的钙质来源，所做试块中二者同时存在且结合紧密。现场试验这一过程发生了较大改变。灰浆砌筑至砖缝中后，碳化只从暴露于空气中的一面向内部发展，表面碳酸钙与硅酸钙同时开始生成，而砖缝内部碳化时间较长，灰浆中大部分氢氧化钙与活性 Si、Al 材料作用生成硅酸钙。Si、Al 活性越高，形成的硅酸钙越快，留给碳化反应的氢氧化钙越少。

另一种出现明显问题的材料为混合焙烧灰土材料，表现为在初期灰浆表面出现剥落情况，造成这种情况的原因为现场试验时灰浆表面水分流失过快。在室内试验中养护期间一直处于恒温恒湿状态，而现场试验中砌筑表面必然较先失去水分而干结。对于气硬性为主的灰浆材料，其硬度由表及里的顺序发生变化，这一差异在性能方面表现较少，因而纯石灰材料在砌筑时不用做任何处理也很少发生病变。作为水硬性为主的灰浆材料，表面干燥后水硬性结构并未生成，此时剧烈收缩，从而引起剥落。在强度逐渐生成后，剥落病害停止，灰浆达到稳定状态。

通过两方面现场试验内容的对比，发现混合焙烧灰土材料在加工时需高温焙烧，在施工时对环境要求较高，其表面容易因为水分流失而出现剥落病害，如选用此方式，在施工初始阶段应选择合适的方式保湿。添加高活性硅铝材料所制备的灰浆材料加工过程虽便捷，但现场施工时容易因为碳化过程的缓慢而造成凝胶不完备，因此使用时应选取活性适中材料或增大石灰使用量，来保证灰浆中有足够的钙质供碳化需要。

通过提高灰土材料黏土活性的方式来制备灰浆，加工时为低温焙烧，施工阶段未出现剥落、开裂等病害，其强度适中，操作性强。

通过改性加工的灰土材料在水合早期便形成具有水硬性的结构，使灰浆材料具备气硬性的同时也有水硬性的优点。

3. 与石灰材料相比较

纯石灰材料为古建筑中最常见的灰浆材料，其原料可通过煅烧石灰石与钙质贝类来制备，工艺简单，施工时不需做过多的防护措施，自然条件下即可形成硬度。

但是石灰与所改性加工的材料相比较，存在明显不足，具体表现在以下三个方面。

1）硬度

由传统材料评估试验结果来看，纯石灰材料的 28 天抗压强度为 1.7MPa，在同样养护条件下，经活性提高加工后的灰土材料 28 天抗压强度为 8.0MPa，是纯石灰材料的 4 倍。

2）收缩性

纯石灰材料 28 天收缩率为 28.7%，经活性提高加工后的灰土材料为 2.0%，收缩率仅为纯石灰材料的 1/14。

3）耐老化能力

石灰与改性加工后的灰土材料均有着优良的耐水浸泡能力，但在干湿循环方面，纯石灰材料在此过程中质量损失较大，而改性后的材料每次循环过程中质量损失未超过 1%。在耐冻融、可溶盐的侵蚀方面，相同试验条件下改性灰土材料也远优于纯石灰材料。

4. 与灰土材料相比较

石灰 - 黏土二组分灰浆材料在古代建筑中也常使用，灰土材料早期以气硬性为主，在长期放置过程中会出现水硬性产物。改性灰土材料即从灰土材料发展而来，在元素组成上二者基本相同，但经加工后的材料在以下三个方面表现出了明显的性能提升。

1）硬度

与纯石灰材料相比较，灰土材料的 28 天硬度得到了提升，最大强度可以达到 2MPa，但是与改性灰土材料相比，这一数值仍然较低，仅为后者的 1/4。

2）收缩性

石灰中加入黏土成分后，有效地抑制了其收缩性，其中 3∶7 灰土材料在 28 天收缩率为 10%，但这一数值仍为改性灰土材料的 5 倍。

3）耐老化能力

黏土成分耐水性差，这一缺陷严重影响了灰土材料的耐浸泡能力，而对黏土组分加工后所制备的试块较好地弥补了这方面的不足。耐冻融试验中灰土材料可经受 8 次循环，而加工后材料冻融 15 次循环后质量损失仅为 1.2%。在耐硫酸盐与氯盐方面，改性加工的灰土材料均有着更为优良的表现。

通过对石灰、灰土、添加有机材料的石灰的比较可以看出，改性灰土材料具有诸多优点，可以作为黏结材料使用。

6.1.5 空鼓壁画灌浆加固材料筛选

基于上述哲蚌寺壁画地仗层分析结果,以及国内目前对于传统灰浆材料的室内试验研究结果,针对哲蚌寺壁画地仗层使用材料的特点,选择与其主要成分相似的烧料姜石,以及与原地仗层材料成分完全相同的烧阿嘎土作为裂隙修补及空鼓灌浆加固材料,进行对比研究。本试验借助国家文物局重点项目——高句丽墓葬壁画原址保护中的子课题研究成果(该部分实验由中国文化遗产研究院李黎研究员完成),即壁画地仗层加固材料筛选研究。同时,对修复材料的物理力学性能等进行研究,最终确定修复哲蚌寺壁画地仗层病害——空鼓灌浆加固材料、地仗修补材料、裂隙加固材料等各种材料的配比,并应用于壁画的保护修复中。

1. 灌浆材料的物理化学性质

1)料姜石和阿嘎土的化学组成

对料姜石、阿嘎土原料进行化学全分析,并与成功应用于欧洲砖石文物、壁画修复加固的水硬石灰材料(NHL2、NHL3.5、NHL5)进行对比,结果见表6-12。

表6-12 料姜石、阿嘎土和欧洲水硬石灰的 X 射线荧光分析结果 (单位:%)

样品名称	MgO	Al$_2$O$_3$	Fe$_2$O$_3$	SiO$_2$	CaO	其他	烧失量
料姜石	1.270	4.447	2.120	19.289	38.230	1.549	33.095
阿嘎土	0.904	2.233	0.867	10.372	45.866	0.686	39.071
NHL2	0.650	0.910	0.360	9.460	57.570	0.269	30.781
NHL3.5	0.820	1.630	0.510	16.480	53.590	0.411	26.559
NHL5	0.850	1.580	0.490	17.170	53.430	0.413	26.067

2)料姜石和阿嘎土的矿物组成

对料姜石和阿嘎土采用偏光显微镜岩矿鉴定,分析其矿物组成及微观特征。结果显示料姜石的构造为泥晶结构,块状构造。矿物组成为陆源碎屑物占9%(石英占8%,斜长石、白云母和电气石占1%);泥晶方解石占73%;亮晶方解石占18%。微观分析显示料姜石由陆源碎屑物和方解石组成,二者各占9%和91%。陆源碎屑物的组分包括斜长石、电气石、石英和白云母等,粒径大小主要在0.02~0.08mm,大小连续,石英质碎屑物的形态复杂,从尖棱角状到次圆状均有,白云母则呈针状和鳞片状,电气石浑圆状。斜长石的聚片双晶发育且细密,石英晶面亮晶,但普遍消光不均匀,消光影和消光程度有差异,偶见的电气石反吸收性明显。碎屑物在岩石中杂乱分布。泥晶方解石为粒径小于 0.005mm 的隐晶质，一般以集合体的形态存在，集合状消光，泥晶方解石多成致密团块状。有时构成 0.03～0.1mm 的球状团粒。微晶方解石以不规则粒状为主，粒径大小为 0.015～0.08mm，量晶、微晶方解石以集合体的形态分布于团粒的周围。

阿嘎土的构造为粒屑结构，块状构造。矿物组成为陆源碎屑物占 21%（其中石英占 18%，斜长石占 1%，钾长石占 1%，黑云母占 1%）；鲕粒占 60%；亮晶方解石占 19%。微观分析显示阿嘎土的组成物较复杂，由陆源碎屑物、鲕粒和亮晶方解石等组成，其中鲕粒占主体。陆源碎屑物，粒径大小为 0.02～0.15mm，大小连续。长石、石英以尖棱角状为主，斜长石的聚片双晶发育且细密；钾长石具格子双晶和条纹构造；黑云母则呈针状、鳞片状；石英晶面亮晶，但普遍消光不均匀，消光影复杂。碎屑物在岩石中均一分布，长轴无定向性。鲕粒多为规则的圆状切面，大小为 0.05～3.0mm，鲕粒类型主要为真鲕和复鲕，复鲕的粒径明显大于真鲕，鲕粒的组成物除微量的陆源砂粒外，主要为隐晶状的泥晶方解石集合体，色暗致密。亮晶方解石以不规则粒状、柱状为主，粒径大小为 0.015～0.04mm，晶面亮晶，靠近鲕粒的边缘亮晶方解石呈柱状垂直鲕粒分布，在远离鲕粒区亮晶方解石则以大小不等的粒状彼此紧密镶嵌。

3）X 射线衍射分析

采用 X 射线衍射方法分析不同温度烧料姜石和阿嘎土 3h 后的主要生成物相对百分含量，结果见表 6-13、图 6-10～图 6-27。选择欧洲水硬石灰 NHL2、NHL3.5 和 NHL5 进行比较研究，测试其矿物成分和相对含量，结果如图 6-28～图 6-30 所示。

表 6-13　料姜石和阿嘎土经 700～1400℃焙烧 3h 后主要生成物的百分含量

条件	相对百分含量 /%					
焙烧温度 /℃	烧料姜石			烧阿嘎土		
	CaO	β-$CaSiO_3$	$Ca_2Al_2SiO_7$	CaO	β-$CaSiO_3$	$Ca_2Al_2SiO_7$
700	0.00	7.30	5.20	0.00	13.30	10.60
800	17.20	24.70	16.30	32.10	21.20	17.60
900	33.90	25.80	17.60	38.40	27.80	17.80
1000	39.20	26.70	18.90	42.50	29.40	18.00
1100	42.10	28.40	19.10	44.60	30.10	19.20
1200	38.70	35.60	23.40	39.80	34.60	20.70
1300	18.10	44.50	33.10	35.80	38.50	25.70
1400	16.70	47.70	35.50	33.90	40.60	25.40

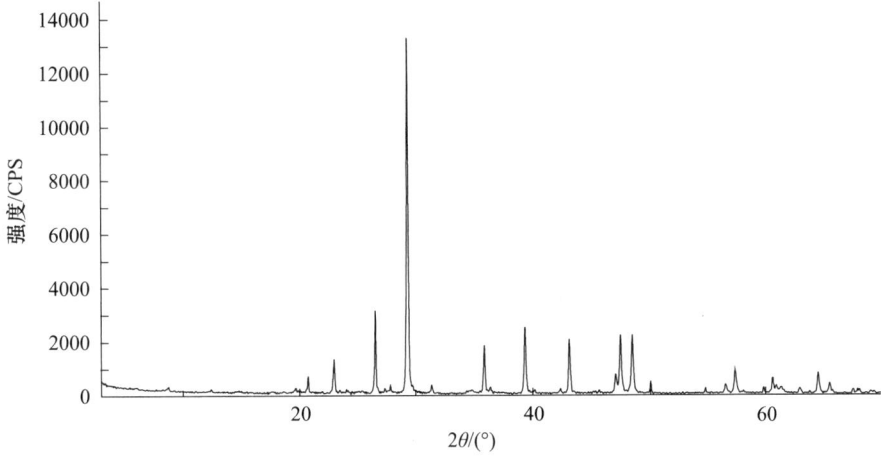

图 6-10 料姜石的 X 射线衍射谱图

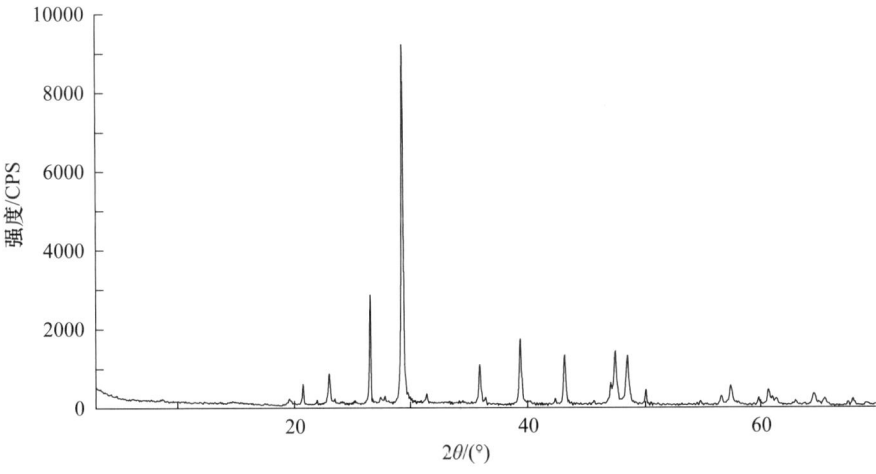

图 6-11 700℃（3h）烧料姜石的 X 射线衍射谱图

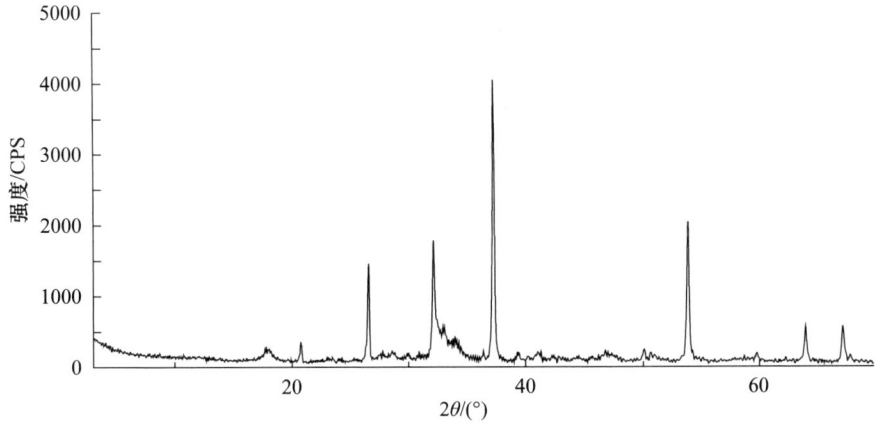

图 6-12 800℃（3h）烧料姜石的 X 射线衍射谱图

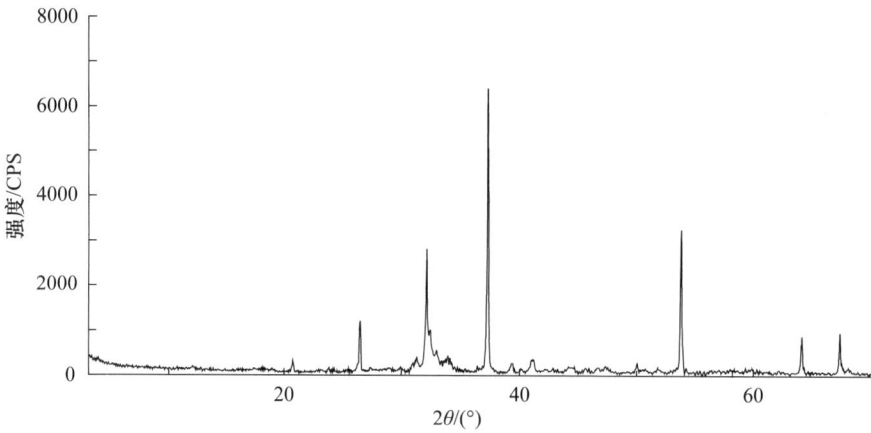

图 6-13 900℃（3h）烧料姜石的 X 射线衍射谱图

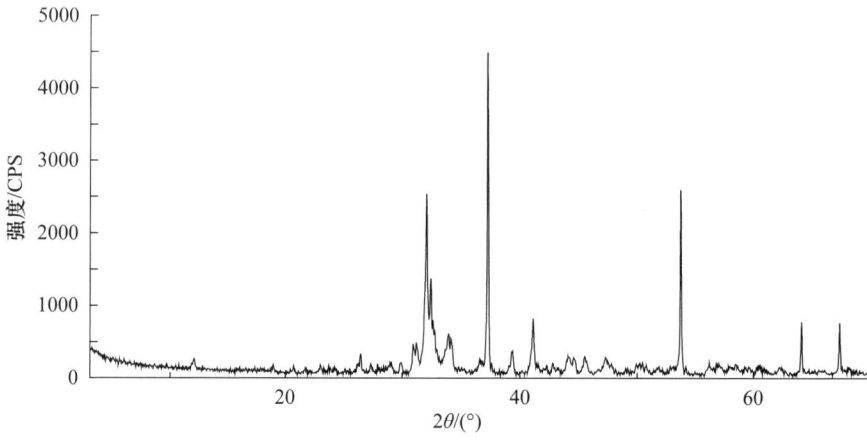

图 6-14 1000℃（3h）烧料姜石的 X 射线衍射谱图

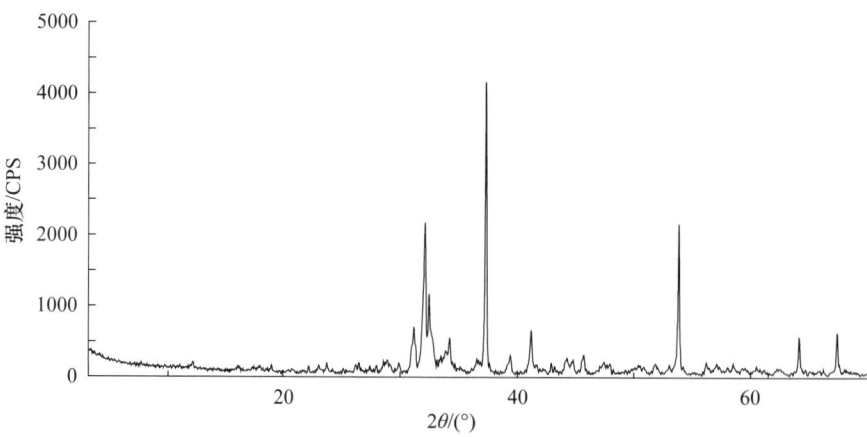

图 6-15 1100℃（3h）烧料姜石的 X 射线衍射谱图

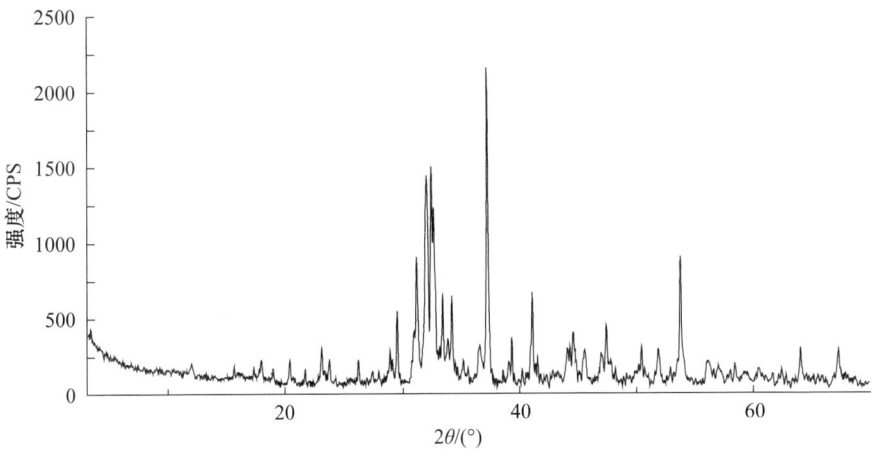

图 6-16　1200℃（3h）烧料姜石的 X 射线衍射谱图

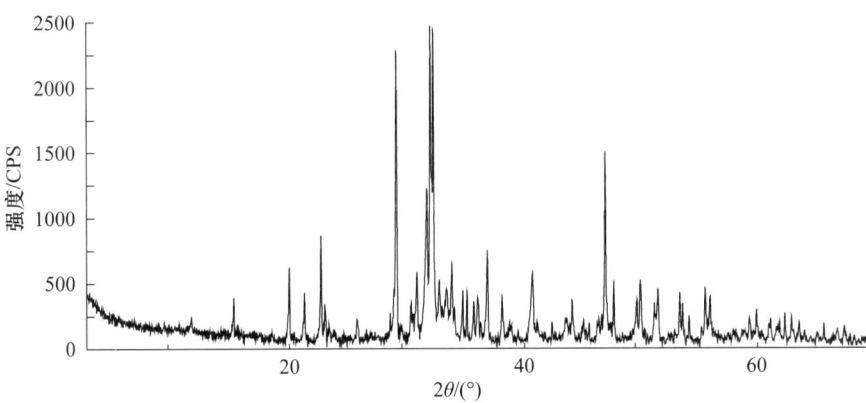

图 6-17　1300℃（3h）烧料姜石的 X 射线衍射谱图

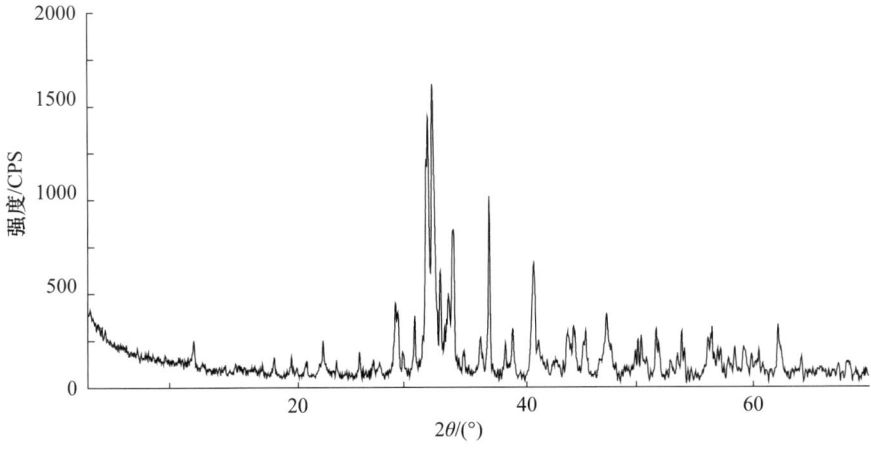

图 6-18　1400℃（3h）烧料姜石的 X 射线衍射谱图

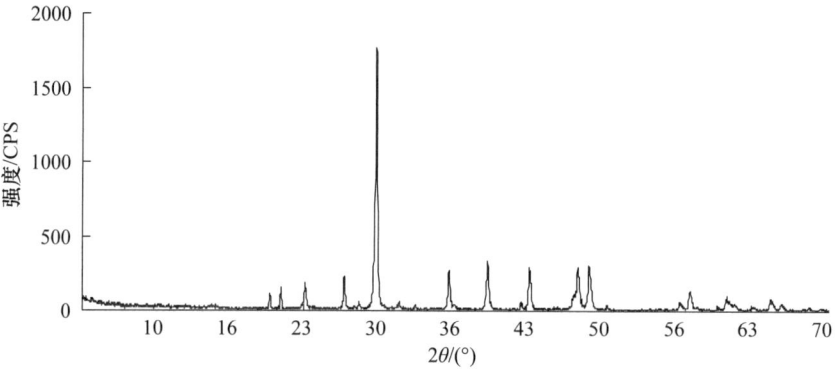

图 6-19　阿嘎土的 X 射线衍射谱图

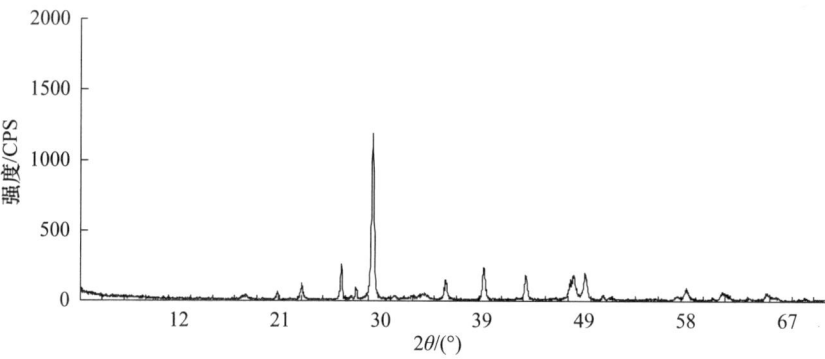

图 6-20　700℃（3h）烧阿嘎土的 X 射线衍射谱图

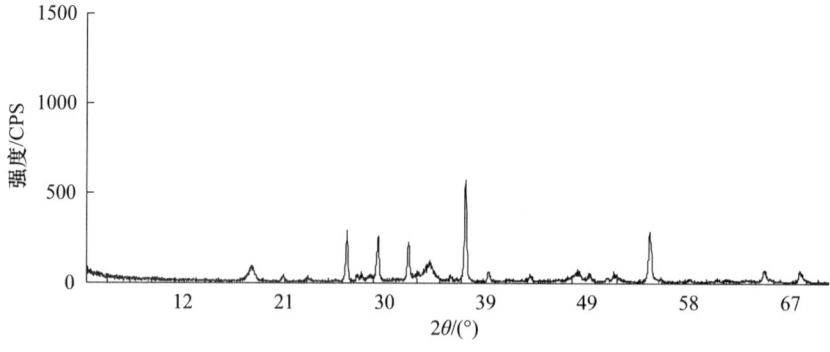

图 6-21　800℃（3h）烧阿嘎土的 X 射线衍射谱图

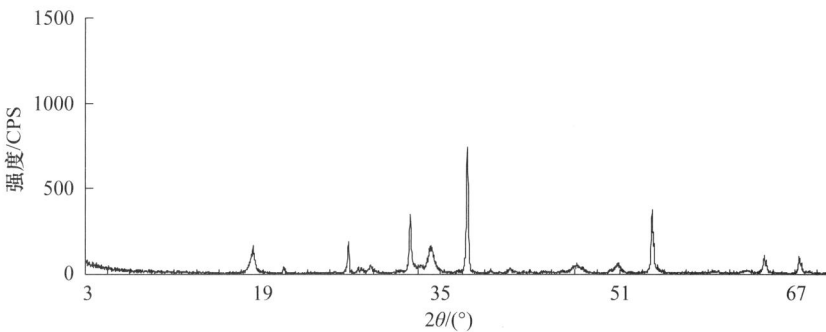

图 6-22　900℃（3h）烧阿嘎土的 X 射线衍射谱图

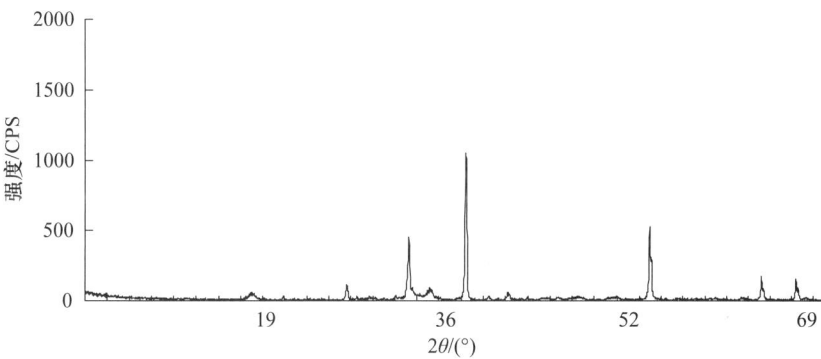

图 6-23　1000℃（3h）烧阿嘎土的 X 射线衍射谱图

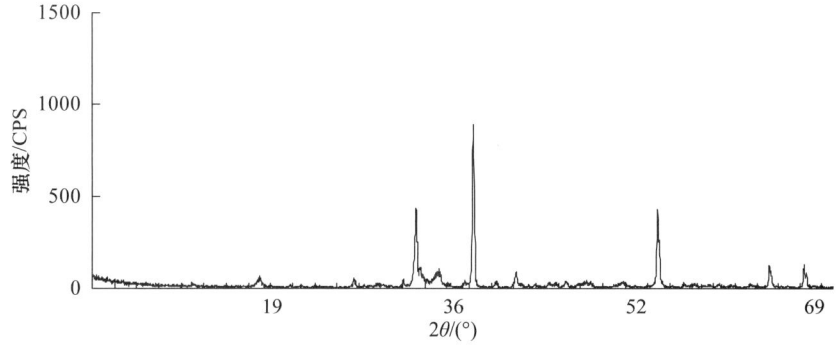

图 6-24　1100℃（3h）烧阿嘎土的 X 射线衍射谱图

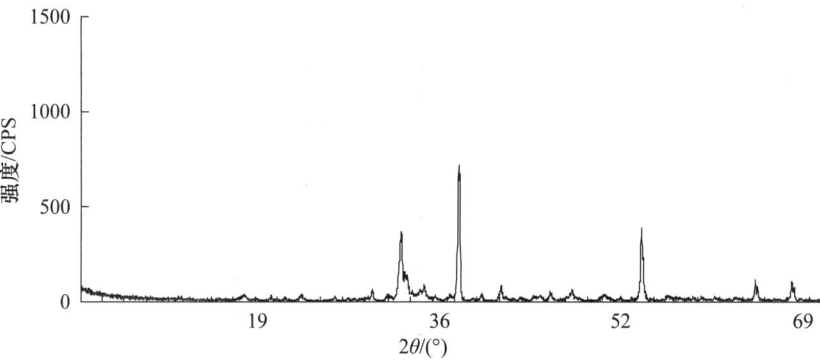

图 6-25　1200℃（3h）烧阿嘎土的 X 射线衍射谱图

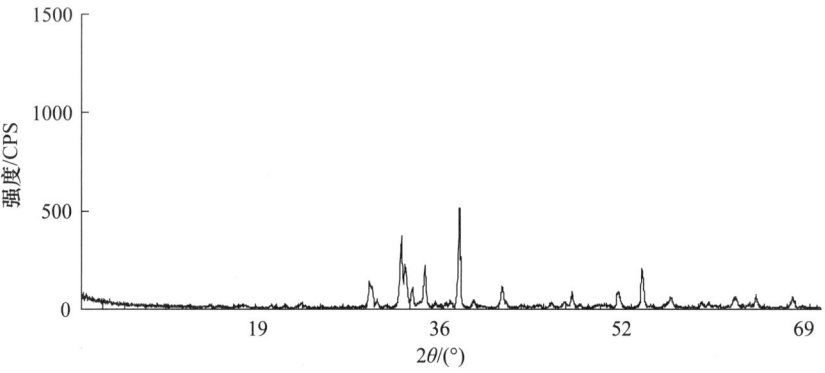

图 6-26　1300℃（3h）烧阿嘎土的 X 射线衍射谱图

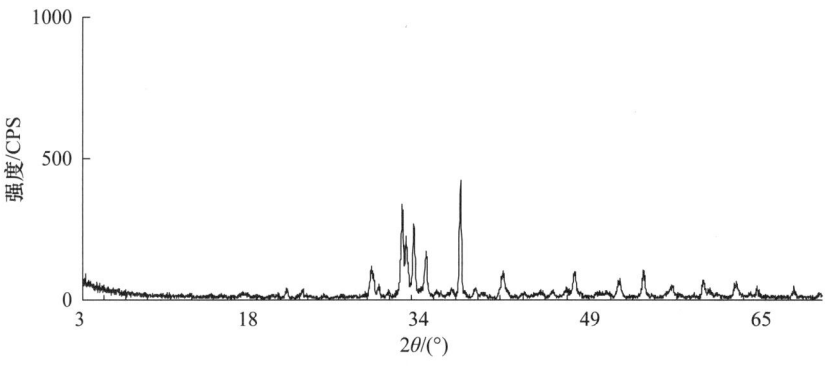

图 6-27　1400℃（3h）烧阿嘎土的 X 射线衍射谱图

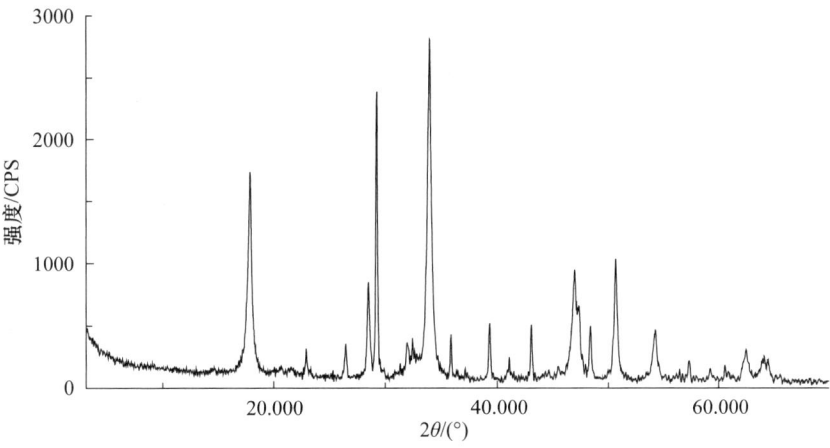

图 6-28 NHL2 的 X 射线衍射谱图

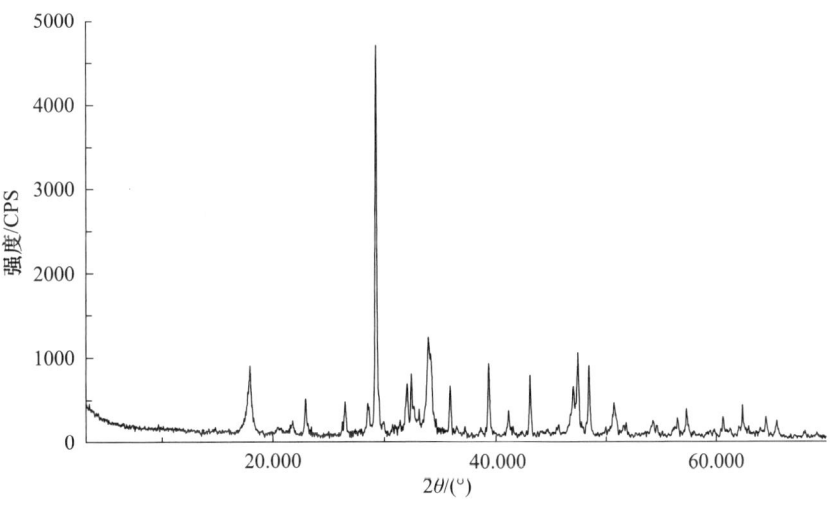

图 6-29 NHL3.5 的 X 射线衍射谱图

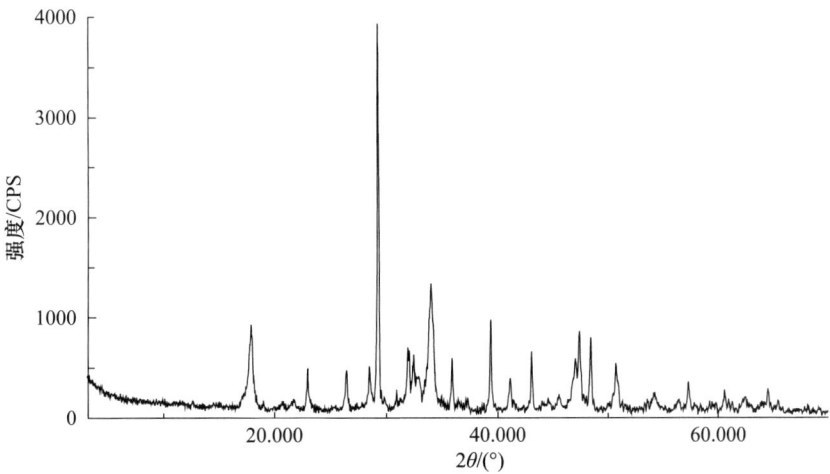

图 6-30 NHL5 的 X 射线衍射谱图

4)加固材料的化学特性

对料姜石和阿嘎土分别在700~1400℃下焙烧3h改性,对其改性后的水硬和气硬成分进行X射线衍射半定量分析,分析结果如图6-31和图6-32所示。

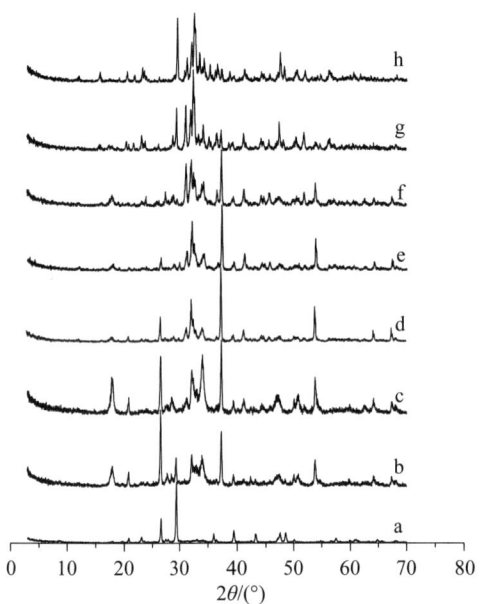

图6-31 700~1400℃烧料姜石的X射线衍射谱图及生成物比较图

a. 700℃; b. 800℃; c. 900℃; d. 1000℃;
e. 1100℃; f. 1200℃; g. 1300℃; h. 1400℃

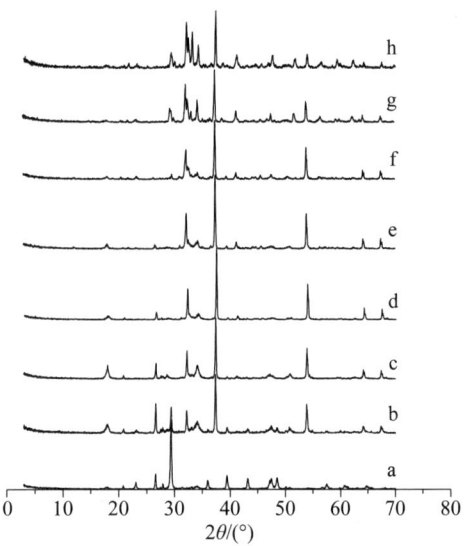

图6-32 700~1400℃烧阿嘎土的X射线衍射谱图及生成物比较图

a. 700℃; b. 800℃; c. 900℃; d. 1000℃;
e. 1100℃; f. 1200℃; g. 1300℃; h. 1400℃

5)结果分析

料姜石和阿嘎土高温焙烧时生成两种胶凝材料:一种是气硬性胶凝材料CaO;另一种是水硬性胶凝材料$\beta\text{-}CaSiO_3$和$Ca_2Al_2SiO_7$。焙烧温度直接影响这两种胶凝材料生成比例,生成物的性质也发生了相应的变化。

2. 物理化学性质分析

对料姜石和阿嘎土分别在700~1400℃焙烧3h的水硬和气硬成分的X射线衍射半定量结果进行分析,结果如表6-14、表6-15、图6-33和图6-34所示,同时与欧洲水硬石灰的结果进行对比,见表6-16和图6-35。

料姜石在700℃时,生成7.3% $\beta\text{-}CaSiO_3$和5.2% $Ca_2Al_2Si_2O_8$,无CaO生成。800℃时,生成17.2%CaO、24.7%$\beta\text{-}CaSiO_3$及16.3%$Ca_2Al_2Si_2O_8$。800~1100℃,生成CaO的速度明显增大,最大值达42.1%,由此看来,这一温度范围是生成CaO的最佳温度。生

表 6-14　料姜石在不同温度下气硬组分与水硬组分含量对比

烧制温度/℃	百分含量/%		
	CaO	β-CaSiO$_3$	Ca$_2$Al$_2$Si$_2$O$_8$
700	0	7.3	5.2
800	17.2	24.7	16.3
900	33.9	25.8	17.6
1000	39.2	26.7	18.9
1100	42.1	28.4	19.1
1200	38.7	35.6	23.4
1300	18.1	44.5	33.1
1400	16.7	47.7	35.5

表 6-15　阿嘎土在不同温度下气硬组分与水硬组分含量对比

烧制温度/℃	百分含量/%		
	CaO	β-CaSiO$_3$	Ca$_2$Al$_2$Si$_2$O$_8$
700	0	13.3	10.6
800	32.1	21.2	17.6
900	38.4	27.8	17.8
1000	42.5	29.4	18.0
1100	44.6	30.1	19.2
1200	39.8	34.6	20.7
1300	35.8	38.5	25.7
1400	33.9	40.6	25.4

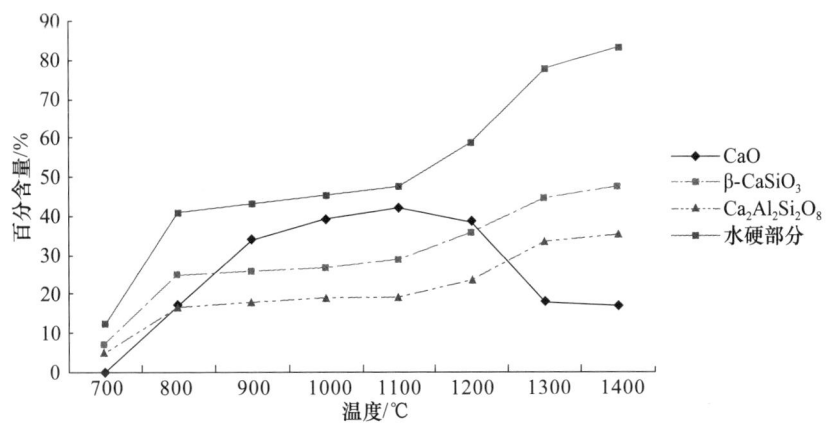

图 6-33　料姜石在不同温度下焙烧时生成物的变化趋势

成 β-CaSiO$_3$ 的速度增大不明显，从 24.7% 增至 28.4%，生成 Ca$_2$Al$_2$Si$_2$O$_8$ 的速度增大更不明显，从 16.3% 增至 19.1%，因此这一温度范围不利于 β-CaSiO$_3$ 和 Ca$_2$Al$_2$Si$_2$O$_8$ 的

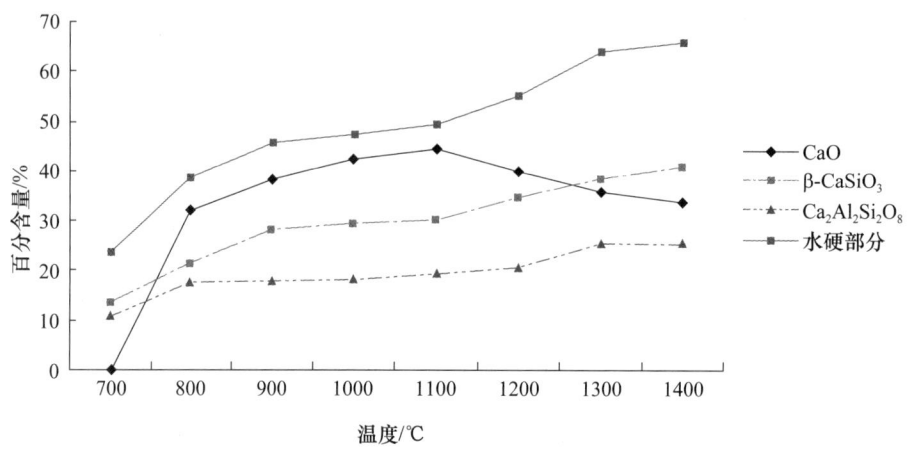

图 6-34 阿嘎土在不同温度下焙烧时生成物变化趋势

表 6-16 欧洲水硬石灰的气硬组分与水硬组分对比

样品名称	百分含量 /%		
	CaO	Ca(OH)$_2$	β-CaSiO$_3$
NHL2	23.92	56.82	18.26
NHL3.5	39.00	27.09	32.91
NHL5	45.01	20.22	33.76

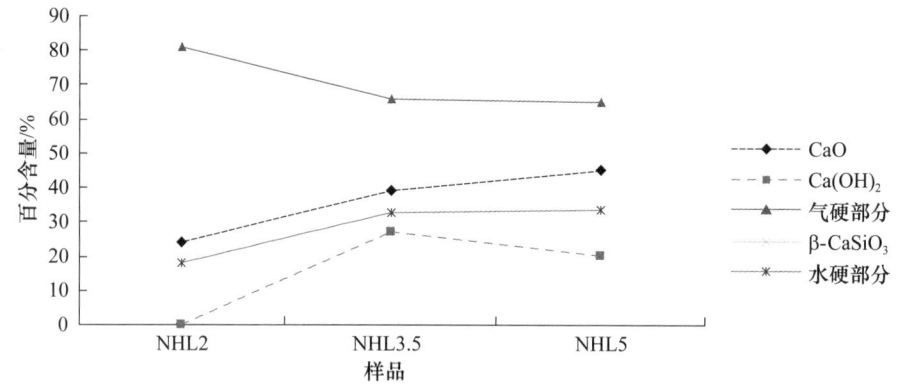

图 6-35 欧洲水硬石灰的水硬及气硬组分的相对含量

生成。1100~1400℃时，CaO 的生成量急剧下降，从 42.1% 降至 16.7%，主要是 CaO 逐渐消耗，β-CaSiO$_3$ 和 Ca$_2$Al$_2$Si$_2$O$_8$ 的生成速度明显增大，β-CaSiO$_3$ 从 28.4% 增至 47.7%，Ca$_2$Al$_2$Si$_2$O$_8$ 从 19.1% 增至 35.5%。

烧阿嘎土的情况与烧料姜石的情况基本相似，700℃时，生成 13.3% β-CaSiO$_3$ 和 10.6% Ca$_2$Al$_2$Si$_2$O$_8$，同样无 CaO 生成。800℃时，生成 32.1%CaO，这差不多比料姜石在同一温度生成的 CaO 多一倍，主要是阿嘎土中 CaCO$_3$ 的含量较料姜石高，

而 SiO_2 的含量显著降低，这有利于 CaO 的生成。阿嘎土从 800℃ 升至 1100℃ 和从 1100℃ 升至 1400℃ 时，CaO 的生成量有所下降，但下降没有料姜石明显，从 44.6% 降至 33.9%，生成 β-$CaSiO_3$ 和 $Ca_2Al_2Si_2O_8$ 的速度也有增快，但没有料姜石明显，β-$CaSiO_3$ 从 30.1% 增至 40.6%，$Ca_2Al_2Si_2O_8$ 从 19.2% 增至 25.4%，其原因与上述相同，也是阿嘎土中 SiO_2 的含量较料姜石低，而 $CaCO_3$ 的含量较料姜石高。

欧洲水硬石灰中气硬组分的相对含量高于水硬组分，NHL2 与 NHL3.5、NHL5 气硬和水硬组分含量的差别较大，NHL3.5 和 NHL5 气硬和水硬组分含量较接近。

3. 天然水硬石灰的基本物理力学性质

1）试验方法

将 1000℃ 烧料姜石及烧阿嘎土分别掺加适量石英砂和粉煤灰制作 40mm×40mm×160mm 和 70mm×70mm×70mm 的试块进行结石体物理力学性能测试及耐候性试验，同时与欧洲水硬石灰 NHL2、NHL5 进行比较。实验材料及配比见表 6-17。

表 6-17 实验材料及配比

样品编号	材料及配比
SFL（L）	石英砂、粉煤灰、料姜石质量比 0.5∶0.5∶1，水灰比 0.36
SL	石英砂、料姜石质量比 1∶1，水灰比 0.33
FL	粉煤灰、料姜石质量比 1∶1，水灰比 0.45
A	阿嘎土、粉煤灰、石英砂质量比 1∶0.5∶0.5，水灰比 0.57
AL	阿嘎土、料姜石、石英砂、粉煤灰质量比 1.7∶0.3∶1∶1，水灰比 0.53
SH2	石英砂、NHL2 质量比 1∶1，水灰比 0.42
SH5	石英砂、NHL5 质量比 1∶1，水灰比 0.35

2）结石体的收缩变形测试

依据表 6-17 中的材料及配比，制作 40mm×40mm×160mm 规格的结石体，采用电子千分尺测试结石体龄期的收缩变化，见图 6-36，试验结果如图 6-37 所示。

3）结石体龄期强度测试

依据表 6-17 中的材料配比，制作 40mm×40mm×160mm 和 70mm×70mm×70mm 规格的结石体，见图 6-38、图 6-39，分别测试结石体 3 天、7 天、14 天、28 天龄期的抗折强度、抗压强度，结果见表 6-18、

图 6-36 结石体的收缩变形试块

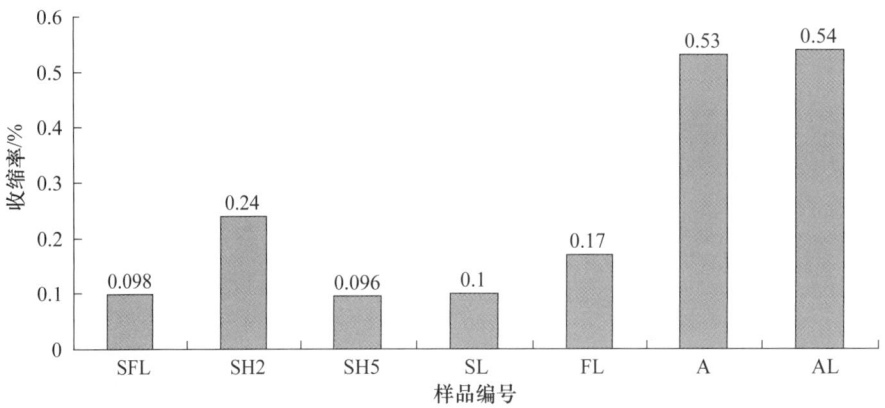

图 6-37 结石体的收缩变形对比图

图 6-38 40mm×40mm×160mm 规格试块

图 6-39 70mm×70mm×70mm 规格试块

图6-40和图6-41。实验数据依据《水泥胶沙强度检验方法》（GB17671—1999）检验。所用仪器设备为：JJ-5电动抗折仪、CSS-WAW300DL电液伺服万能试验机等。

表6-18 不同龄期结石体的强度对比　　　　　　　　　　（单位：MPa）

样品编号	3天		7天		14天		28天	
	抗折强度	抗压强度	抗折强度	抗压强度	抗折强度	抗压强度	抗折强度	抗压强度
SFL（L）	—	1.96	—	3.45	—	7.39	—	7.95
FL	—	1.64	—	3.11	—	4.18	—	5.42
A	—	0.94	—	1.30	—	3.12	—	3.24
AL	—	0.92	—	1.34	—	2.16	—	2.83
SL	1.03	2.45	1.13	5.58	1.13	5.62	1.10	8.60
SH2	0.38	0.85	0.55	1.35	0.56	1.87	0.66	2.10
SH5	0.51	1.00	0.67	1.77	0.68	2.17	1.06	2.49

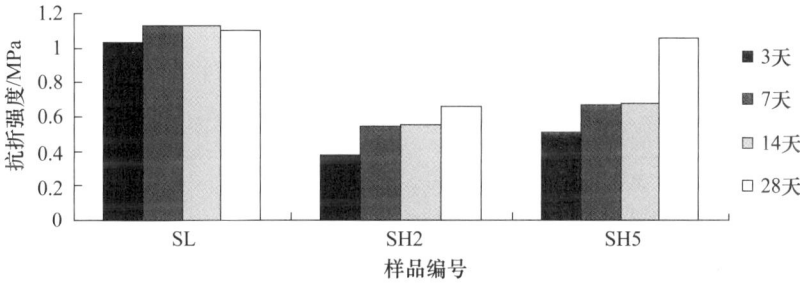

图6-40 结石体不同龄期的抗折强度对比

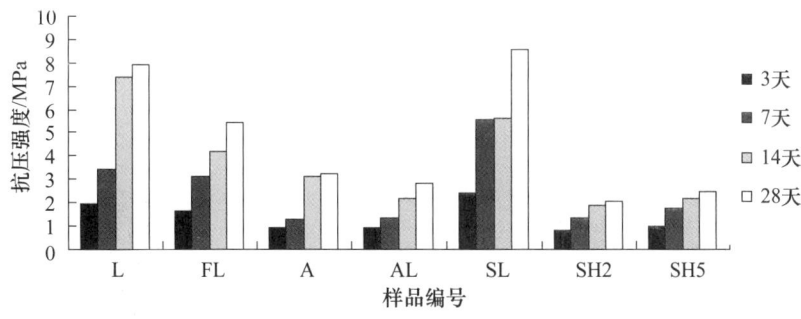

图6-41 结石体不同龄期的抗压强度对比

4）结石体不同龄期的含水率及孔隙率变化

依照表6-17中的材料配比，制作70mm×70mm×70mm规格的结石体，依据《TUG土工试验方法标准》（GB T50123—1999）进行实验，分别测试结石体3天、7天、14天、28天龄期的含水率及孔隙率变化，结果见表6-19。

表 6-19 结石体不同龄期的含水率及孔隙率变化　　　　　　　　　（单位：%）

样品编号	3 天 含水率	7 天 含水率	14 天 含水率	28 天 含水率	孔隙率
L	10.13	6.67	3.24	3.13	40.94
FL	16.24	14.47	4.22	4.02	44.83
A	22.65	21.32	3.47	3.56	47.63
AL	25.44	11.13	3.06	1.79	46.14
SL	—	3.69	2.50	1.07	35.81
SH2	—	6.11	1.58	1.38	44.50
SH5	—	7.54	1.93	1.59	42.39

5）固化温度对结石体强度的影响

依照表 6-17 中的材料配比，将 100 目白色石英砂分别与水硬石灰 NHL2、NHL5 和烧料姜石以质量比 1∶1 混合，以水灰比成型，制作 40mm×40mm×160mm 规格的结石体，在室温下固化 3 天后分别在 50℃、100℃及 150℃条件下测试固化 8h 后的强度，结果见表 6-20。

表 6-20 固化温度对结石体强度的影响测试结果　　　　　　　（单位：MPa）

样品编号	50℃ 抗折强度	50℃ 抗压强度	100℃ 抗折强度	100℃ 抗压强度	150℃ 抗折强度	150℃ 抗压强度
SL	0.89	9.59	1.15	11.68	0.98	10.50
SH2	0.93	2.76	0.87	2.39	0.76	2.27
SH5	0.97	2.45	0.97	2.29	0.87	3.15

6）结石体的水稳定性实验

依照表 6-17 中的材料配比，制作 40mm×40mm×160mm 规格的结石体，将 50 天龄期试块在室温水中浸泡 24h，取出后立即进行湿试块的波速测试，并进行湿试块的抗折、抗压强度试验，结果见表 6-21。

表 6-21 结石体的水稳定性实验结果

状态	SFL V_p/(km/s)	SFL R_f/MPa	SFL R_c/MPa	SH2 V_p/(km/s)	SH2 R_f/MPa	SH2 R_c/MPa	SH5 V_p/(km/s)	SH5 R_f/MPa	SH5 R_c/MPa
未浸泡	0.811	2.21	12.41	0.679	1.24	4.73	0.840	1.53	6.10
浸泡后	0.811	1.17	9.89	0.750	1.03	3.79	0.800	1.89	6.02

7）结石体的安定性实验

依照表 6-17 中的材料配比，制作 40mm×40mm×160mm 规格的结石体，将 50

天龄期试块在饱和 Na_2SO_4 溶液中浸泡 20h，取出后在 105℃烘 4h，如此反复循环 5次。最后测试结石体的波速，并进行抗折、抗压强度试验，结果见表 6-22。

表 6-22　结石体的安定性实验结果

状态	SFL			SH2			SH5		
	V_p/(km/s)	R_f/MPa	R_c/MPa	V_p/(km/s)	R_f/MPa	R_c/MPa	V_p/(km/s)	R_f/MPa	R_c/MPa
未浸泡	0.811	2.21	12.41	0.679	1.24	4.73	0.840	1.53	6.10
试验后	0.822	1.74	18.18	0.774	0.96	4.12	0.822	2.28	7.62

8）结石体的耐碱性实验

依照表 6-17 中的材料配比，制作 40mm×40mm×160mm 规格的结石体，将 50 天龄期试块在 2%NaOH 溶液中浸泡 12h，取出后在 105℃烘 4h，测试结石体的波速，同时进行抗折、抗压强度试验，结果见表 6-23。

表 6-23　结石体的耐碱性实验结果

状态	SFL			SH2			SH5		
	V_p/(km/s)	R_f/MPa	R_c/MPa	V_p/(km/s)	R_f/MPa	R_c/MPa	V_p/(km/s)	R_f/MPa	R_c/MPa
未浸泡	0.811	2.21	12.41	0.679	1.24	4.73	0.840	1.53	6.10
试验后	0.822	1.28	15.12	0.760	0.98	3.80	0.812	1.63	7.04

9）结石体的耐冻融实验

依照表 6-17 中的材料配比，制作 40mm×40mm×160mm 规格的结石体，将 50 天龄期试块在 -30℃低温下冻 12h，然后在温度 25℃、相对湿度 70% 条件下融 12h，如此反复，观察试块的变化，测试 18 个循环后结石体的波速，并进行抗折、抗压强度试验，结果见表 6-24。

表 6-24　结石体的耐冻融实验结果

状态	SFL			SH2			SH5		
	V_p/(km/s)	R_f/MPa	R_c/MPa	V_p/(km/s)	R_f/MPa	R_c/MPa	V_p/(km/s)	R_f/MPa	R_c/MPa
未浸泡	0.811	2.21	12.41	0.679	1.24	4.73	0.840	1.53	6.10
18 个循环后	0.849	0.81	8.11	0.824	0.77	4.82	0.813	1.29	7.17

10）结石体的温湿度实验

依照表 6-17 中的材料配比，制作 40mm×40mm×160mm 规格的结石体，将 50 天龄期试块在 100℃烘箱中加热 12h，后取出在温度 25℃、相对湿度 70% 恒温恒湿箱中放置 12h；反复进行上述过程，测试其在 18 个循环后的强度变化，结果见表 6-25。

表 6-25 结石体的温湿度实验结果

状 态	SFL			SH2			SH5		
	V_p/(km/s)	R_f/MPa	R_c/MPa	V_p/(km/s)	R_f/MPa	R_c/MPa	V_p/(km/s)	R_f/MPa	R_c/MPa
未浸泡	0.811	2.21	12.41	0.679	1.24	4.73	0.840	1.53	6.10
18 个循环后	0.750	1.50	6.83	0.741	0.84	3.69	0.858	1.45	3.47

11）结石体的崩解性实验

依照表 6-17 中的材料配比,制作 40mm×40mm×160mm 规格的结石体,将 50 天龄期试块在温水中浸泡,观察结石体的水崩解性。

12）结石体波速随龄期变化

依表 6-17 中的材料配比,制作 70mm×70mm×70mm 规格的烧料姜石、烧阿嘎土中掺加石英砂、粉煤灰配比的结石体,分别测试结石体 3 天、7 天、14 天、28 天弹性波速与龄期的关系,测试结果如图 6-42 和图 6-43 所示。

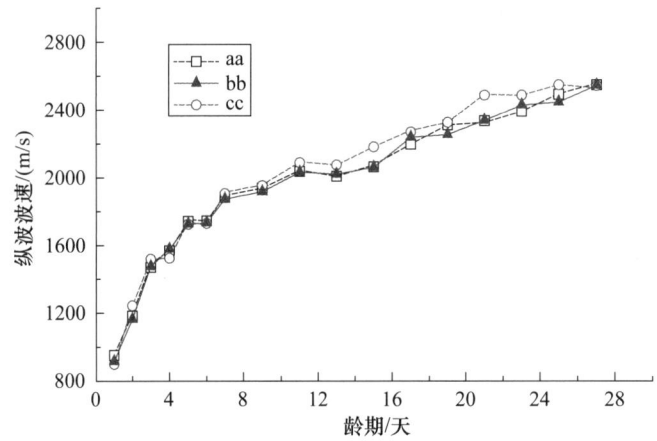

图 6-42 烧料姜石的弹性波速与龄期的关系

aa 为烧料姜石；bb 为烧料姜石掺加石英砂；cc 为烧料姜石掺加粉煤灰,下同

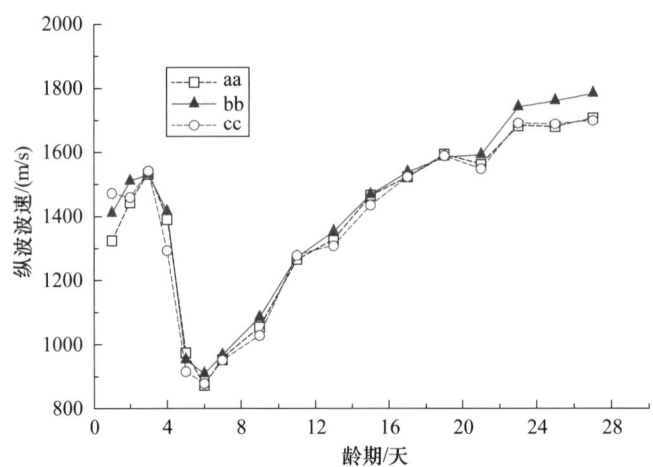

图 6-43 烧阿嘎土的弹性波速与龄期的关系

4. 灌浆材料的力学性能试验

用现场灌浆实验所用砂浆进行力学性能测试分析并与欧洲灌浆材料性能进行对比。

1）抗压强度

抗压强度是试块在单向受压力作用破坏时，单向面积上所承受的荷载。抗折强度是材料单位面积承受弯矩时的极限折断应力。这是建筑材料基本的力学性能。各试样抗压、抗折强度如图 6-44 和图 6-45 所示。

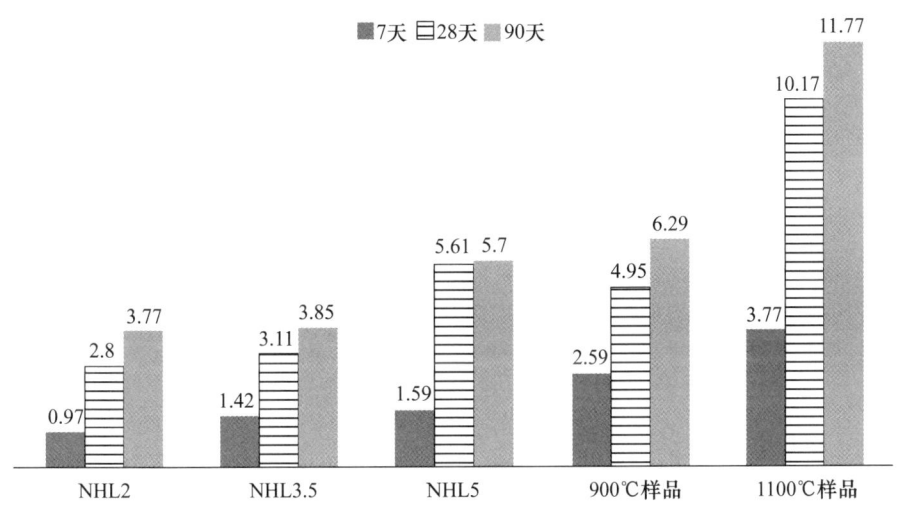

图 6-44 各龄期试样的抗压强度（单位：MPa）

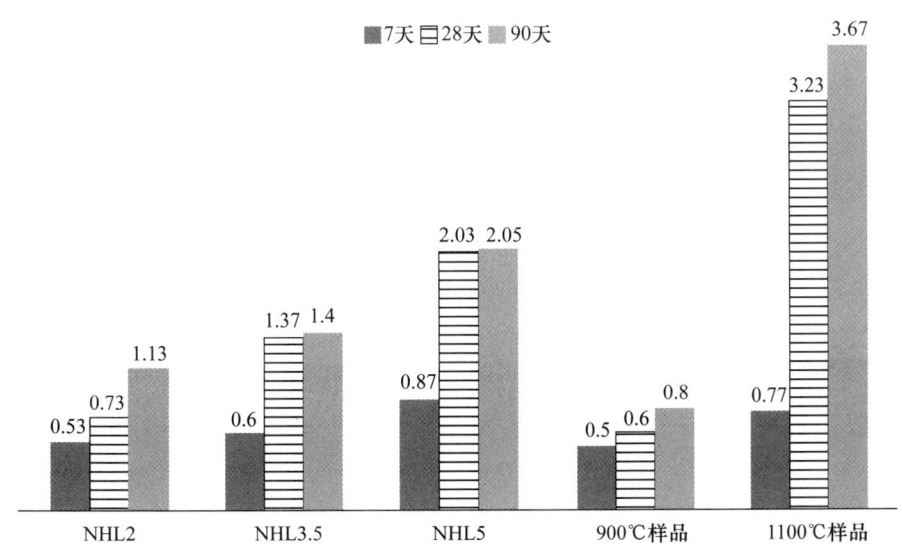

图 6-45 各龄期试样的抗折强度（单位：MPa）

由图可知，各试样 7~28 天龄期强度增加较快，可见在此期间，这几种石灰的水化速度较快。28~90 天强度增加较为缓慢，是由于水化放慢导致的。对于 NHL 系列样品，各龄期强度大小顺序为：NHL2＜NHL3.5＜NHL5。对于自制样品，900℃样品的抗压强度在 NHL3.5 和 NHL5 之间，抗折强度与 NHL2 接近；1100℃样品除 7 天抗折强度略低于 NHL5 外，抗折抗压强度为 5 个试样中最高的。

2）静压受压弹性模量

材料在弹性变形阶段，其应力和应变呈正比例关系（即符合胡克定律），其比例系数称为弹性模量，意义在于表征力学变形特征。各试样静压受压弹性模量测试结果如图 6-46 所示。由图可知，对于 NHL 系列样品，NHL5 静弹性模量最高，NHL2 次之，NHL3.5 最小；对于自制样品，1100℃样品最高，也是 5 种样品中最高的，900℃样品相对较低，但也仅次于 NHL5 样品。可见，在同压力情况下，1100℃样品变形最小，NH5 和 900℃样品次之，NHL3.5 样品变形最大。

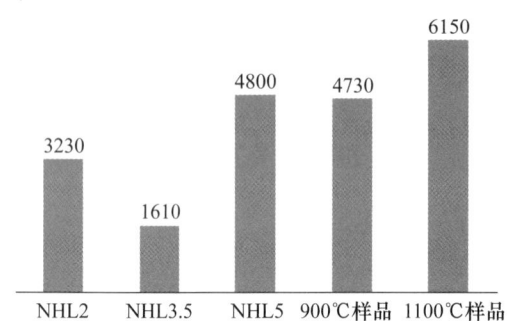

图 6-46　各试样静压受压弹性模量（单位：MPa）

3）剪切黏结强度

剪切黏结强度是评价黏结材料抗剪能力的指标。各试样剪切黏结强度试验结果如图 6-47 所示。

由图可知，7 天时，NHL 各个试样剪切黏结强度接近，差异不大，900℃样品和

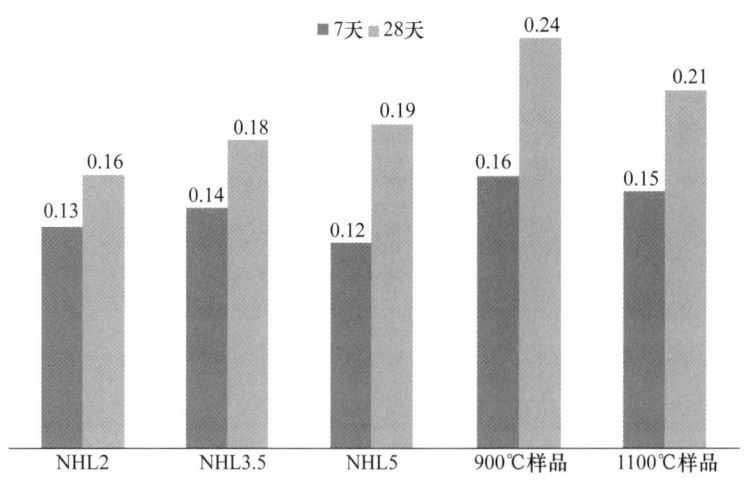

图 6-47　各试样剪切黏结强度（单位：MPa）

1100℃样品略高；28天时，NHL5略高于NHL3.5，NHL3.5略高于NHL2，900℃样品和1100℃样品高于NHL系列试样，其中900℃样品样品最高。

5. 地仗层修复材料筛选研究结果

通过哲蚌寺地仗层灌浆加固材料筛选研究，对烧阿嘎土进行基本物理力学与强度影响因素试验，可以得到以下结论：

（1）控制焙烧温度，同时选择含适量黏土或SiO_2的料姜石或阿嘎土可烧制出生成物中含气硬性胶凝材料CaO和水硬性胶凝材料$\beta\text{-}CaSiO_3$及$Ca_2Al_2Si_2O_8$各种不同配比的胶凝材料。

（2）阿嘎土在1000℃温度条件下焙烧3h，会生成约42.5%的CaO和约47.4%的$\beta\text{-}CaSiO_3$及$Ca_2Al_2Si_2O_8$。

（3）将上述烧料姜石及阿嘎土分别掺加适量石英砂和粉煤灰制作试块。初步证明：

① 料姜石、阿嘎土随着焙烧温度的升高，气硬组分在1100℃时达到最高，之后逐渐降低，而水硬组分一直在增加；

② 不同配比烧料姜石、欧洲水硬石灰结石体在28天龄期的收缩变形都非常小，烧阿嘎土结石体的收缩率稍大。

③ 不同配比结石体都有较强的抗冻融性、水稳定性，耐温湿度循环变化的影响及碱性介质侵蚀能力；

④ 不同龄期配比结石体的抗折、抗压强度随龄期的增加呈增长的趋势；

⑤ 对比烧料姜石、烧阿嘎土配比结石体强度随龄期的变化，两者的抗压强度随养护龄期的增长而不断增长，如图6-48所示。对于烧料姜石，3天、7天和14天强度分别达到28天强度的24.65%、43.4%和92.96%，烧阿嘎土的相应比例为29.01%、40.12%和96.3%，说明在14天时试样已经达到了较高的力学强度。14天时所有试样的含水率降低到3%的自然含水率，强度虽呈增长趋势，但增长速度趋于缓慢。

⑥ 比较烧料姜石、烧阿嘎土配比结石体28天龄期波速变化，烧料姜石的弹性波速随着龄期的增加迅速增大，

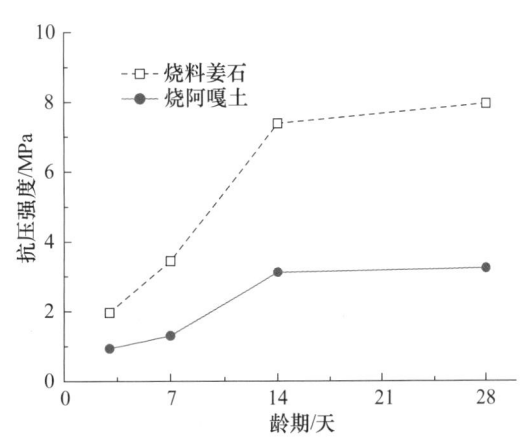

图6-48 抗压强度与龄期的关系

5天时有一明显的拐点,增速变缓;烧阿嘎土在成样初期速度高,随龄期增加急剧下降,6天时降低到最低值,之后又开始增大。

6.1.6 起甲壁画加固材料筛选

起甲病害是西藏壁画的主要病害之一,广泛存在于西藏各处寺院壁画中。起甲是指壁画颜料层与地仗层黏结性能丧失而导致颜料层起翘,严重时壁画颜料层出现大面积脱落,壁画的完整性及稳定性均受到极大的影响。国内外壁画常用的颜料层加固修复材料可分为两大类:一是传统的动植物胶;二是合成高分子材料,主要有聚乙酸乙烯酯乳液、聚丙烯酸酯乳液和Paraloid B72(甲基丙烯酸甲酯和甲基丙烯酸乙酯的共聚物)等。欧洲多用Paraloid B72,我国壁画因类型较多,分布地域广泛,各地壁画保存环境条件不同,壁画颜料层加固材料应用范围较广泛。1980年前后,常见的壁画表面加固材料有动物胶、聚乙烯醇,并开始使用其他合成树脂材料,如Paraloid B72、PBMA(聚甲基丙烯酸丁酯)、Bedacryl 122X(聚甲基丙烯酸酯)、Ftorlon(氟碳聚合物)。苏伯民等对聚乙酸乙烯酯乳液、聚丙烯酸酯乳液和Paraloid B72作加固材料时对壁画颜料颜色的影响进行了研究,认为从壁画色度改变角度考虑,聚乙酸乙烯酯乳液和聚丙烯酸酯乳液作为敦煌壁画的加固材料较为理想,Paraloid B72对壁画颜料色度改变较大,不宜使用[81]。汪万福等通过测定聚乙酸乙烯酯乳液、聚乙烯醇、Paraloid B72、Primal AC-3444等几种材料的原液固含量、pH、黏度、表面张力、冻融、高温稳定性、灰分、稀释稳定性、水可溶性、比重、密度等数据[82],认为聚乙酸乙烯酯乳液和聚乙烯醇在较寒冷的环境中不宜使用,而Primal AC-3444具有较好的抗冻融性。聚乙酸乙烯酯乳液在水中浸泡24h后,80%以上溶解,因此在潮湿环境下不宜使用。范宇权等对有机硅氧烷、水溶性环氧树脂、丙烯酸(Primal AC-33)、Primal AC-3444、聚乙酸乙烯酯乳液、Paraloid B72、硅酸锂对壁画颜料颜色影响进行了研究,认为聚乙酸乙烯酯乳液和丙烯酸乳液是目前较有效的壁画加固材料[83]。柳太吉等对麦积山石窟瑞应寺大殿内前室及帐内左、右山墙上壁画进行了保护,对颜料层泡状起甲部位以3%聚乙酸乙烯酯乳液与2.5%聚乙烯醇按3:1配制后进行了渗透回贴加固。表面用2.5%聚乙酸乙烯酯乳液涂刷封护[84]。常亚平总结了山西寺观壁画龟裂起甲病害的修复方法,首先对龟裂起甲部位清尘,用气囊和自制小型吹尘器除去尘土;然后注射黏合剂黏结加固,黏合剂为100(水):2(明胶):3(矾)(质量比)的胶矾水,脱脂棉压实,再贴压平实[85]。敦煌研究院在西藏布达拉宫、罗布林卡及萨迦寺壁画修复中,针对西藏气候及壁画表面涂有清漆层的特点，采用了聚乙酸乙烯酯乳液、聚丙烯酸酯乳液和 Primal AC-33 乳液进行加固，并在西藏地区推广应用[86,87]。

1. 壁画颜料层保护材料的选择

壁画修复的关键是颜料层的保护。为了保护颜料层，一是使颜料层稳定，增加颜料与地仗层之间的固着力，二是使支撑壁画颜料层的地仗层稳定。本试验主要进行壁画颜料层加固试验，通过加固材料增加颜料对地仗层的固着力以弥补因胶结材料老化而降低的黏结力。同时增加表层地仗层的强度，增加壁画颜料的稳定性，以防止颜料层的继续脱落。根据哲蚌寺壁画保存环境特征，结合壁画颜料起甲的原因分析，提出对壁画颜料层保护材料的要求。本实验将借助中国文化遗产研究院花山岩画颜料层加固材料筛选试验结果，通过实验室模拟加固、现场颜料加固试验及保护材料耐老化性能分析，选择适合哲蚌寺壁画保存环境特征且耐老化性能较好的加固材料。

西藏壁画的制作方法有别于内地，壁画在制作时表面涂了清漆层。壁画在起甲时，清漆层连同部分颜料一同起翘。国际、国内常用的胶矾水、聚乙酸乙烯乳液、丙烯酸乳液及 Paraloid B-72 等加固剂在修复西藏起甲壁画时受到了限制，主要原因是这些试剂没有办法软化清漆层，导致起甲壁画不能回贴于地仗层上。因而，研究筛选合适的西藏壁画起甲修复材料便成为起甲壁画病害治理的关键。为此，结合西藏壁画特点，确定筛选材料必须遵循以下五点原则。

（1）渗透性：对于颜料层和地仗层等必须有良好的渗透性，使之经过渗透而重新成为一体。

（2）黏结性：相对于地仗层开裂的颜料层必须有良好的黏结性，否则修复后的壁画容易重新起甲。

（3）透气性：要保证修复后的壁画整体可以进行水汽的正常交换，从而避免产生不应有的作用力。

（4）变色性：修复材料作用于颜料层后，不能改变颜料层的颜色。

（5）稳定性：尽可能采用耐久性能优越的产品，延长修复材料的寿命。

2. 修复材料筛选试验指标

1) 修复材料的确定

在前期修复西藏起甲壁画时，曾采用先用丙酮软化清漆层，再注射丙烯酸乳液黏合剂加固的方法。

根据壁画的现实情况和修复工作的具体要求，如果将软化剂和黏合剂的作用合二为一，即所选择的材料首先能够软化壁画开裂的翘片，然后通过适当的外力作用将其回贴，这样不仅可以减少修复工序，还会因操作步骤减少，使修复起甲壁画的安全性能得以提高。

为此，先对起甲残片进行软化试验。分别采用二甲苯、乙酸丁酯、丙酮、环己酮、丙二醇和水进行壁画翘片软化试验，在滤纸和钢板上放置翘片，蘸取有机溶剂滴至翘片，结果见表6-26。

表6-26 起甲残片回软试验

回软溶剂	滤纸上观察到的现象	钢板上观察到的现象
二甲苯	10～15min以后，翘片软化，滤纸上有渗色现象	10min后，无连续的翘片存在
乙酸丁酯	10～15min以后，翘片软化，滤纸上有渗色现象	10min后，无连续的翘片存在
丙酮	2min以后有软化趋向，但5min后丙酮挥发又返硬，压后碎裂	5min后，无连续的翘片存在
环己酮	5min后滤纸严重渗色，颗粒物凸现	5min后，无连续的翘片存在
丙二醇	20min以后翘片变软，压平后不碎	20min以后翘片变软，压平后不碎
水	20min以后翘片变软，压平后不碎	20min以后翘片变软，压平后不碎

实际上，由于多数有机大分子已不存在，留下的是大量小分子有机化合物，而二甲苯、乙酸丁酯、丙酮、环己酮又是溶解能力很强、挥发性也很强的有机溶剂，因此在溶解小分子的同时，这些有机小分子随有机溶剂的流动而产生移动，从而对壁画造成新的破坏。

这些前期工作为我们提供了一种思路，虽然有机溶剂能软化清漆漆膜，水可以软化土质成分，但一方面不可能达到很理想的软化要求，另一方面黏合作用也欠缺。大分子有机乳液是介于有机溶剂和水之间不仅能够起到软化作用、同时还具有黏合作用的材料。

大分子有机乳液是各类含有烯键的单体在引发剂的作用下，经过自由基聚合而成的聚合物水分散体。常用的乳液品种有聚乙酸乙烯酯乳液、苯丙乳液、纯丙乳液、硅丙乳液等。这些乳液聚合物的分子量高，因而具有比较好的黏合性能，同时分子量分布狭窄，具有良好的机械性能、较低的黏度、良好的渗透性和施工简便等性能。其中的聚乙酸乙烯酯乳液耐水性、耐碱性和耐候性比较差；苯丙乳液的耐碱性和耐候性也不是特别理想，因此本书主要针对丙烯酸（Primal AC-33）乳液和有机硅改性丙烯酸液开展研究。

2）乳液的组成与特性

丙烯酸乳液：由甲基丙烯酸甲酯、丙烯酸丁酯、丙烯酸乙酯等丙烯酸系单体加入乳化剂、引发剂等，经过乳液聚合反应而制得纯丙烯酸酯乳液。该乳液中不含有苯丙乳液中的苯乙烯，因此具有更好的耐久性和弹性。有机硅改性丙烯酸乳液：由丙烯酸系单体和特种有机硅单体在乳化剂、引发剂的作用下，经过乳液聚合反应而制得的乳液。由于不含有苯乙烯，同时加入了有机硅而使得乳液具有更加优良的耐候性能，指标见表6-27。

表6-27 乳液的一般指标

外观	半透明至乳白色带蓝相黏稠液体
固体含量 /%	48±2
黏度 /cP	1000~2000
pH	7~8

注：1cP=1mPa·s

这两种乳液的分子量一般在几万到几十万之间，聚合乳液的粒径一般为10~100nm。作为一种热塑性树脂，乳液的成膜机理是乳液粒子的聚结，因此干燥成膜后其透气性非常好；由于具有相对比较大的分子量，因此具有良好的黏合性能；乳液体系中既存在对有机物具有亲和作用的有机大分子，同时又因含水对无机材料也具有相当的亲和力；双相的亲和力，以及粒径、黏度低等因素，虽然比纯溶剂（如水或者有机溶剂）的渗透性差，但比有机胶黏剂要好得多。

3）不同乳液的选用性能对比

选择数家企业的乳液产品，比较渗透性和黏结性，结果见表6-28。

表6-28 乳液的选择

序号	乳液品种	渗透性 /mm	黏结性 /（kN/m）
厂家1	Primal AC-33 乳液	21	7
	有机硅改性丙烯酸乳液	—	—
厂家2	Primal AC-33 乳液	19	8
	有机硅改性丙烯酸乳液	20	7
自制3	Primal AC-33 乳液	—	—
	有机硅改性丙烯酸乳液	23	9
厂家4	Primal AC-33 乳液	17	8
	有机硅改性丙烯酸乳液	18	8
厂家5	Primal AC-33 乳液	20	10
	有机硅改性丙烯酸乳液	18	7

3. 壁画颜料层加固材料室内实验指标

为了筛选壁画颜料层起甲加固效果较好的材料，实验室选择三种材料进行壁画模拟试块加固试验，检测加固效果及耐老化性，并筛选颜料加固效果较好的材料。

实验室检测指标如下:

1)色差

颜料是壁画艺术价值的重要表现,通过对比分析壁画试块经保护材料处理前后及不同条件老化后壁画颜色的色差变化,来评价保护材料的保护效果及耐老化效果。采用色差仪定点测量方法,在壁画试块上选定 5 个分散点作为测量点,色差取 5 个测量点的平均值,测试结果评判标准见表 6-29。

表 6-29 颜色容差 $\triangle E$ 评判标准

等级	容差 $\triangle E$	值得注意的差值
1	0~2NBS	很小;理想匹配,保存完好
2	2~4NBS	较小;可接受的匹配,保存很好
3	4~6NBS	微小到中等;在一些应用中可接受,保存较好
4	6~8NBS	中等;可接受的匹配,保存不好,颜料层不均匀
5	8~10NBS	有差距;勉强接受的匹配,保存较差,但并非完全变色
6	10NBS 以上	非常大;不可接受的匹配,颜料出现老化,变色

2)光泽度

光泽即是物体受光照射时表面反射光的能力,即产生眩光的大小,以试样在正反射方向相对于标准表面反射光量的百分率(光泽度)表示。通过对比壁画试块经保护材料处理前后及不同条件老化后表面光泽度的变化,分析保护材料对壁画画面光泽的影响,评价保护材料的保护效果及耐老化效果。

采用光泽度计定点测量方法,在试块上选定 5 个分散点作为测量点,光泽度取 5 个测量点的平均值。

3)憎水性

憎水性反映了保护材料对水的排斥性,通过对比分析壁画试块经保护材料处理前后及不同条件老化后接触角的变化,来评价保护材料的憎水性及耐老化效果。

采用静止接触角测定法,并结合动态接触角,待接触角稳定时取值,测量水滴量 3μL。

4)透水汽性

采用重量法测定材料的透水汽性。在壁画试块表面上均匀涂刷保护材料,固定于烧杯上,设定温度 50℃,间隔一定时间取出进行称重,判断材料对于水汽交换的性能高低,即材料的透水汽性。

5)表面硬度

表面硬度反映了保护材料对壁画表面强度增加的程度,通过对比分析壁画试块经保护材料处理前后及不同条件老化后表面硬度的变化。

6）附着力

附着力反映保护材料在基体表面的黏结性，以此反映保护材料对壁画颜料的固着力。采用划痕法和拉脱法测定加固材料的附着力，并评价材料的保护效果及耐老化性能。

（1）划痕法：参照漆膜附着力测定标准（GB9286—1988）。通过对比分析壁画颜料经保护材料处理前后及不同条件老化后划痕宽度及边缘平滑度的变化来反映加固材料附着力的大小。采用划痕刀在试块表面划线，压力（9.8N）使划痕刀刀尖一次划穿保护材料层和颜料层至岩石基体，观察划口宽度、平滑度、边缘材料及颜料层是否起甲等情况，评价保护材料的保护效果及耐老化效果。

（2）拉脱法：参照 ASTM D4541，ISO 4624 标准。通过对比分析壁画颜料经保护材料处理前后及不同条件老化后附着力的变化，采用附着力测定仪测试，将锭子用胶黏结在测定样块的表面，测定拔下锭子附带涂层所用的力大小即附着力大小。

4. 实验方法

渗透性：将烘干后的黄土捣碎，用 80 目筛网分筛。称取 30g 细土，装入内径为 22mm 的玻璃试管中并捣实。最终土在试管中的高度为 70mm。分别用移液管加入 2mL 乳液，密闭放置 2h 后测量乳液渗入高度。

黏结性：在 10℃条件下，考察乳液在玻璃板上的成膜情况，然后对各种乳液打分。最高为 10 分。10 分的情况为：乳液成膜后透明、无开裂、无发软现象，在水中浸泡 2h 后不泛白、不脱落。成膜性能主要体现乳液粒子的聚结能力，因此代表着乳液的黏结性能。

由上述考察结果可以看出，表 6-28 中自制 3 乳液的渗透性和黏结性能综合比较好。同时在相同情况下有机硅改性丙烯酸乳液的渗透性能高于丙烯酸乳液。

硅丙乳液共聚物中聚硅氧烷的含量越高，其表面的自由能越小。水的表面张力为 72mN/m，纯丙乳液的表面张力为 49mN/m，添加聚硅氧烷以后乳液的表面张力迅速降低，添加量为 18%～26%，硅丙乳液的表面张力基本保持在 30mN/m。较低的表面张力有利于乳液粒子对壁画颜料表面的润湿、附着；有利于提高乳液对基材的附着力和渗透力，这是硅丙乳液的重要特性之一。

修复材料的制备：由于市售乳液不能满足壁画修复的要求，我们进行了乳液的合成工作。从单体的选择和匹配（特别是有机硅中间体的选择）、乳化剂的选择和匹配（非离子型和阴离子型）、合成工艺的确定等方面进行了研究。最后确定采用预乳化工艺，丙烯酸酯类单体采用国产原料并进行处理，有机硅中间体采用进口特种功能性硅中间体，乳化剂选用进口非离子型和阴离子型匹配，比例为1∶4，合成的乳液具有较好的综合性能。

增加渗透性：按照前述方法选择了3种渗透助剂（B、T、P）进行研究，结果见表6-30。

表6-30 渗透剂对渗透性能的影响

渗透时间 /h	硅丙乳液+0/mm	硅丙乳液+B/mm	硅丙乳液+T/mm	硅丙乳液+P/mm
2	22	25	23	23
5	25	28	26	26

三种渗透助剂对提高渗透性都有帮助，相对B是最好的，P和T相差无几，但是P加入后乳液产生了大量的泡沫，不易消除，放置两天以后才逐渐消失。鉴于此，实际中选用B作为渗透助剂，见表6-31。

表6-31 渗透剂加入量对渗透性的影响

渗透时间 /h	不加B	加B 5%/mm	加B 10%/mm	加B 20%/mm	加B 40%/mm
2	22	25	25	25	23
5	24	28	28	27	26

注：渗透剂的加入量按照乳液的纯固体含量计算

从上述结果看出，通过加入5%~10%的渗透剂B，乳液的渗透能力提高了15%。

软化性能的考察：在玻璃板上放置翘片，然后滴入改进后的乳液，翘片在15~20min内可以回软，施加作用力后翘片能够复平而不碎裂。

对颜料层的影响：在试块上涂刷该修复乳液，放置干燥后未发现颜料有变色现象。

经过合成及材料各方面性能测试后，最终所筛选的有机硅-丙烯酸乳液材料技术指标见表6-32。

表6-32 修复材料的技术指标

序号	项目	技术指标
1	外观	半透明至乳白色液体
2	固体含量 /%	3
3	黏度 /mPa·s	10~30
4	储存稳定性	半年
5	耐冻融性	合格

续表

序号	项目	技术指标
6	耐水性	48h 无异常
7	黏结性	合格
8	渗透性	优异
9	对颜料的影响	无变化

5. 实验结果

通过对纯丙乳液、硅丙乳液、Primal AC-33 乳液 3 种材料性能的对比，得出以下结论：

（1）当各类加固剂浓度为 2% 时，加固效果较为理想。加固剂为 1% 浓度时，加固强度较低，颜料颗粒易脱落。

（2）Primal AC-33 乳液对壁画颜料层颜色影响很小，光泽度、透气性与防尘效果很好，固含量 3% 的乳液较为合适。

（3）硅丙乳液加固的壁画样品表面较为粗糙，光泽度降低，易吸附灰尘。对颜料层色度改变较大，不宜作为馆藏壁画保护修复加固剂。

（4）Primal AC-33 乳液、硅丙乳液对壁画颜料层颜色影响较小，光泽度、防尘效果与透气性符合壁画加固修复要求。

（5）硅丙乳液浓度为 5% 时，在壁画表面易形成一层光滑、致密且有一定光泽的薄膜，影响壁画整体的透气性。

6.2 现场试验

6.2.1 空鼓壁画灌浆加固工艺

1. 钻注浆孔

在壁画无画面部位（如果可能最好利用壁画的裂隙或破损部位），从下到上钻 0.5~1.0cm 直径的注浆孔数个，孔内埋入 20~30cm 长的胶管，做注浆用，如图版 86 所示。

2. 空鼓区域埋设注浆管

内窥镜观察空鼓壁画内部情况，空鼓区域埋设注浆管，如图版 87 所示。

3. 支顶壁板

按照修复壁画的面积，制作托壁画的壁板，同时在壁板上留下穿胶管的孔。壁板用海绵和 X-60 的纸衬面，然后牢固地支顶到壁画上，以防灌浆时滑动，如图版 88 所示。

4. 注浆加固并封闭注浆管

用 500mL 注射器将浆液由下而上压入空鼓壁画内部，当注浆孔之上的孔中流出浆液时，立即将胶管临时堵塞，再从之上的孔中依次注浆，如图版 89 所示。

5. 回贴壁画

回贴壁画时，将堵塞的胶管适当放开数根，以便多余的浆液从胶管溢出，然后用螺杆或千斤顶在壁板上加压，使壁画最大限度地归位回贴，如图版 90 所示。

6. 加固地仗层

依据需要，用医用注射器将固含量（下同）5% 的 Primal AC-33 乳液注入地仗层中，对地仗层进行加固。

7. 更换 X-60 纸

浆液中的水分将通过壁画而被 X-60 纸所吸附，应定期（一天左右）更换一次 X-60 纸（更换下的 X-60 纸经洗涤、晾干后可重复使用）。

8. 拆除壁板

壁画干燥后，拆除壁板，切割注浆管。

9. 埋设木质锚杆

如果空鼓壁画面积较大，待壁画稳定后，用直径 1.50、长 25～30cm 木制锚杆锚固，在注浆孔打锚杆孔，呈网状钉入锚杆，如图版 91 和图版 92 所示。如果面积较小，可不进行此项工作。

10. 封闭注浆孔并补色

抽去注浆管，然后用与壁画地仗层相同的材料修补注浆孔、排气孔、观察孔，并用与原壁画颜料成分相同的绘画材料对注浆孔进行补色,使修复后的壁画与原貌相近,如图版93所示。

6.2.2 起甲壁画加固工艺

根据以上对壁画起甲病害机理的研究结果,发现由胶浓度引起的壁画颜料层起甲主要有两种情况:一种是胶浓度偏大,起甲主要由于温湿度变化引起,修复时只需注射黏合剂将起甲壁画回贴;另一种是胶浓度过大,在修复时不仅要将起甲壁画颜料层回贴,同时对胶要进行适当减薄,不然,回贴后的壁画由于胶浓度过大,很容易重新起甲。因此,针对这两种类型的起甲壁画分别采取不同的方法。

1. 起甲壁画修复工艺

自1957年捷克斯洛伐克约瑟夫·格拉尔首次用医用注射器注射黏合剂的方法对莫高窟起甲壁画进行保护后,修复起甲壁画的主要工具之一——注射器在中国壁画修复中一直沿用至今。只是在修复材料的运用上,各个地方不同,在修复工艺上,也有了较大的发展。

对西藏起甲壁画的修复,主要有以下五步。

(1)除尘。用小毛刷或吸耳球将壁画背部及表面的尘土清除干净。壁画表面的污染物非常复杂,其来源有很多,如空气中的粉尘落于壁画表面形成粉尘污染;人为涂抹、覆盖等形成的遮盖物;做饭、燃香形成的烟熏污染;雨水冲刷形成的泥渍;昆虫、鸟类排泄污染物;微生物代谢所形成的各种霉斑、卤斑等。西藏壁画表面的污染物主要有粉尘、遮盖物、烟熏、泥渍、鸟类排泄物等。

壁画起甲后,本身极为脆弱,进行除尘时一定要注意壁画的安全,在保证安全的前提下,才能对壁画进行有效除尘,如图版94所示。

(2)注射黏合剂。将浓度为3%~5%的Primal AC-33乳液(可软化清漆层或干性油层,并起黏结加固作用)注射到起甲部位的背面进行渗透加固,一般注射2~3遍即可,如图版95所示。

(3)滚压。用棉球(白色绸缎包脱脂棉绑扎而成)从壁画未开裂处向裂口处轻轻滚压,排出起甲壁画内部的空气,避免壁画出现皱褶,从而使起甲部分回贴到地仗层,如图版96所示。

(4)压平。待稍干后用自制竹、木或不锈钢修复刀压平边沿及缝隙。压平的作用一是使颜料起翘弯曲的壁画表面通过挤压变得平整;二是使起甲的壁画通过挤压回贴于地仗层表面，如图版97所示。

（5）待整个壁面注射加固完成后，需要认真细致地检查，对遗漏、回贴不到位的壁画进行补修或再次修复，以确保较好的修复质量。图版98、图版99分别为修复前后的门厅壁画。

2. 表面覆有高浓度胶层的起甲壁画保护修复工艺

古代壁画的制作经历了漫长的过程，在壁画绘制过程中，颜料调和所用的胶不固定，难免会出现局部壁画胶量过大的情况，胶量过大，会产生起甲病害。如果简单回贴，很有可能壁画病害会反复发作。因而，必须对壁画颜料中的胶进行适当去除，以达到更好的修复目的。

哲蚌寺措钦大殿门厅四大天王壁画修复就属于胶浓度过大的情况。为此，对其修复工艺也应当进行研究。在修复时，具体采取如下工艺：

（1）用30～40℃的蒸馏水喷雾，软化卷曲起翘的牛皮胶层。这步工作非常重要，一是起到软化作用；二是通过热蒸馏水，可以使胶液部分向内部更好地渗透。

（2）用木质修复刀回贴软化后的牛皮胶层。在挤压过程中，用力要适中，不能过大，也不能过小。用力过大会在壁画表面形成摩擦的痕迹，容易在胶层表面留下痕迹，最终影响修复效果。用力过小，起甲残片不能很好地回贴。另外，在挤压时，一定要垂直上下用力，不能移动，以防止在壁画表面留下痕迹。

（3）沿局部开裂处注射5%～8%的Primal AC-33溶液。这是补救性的措施。由于胶液浓度大，在一般情况下，软化后的起甲残片足够回贴于墙面。为防止进一步起甲，在开裂处用不同的胶结材料进行更进一步的回贴。

（4）用水蒸气软化壁画表面牛皮胶层。进行蒸馏水软化后，若软化不成功，可以用水蒸气进一步软化，一是便于回贴，二是可以使部分胶液向墙体内部运移，从而间接减少其胶含量。

（5）用X-60纸蘸除、减薄过厚的牛皮胶层。这是直接对胶层进行减薄的操作过程，应非常小心。因胶液在减薄时呈半液态，在其干燥后分子会重新排列形成新的网络结构。减薄时动作要轻，不能来回移动，垂直上下操作。防止最后胶液干燥后壁画表面出现"花脸"的情况。如出现这种情况，壁画表面会被一层雾状的胶结物覆盖，由于分子重新排列，就会出现类似毛玻璃那样的效果，严重影响壁画的外观与艺术价值。

（6）用修复刀回贴开裂处壁画。对胶结物减薄后，为使壁画平整，还需要用修复刀对壁画进行挤压，使起甲壁画更好地回贴于地仗层。

（7）减薄牛皮胶层后，用电吹风吹至壁画中的水分完全干燥。干燥过程非常重要，由于拉萨昼夜温差大，不同时间段温度不同，在9月施工一定要干燥充分。胶液不干燥，很容易因低温而使壁画滋生其他病害，如冻融等因素，会使壁画形成新的起甲、开裂等病害。图版100、图版101分别为高浓度胶起甲壁画修复前后的照片。

6.2.3 揭取与原位复原回贴壁画工艺

1. 画面的清洗与封护

画面的封护与加固，可满足壁画保护的强度要求，增强画面及地仗层的抗干扰性，同时为壁画画面的整体贴护奠定基础。加固材料使用Paraloid B72，加固封护操作步骤是观察并清理干净壁画表面，对存在起甲病害的部位用3%的Paraloid B72丙酮溶液渗透加固；疏松的空鼓部位用Primal AC-33乳液注入加固；粉化部位使用低浓度B72溶液逐层渗透，确保待修复壁画具有足够的强度，如图版102所示。

2. 画面裂隙填补

随着整体建筑结构的变形和自然损毁，壁画也产生不同程度的变形，直接引起壁画画面开裂、开裂处脱落等病害。如果灌浆加固建筑本体，势必造成浆液沿表面裂隙涌入而使画面污染和损坏，且在裂隙旁边地仗层缺少支撑，失去力学平衡而产生壁画与墙体的剥离，故裂隙的填补具有阻止浆液的侵蚀和维持画面稳定的作用。填补材料使用丙烯酸乳液+西藏壁画中的传统材料阿嘎土调和填充缝隙，填补时应略低于原始画面，如图版103所示。

3. 画面保护

画面贴护性保护方法是采取整体画面贴纸、贴布，这样既可有效防止画面损伤又可保证画面的整体性。工艺如下：

（1）确定分割线。依据壁画画面原有裂隙和内容分布划线分块涂胶，如图版104所示。

（2）贴纸。贴纸的目的主要是防止因贴布而在壁画表面留下布纹的缺陷，另外，贴纸本身也增加了壁画的强度，便于后续修复壁画时清除和清理。贴纸选用韧性好、平整柔软的皮纸，把皮纸裁成大小约30cm×25cm的纸片，便于操作。涂胶和贴纸基本同时进行，边涂胶，边贴纸，要求平整、紧贴、无气泡。可根据壁画大小、对强度的要求等选用桃胶、明胶、皮胶或骨胶，如图版105所示。

（3）贴布。在贴纸层完全干燥后，可继续涂胶贴布，尺寸视具体情况稍大于画面，以便揭取和后续修复时固定，如果画面大贴布幅面不够，可以多用几块，但结合部必须压边。涂胶贴布时，要用棕刷反复刷，使胶液渗进布纹中，刷实棉布，不得留有气泡和空缺，同样视画面大小贴2~3层，以使极脆弱的壁画有一定的强度，如图版106所示。

4. 制作壁画支撑壁板

根据壁画内容，尽量避开画面的重要部位，尽可能利用画面现存裂隙，确定画面分割方案，如图版107所示。依据画面分割面积制作壁板，其作用是贴近壁画以保护在揭取时不破坏壁画。壁板以"十"字形木龙骨为骨架，上面钉一块木工板，并在木板下侧边缘钉一条1cm的木条，以插入分割部位的墙体内，托住壁画。将棉绒毯展平在制作好的木工板上，用图钉将棉绒毯固定在木工板边缘上。

5. 分割开槽与揭取壁画

依据壁画分割方案，在分割处画线，用自制手锯或木工电锯在壁画表面开出一宽2、深3cm的槽，并将背板下侧的木条嵌入槽内，固定木板，并紧贴壁画，背板背面用丝杆支撑，整体托住壁画，如图版108、图版109所示。

6. 壁画的迁移与背面加固

将壁画背面的尘土去除后，用土工布完全包裹壁画背面，再用绳子纵横系好，平行抬至临时库房；由于地仗层厚薄不均并局部酥碱，需对地仗层进行均匀减薄，用质量分数为10%的聚乙酸乙烯酯溶液进行渗透加固；同时对局部酥碱区域进行脱盐处理，如图版110、图版111所示。

7. 壁画回贴

待局部墙体重新砌筑并完全干燥后，采用丙烯酸乳液、掺加少量阿嘎土的黏土和泥。这种泥具有黏结强度高、收缩变形小的特点；按照从左到右、自下而上的顺序回贴壁画，操作时注意画面的拼接；为了保证壁画的长期稳定性，待黏结泥土完全干燥后，按照每平方米1个的密度在画面的次要部位应用冲击钻打孔，并埋设木质锚杆。

8. 补色

待回贴壁画稳定后，对画面裂隙、切割槽及锚杆孔严格按照原壁画制作材料和工艺进行填补，使用与原壁画颜料相同的颜料，依据画面内容进行补色，补色时做到"远看差不多，近看有区别"。

第七章 壁画修复

7.1 方案设计

7.1.1 设计说明

通过对哲蚌寺壁画历史信息与保存现状等多方面的调查、记录和分析，哲蚌寺壁画价值颇高，但现状堪忧，各种病害已经显而易见，考虑到壁画的完整性，仅仅评估壁画本体是不够的，必须从以下两个方面考虑。

1. 壁画本体病害

哲蚌寺壁画的主要病害为支撑体变形，地仗层大面积脱落、空鼓、裂隙、点状脱落，颜料层起甲、粉化、覆盖、泥渍、烟熏10种病害。

2. 建筑自身破坏对壁画的影响

哲蚌寺内转经道墙体自身存在较为严重的安全问题，需马上对其进行修复。壁画的保护与修复必须配合古建筑维修进行，鉴于此，方案以哲蚌寺壁画的保护修复设计为重点，确定了各种病害的治理方法和措施。方案涉及的保护方法基本上是在古建筑维修完成、各项因素基本趋于稳定后进行。综合考虑壁画制作材料与工艺、病害成因等因素及其保存环境对壁画的影响作用，从消除病因、加强壁画本体结构强度出发，对壁画进行保护修复。

总体来说，哲蚌寺措钦大殿壁画保护以原位保护为主，揭取回贴部分只限于内转经道西壁内墙支撑体变形严重、必须进行墙体维修的壁画，具体各殿壁画保护处理方法见表7-1。

表 7-1 哲蚌寺措钦大殿壁画抢救性保护处理方法应对表

修复方法	实施范围	主要病害	具体措施	面积统计/m²	备注
原位保护	龙布拉康殿	表面污染、壁画开裂、空鼓、颜料脱落起甲	空鼓灌浆、裂隙修补、起甲壁画加固回贴、表面清理、整体固色	978.75	—
	内转经道北壁外墙				
	内转经道北壁内墙				
揭取回贴	内转经道西壁内墙	空鼓、开裂、壁画变形严重、壁画支撑体病害严重	揭取、回贴	63.48	空鼓严重、支撑体残破

7.1.2 设计依据

哲蚌寺措钦大殿壁画保护修复方案设计主要依据《中华人民共和国文物保护法》（2002年10月28日）、《中华人民共和国文物保护法实施条例》（2003年7月1日）、《文物保护工程管理办法》（2003年5月1日）、《中国文物古迹保护准则》（2000年10月）、哲蚌寺壁画现场勘测及其病害成因分析结论、哲蚌寺壁画制作工艺及制作材料分析结论、哲蚌寺壁画保护材料及修复工艺实验结论。

7.1.3 设计原则

（1）真实性与完整性原则。尊重文物历史原状的原则，真实全面地保留和延续文物的历史信息，以及所包含的历史、艺术、科学价值。

（2）最低限度干预原则。在满足抢救性保护要求的基础上，将保护措施只用于最为必要的部分，并减少到最低程度。

（3）协调性及可识别原则。使用的保护修复手段不得妨碍后续的保护处理，经保护处理的部分要和文物整体既相互协调又可以识别，并且做好相关的影像和数据记录工作。

（4）可持续保护、原址保护原则。按照使用的所有材料及工艺必须经过试验和研究，证明是对文物古迹有效的、基本无害的要求，选用文物原有的制作材料，在保护修复中使用的各种材料要尽量做到可再修复，材料性能要经过严格的科学分析和筛选论证，以便于文物的再修复和重新应用。

（5）地仗层修补材料的选材、配比原则。①修补材料总体应具有与修补部位周边原地仗层材料相同的热膨胀系数和水理性质，力学强度应近于原地仗层材料，黏结强度近于原地仗层材料；与修补部位周边原地仗层材料具有良好的颗粒组配，化学性质稳定，不对接触面的原始地仗层造成侵害，具有较强的抗风化能力，且不应引发其他有害反应。②修补材料的填充剂本身不应提供等于或高于原地仗层材料固有的黏结强度，在此前提下可选择与原地仗层材料相同或相近的成分及配比，或选择均匀且具有柔韧性的材料；修补材料的黏结剂应具有与原地仗层材料明显不同的溶解性能（如反应于不同的溶剂）。

（6）颜料层补色材料的选材、配比原则。①补色用颜料呈色物质及调和剂成分中均不含对壁画有害的物质，且不应引发其他有害反应。②呈色物质（颜料粉末）化学性质稳定，以避免过快老化变色。在以无差别式手法（平涂，非影线或点彩法）补色的部位，补色颜料呈色物质与原始颜料呈色物质成分或所呈现色彩相同；调和剂与原始颜料调和剂应具有相近的溶解性能，强度不应超过原始颜料层加固后的调和剂强度。

（7）使用非传统材料需遵循的原则。①安全性：对壁画本体构成物质不具腐蚀性及破坏力；②耐久性：具有较长的老化周期（40年以上），在老化过程中对与其接触的壁画本体物质不造成化学或物理损害；③可去除：材料中非挥发性物质在壁画本体表面的附着部分或渗透性残留物需具有良好的可去除性，可通过对壁画本体不具危险性的手法完全清除（如反应于不同的溶剂）。

哲蚌寺壁画的保护修复，受到西藏自治区文物局的高度重视，为了治理哲蚌寺壁画病害，受西藏自治区文物局的委托，中国文化遗产研究院承担了哲蚌寺壁画抢救性保护修复方案的设计工作。2010年7月，中国文化遗产研究院项目负责人高峰组织工程技术人员对哲蚌寺各殿壁画进行了全面调查。由于措钦大殿的龙布拉康殿四壁、内转经道保存的壁画是整个哲蚌寺历史最早、价值等级最高的壁画，为了在配合哲蚌寺建筑维修的同时能有效地保护这批珍贵壁画，对壁画颜料、地仗层分别进行了取样分析，在现场试验的基础上，参考敦煌研究院《西藏布达拉宫壁画保护修复工程报告》《西藏布达拉宫西印经院壁画保护修复工程报告》《西藏布达拉宫、罗布林卡和萨迦寺空鼓壁画修复模拟实验》《西藏空鼓壁画灌浆加固技术研究》等相关西藏地区寺院壁画保护实施及其研究报告的基础上，设计了哲蚌寺壁画抢救性保护修复方案。

西藏自治区文物局上报国家文物局后，方案获得批准实施（文物保函〔2010〕1111号）。

7.2 壁画修复

7.2.1 保护修复技术路线

按照国家文物局"以科研提升文物保护工程实施水平，以文物保护工程实施促进科技创新"的要求,进一步强化文物保护工程实施过程中的科研意识和科技创新工作。在项目实施中,坚持前期研究先行,透彻分析壁画病害原因;试验先行,试点推开;慎用保护剂和封护剂,坚持材料、工艺安全;坚持有依据的修补以及加强修复过程中的监测和研究的原则及思路。按照原位壁画修复、内转经道壁画揭取复原、回贴的总体思路,分别制定技术路线,如图7-1和图7-2所示。

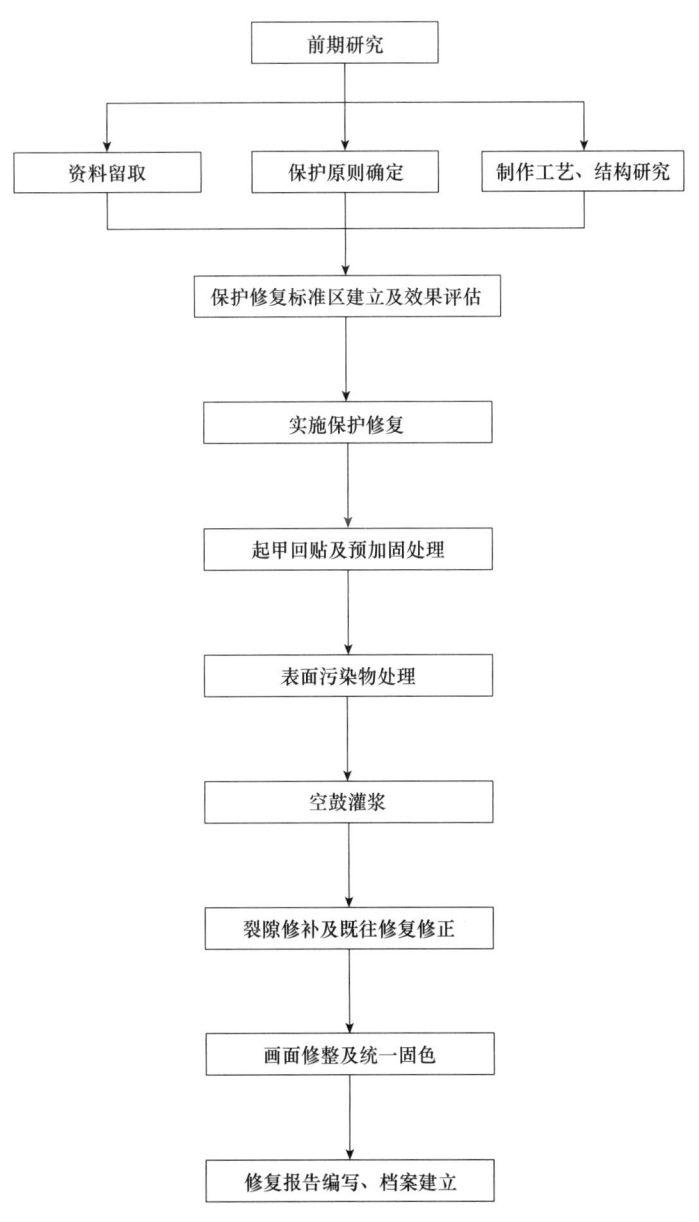

图 7-1 壁画原位保护修复的技术路线

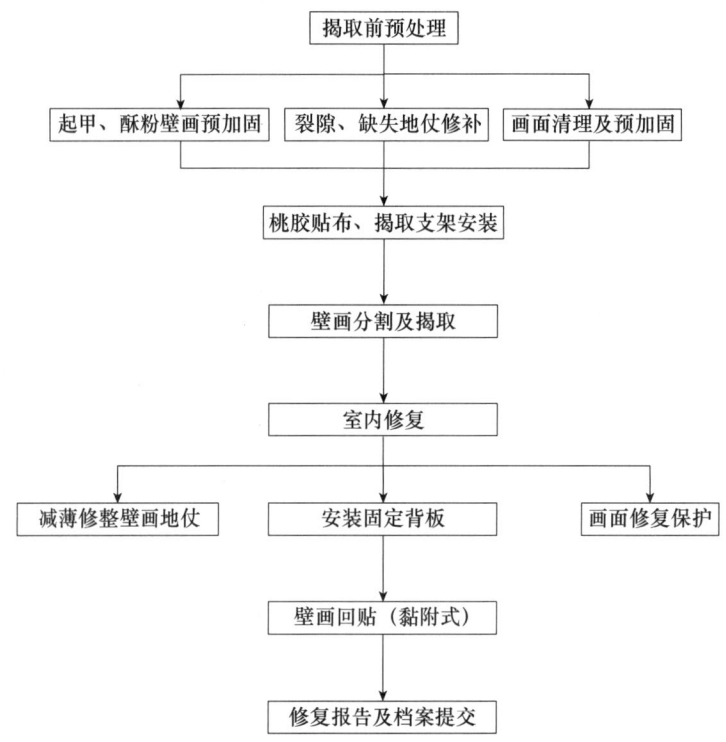

图 7-2 壁画揭取保护修复的技术路线

7.2.2 原位保存壁画的保护修复

1. 壁画表面污染物清洗

鉴于文物修复新材料最少引入原则，选用质量分数为 1% 的 Primal AC-33 乳液对画面灰尘覆盖和泥渍进行清洗，同时可以起到脆弱颜料层加固的目的。修复工艺：①用纯净水配制好 1% 的 Primal AC-33 乳液，充分搅拌均匀待用；②用羊毛刷、洗耳球等工具将壁画画面上及裂隙内大部分灰尘轻轻去除；③壁画画面上细微尘土及泥渍用蘸有 1% 的 Primal AC-33 乳液的软毛刷和棉签等工具轻轻擦拭。

清洗过程中要及时清理毛刷和棉签上粘黏的灰尘，不造成画面的二次污染，而且不同色彩分开清洗，以免少量不稳定颜料颗粒带入其他颜色造成画面的漫漶不清。

2. 空鼓壁画灌浆加固

如前所述，空鼓是威胁哲蚌寺壁画保存的主要病害，是抢救性保护修复工作的重点。空鼓灌浆材料应具备的基本条件是无毒无味、无腐蚀、比重轻、透气透水性好、收缩率小、流动性好、强度适中。参考中国文化遗产研究院在西藏布达拉宫西印经院空鼓壁画修复的成功经验，根据哲蚌寺壁画地仗层的分析结果，并考虑到哲蚌寺壁画保存的自然环境，选用巴嘎土：高温焙烧阿嘎土：红土：沙子＝3：1：2：1的灌浆加固材料。其特点是容重小、透气透水性好、收缩率小、流动性和可灌性好、强度适中并且可调、与哲蚌寺壁画地仗层的物理力学性质接近，为了使灌浆材料具有较好的流动性，粉砂和黏土的粒度控制在150～300μm，浆液必须用可调速搅拌器搅拌均匀。空鼓壁画灌浆加固工艺如下：

（1）钻注浆孔。在壁画无画面部位（如果可能最好利用壁画的裂隙或破损部位），从下到上钻0.5～1.0cm直径的注浆孔数个，孔内埋入20～30cm长的胶管，以作注浆用。

（2）观察壁画空鼓情况。用内窥镜观察空鼓壁画内部情况。

（3）支顶背板。按照修复壁画的面积，制作托壁画的背板，同时在背板上留有穿胶管的孔。背板用海绵和X-60的纸衬面，然后牢固地支顶到壁画上，以防灌浆时滑动。

（4）注浆加固。用500mL注射器将浆液由下而上压入空鼓壁画内部，当注浆孔之上的孔中流出浆液时，立即将胶管临时堵塞，再从之上的孔中依次注浆。

（5）回贴壁画。回贴壁画时，将堵塞的胶管适当放开数根，以便多余的浆液从胶管溢出，然后用螺杆或千斤顶在背板上加压，使壁画最大限度地归位回贴。

（6）加固地仗层。依据需要，用医用注射器将固含量5%的Primal AC-33乳液注入地仗层中，对地仗层进行加固。

（7）更换X-60纸。浆液中的水分将通过壁画表面而被X-60纸所吸附，应定期（一天左右）更换一次X-60纸（更换下的X-60纸经洗涤、晾干后可重复使用）。

（8）拆除背板。壁画干燥后，拆除背板，切割注浆管。

（9）埋设木质锚杆。如果空鼓壁画面积较大，待壁画稳定后，用直径1.5、长25～30cm木制锚杆锚固，在壁画的四角各埋设一个锚杆。

如果面积较小，可不进行此项工作。

（10）封闭注浆孔并补色。抽去注浆管，然后用与壁画地仗层相同的材料修补注浆孔、排气孔、观察孔，并用与原壁画颜料成分相同的绘画材料对注浆孔进行补色，使修复后的壁画与原貌相近。

3. 起甲壁画修复

经现场实验，选用质量分数为5%的Primal AC-33乳液对画面起甲病害进行修复。修复工艺如下：

（1）用洗耳球将起甲壁画内的积尘等杂物清理干净；

（2）将 5% 的 Primal AC-33 乳液滴渗到壁画起甲区域，润湿颜料层以不流淌为宜；

（3）待施加乳液水分挥发 80% 后，用包有镜头擦拭纸的木质工具小面积按压，检验颜料层回软程度是否合适回贴，不发生黏连即可进行起甲画面大面积回贴。

（4）用棉球拍压起甲壁画。已注射过黏合剂的壁画，用纺绸包裹医用脱脂棉的塌包拍压壁画。脱脂棉塌包直径一般以 5cm 左右为宜，在拍压壁画时，要注意棉球的起落方向，最好是从壁画未裂口处向裂口处轻轻滚动，这样能将起甲颜料层内的空气排出，不会出现气泡，壁画也不会被压出皱褶。

（5）滚压壁画表面。在壁画表面喷雾 1.5% 的 Primal AC-33 乳液，达到 70% 的干燥程度后，将白色纺绸（与包棉球材料相同）铺在壁画上，用软胶滚滚压。滚压时用力均匀，以防壁画上出现滚痕或将颜料黏在白绸上。

在此步骤中乳液滴渗过多会使颜料层失去韧性，颜料黏连到镜头纸上脱落；太少又会造成颜料层软化不够按压时断裂脱落。用修复刀按压的方向为未起甲向起甲翘起方向，使力要均匀，过大会损坏颜料层，过小则起不到回贴效果。

4. 地仗裂隙修补

裂隙是威胁哲蚌寺壁画保存的另一主要病害，其特征是沿裂隙两边 20～50cm 的范围内形成壁画空鼓病害，严重时发生壁画地仗层大面积脱落。同时，伴随裂隙而发生画面错位现象。

选用巴嘎土：阿嘎土：黄土＝3：1：2 的比例混合，加入 3% 的麻刀，用 2% 的 Primal AC-33 乳液调制成泥。修复工艺如下：

（1）清理画面表面灰尘。用软毛刷清除壁画表面灰尘。

（2）清理裂隙中的碎石。沿壁画脱落处边缘，用钢丝等工具将空鼓处的沙土、地仗碎残块和碎石清理干净；用洗耳球清除裂隙中的灰尘。

（3）软化加固壁画地仗层。通过裂缝和破损处，用兽医用注射器和专门研制的用于壁画修复的大号加长针头滴渗固含量和质量分数 2%～5% 的 Primal AC-33 乳液，对地仗层进行软化和加固。

（4）平整、归位错位壁画。待地仗干燥到一定程度，并具有塑性时，用固定在工作架上的可调螺杆，将包有棉毯的背板小心支顶空鼓壁画，并且逐渐推压整形，使边缘凸出空鼓的壁画平整；同时拼接错位壁画地仗层。

（5）灌浆加固空鼓壁画。待加固的部分完全干燥后，对空鼓壁画按上述工艺方法进行灌浆加固。

（6）边缘加固。最后对壁画脱落处进行边缘加固。用吸耳球将裂缝内的尘土吹净,选用当地的黏土和细砂以一定比例混合,用 2% 的 Primal AC-33 乳液调制成泥,进行边缘加固。

(7)填补裂隙。用边缘加固材料对壁画表面的裂隙进行填补。如裂隙较宽,且两边的地仗翘起脱离墙体,按照上述空鼓壁画病害修复的材料和工艺进行填补。

5. 壁画大面积脱落处的边沿加固

壁画地仗层大面积脱落是哲蚌寺壁画的主要病害。选用巴嘎土∶阿嘎土∶黄土＝3∶1∶2 的比例混合,加入 3% 的麻刀,用 2% 的 Primal AC-33 乳液调制成泥。修复工艺如下:

(1)清理画面表面灰尘。用软毛刷清除壁画表面灰尘。

(2)清理脱落处裂隙的碎石。沿壁画脱落处边缘,用钢丝等工具将空鼓处的沙土、地仗碎残块和碎石清理干净;用洗耳球清除裂隙中的灰尘。

(3)软化加固壁画地仗层。通过裂缝和破损处,用兽医用注射器和专门研制的用于壁画修复的大号加长针头滴渗固含量和质量分数 2%～5% 的 Primal AC-33 乳液,对地仗层进行软化和加固。

(4)灌浆加固空鼓壁画。待加固的部分完全干燥后,对空鼓壁画按上述工艺方法进行灌浆加固。

(5)边沿加固。最后对壁画脱落处进行边缘加固。用吸耳球将裂缝内的尘土吹净,选用当地的黏土和细砂以一定比例混合,用 2% 的 Primal AC-33 乳液调制成泥,进行边沿加固。

(6)粉化壁画加固。部分蓝色和黄色颜料粉化严重,一触即脱落,首先对其进行加固,以便于后期的画面清洗。对于壁画颜料层粉化病害的治理,加固必须满足以下要求:①颜料层经加固后,色彩不能有可察觉的改变;②加固修复不能在壁画表面形成反光膜;③加固剂必须有较好的渗透性和较强的黏结力;④加固材料必须具备良好的耐光、高温老化性能。颜料层粉化的加固选用 Primal AC-33 乳液,由于其渗透性好、不结膜的优良性能已在壁画保护修复中广泛应用[88],修复前选取一小块面积进行试验。

根据以上要求,粉化壁画加固剂经多次现场和实验室筛选,并据哲蚌寺壁画的颜料分析数据以及保存环境特征来看,浓度以质量分数为 3% 的 Primal AC-33 最好。

修复工艺如下:

(1)用纯净水配制好 3% 的 Primal AC-33 丙烯酸乳液,装在喷壶内;

(2)成 45° 角将乳液喷至颜料层粉化区域,使之渗透加固颜料层。

在整个修复过程中，Primal AC-33 乳液要摇匀，喷雾时避免正对画面，以免对颜料层造成一定的冲击力，乳液每次的喷涂量为刚润湿但不流淌，间隔 30min，视粉化严重程度重复 3~5 次，使用纺绸包裹医用脱脂棉的塌包轻轻拍打壁画颜料层，压实颜料颗粒。

7.2.3 内转经道壁画的揭取与原位回贴

目前的壁画揭取工作多集中在墓葬壁画，因其埋藏环境的特殊性，多是揭取修复后馆藏，改变了壁画的原赋存环境，使得壁画携带的大量信息减弱甚至遗失。寺院壁画揭取多是因为支撑墙体出现病害危及壁画安全，现也有大量的揭取回贴案例，具体的修复方法各地因受技术水平的约束存在较大差异。

一般来讲，对壁画采取揭取保护技术措施，是一种不得已而为之的方法。揭取过程中的画面分割操作和揭取之后的修复及多次搬运都容易造成壁画破损。哲蚌寺内转经道西壁壁画基础支撑体出现了严重的变形，使得壁画地仗层与支撑体之间出现严重的空鼓错位，为了治理基础支撑体不稳定的因素，在对壁画制作材料及工艺、墙体变形程度、环境温湿度变化特点做了研究和了解的基础上，采取对空鼓错位壁画进行揭取、揭取后修复、画面原位回贴等操作，尽可能恢复壁画的历史原貌。

颜料层、地仗层和支撑体均为壁画的基本结构，而所有壁画保护工作展开的最终目的是颜料层的完好。在工作开展前对整个流程及细节进行充分的论证和设计，是保证壁画揭取保护修复顺利进行的前提。对壁画依附支撑墙体变形程度、保存环境温湿度以及制作工艺和材料的研究，均是为制订合理的保护修复方案奠定基础。

哲蚌寺内转经道西壁高 5.2、长 12.1、最窄处宽 1.1、最宽处 1.4m，空间相对狭窄、逼仄。壁画地仗层厚 3~5cm，结构厚重且韧性很低，同时画面上存在很多不规则裂隙，很容易发生断裂。综合内转经道壁画制作和赋存环境的特点，制定的壁画揭取流程是：揭取区域内起甲、粉化、灰尘覆盖等病害的修复；画面封护预加固；壁画揭取。

1. 壁画揭取原则

壁画是一种对空间依赖性极强的艺术表现形式，它所携带的各方面信息与其所处的环境密不可分，如寺观壁画、墓葬壁画、石窟壁画在社会职能和表达内容上有着极大差异。对壁画进行保护，要尽最大可能地进行原址保护修复，在不得已进行揭取保护修复时，要遵循一定的原则，尽量减少对壁画的损伤。

原则上对壁画进行整体切割使得画面越完整越好，综合考虑内转经道操作空间狭小、画面本身存在很多不规则裂隙，且揭取后的壁画厚重、搬运困难等各种因素，必须对拟揭取壁画进行分割。此外，在揭取前需对画面做临时性的封护加固和预加固处理，进一步保证将画面颜料层的损伤降到最低。

为了达到以上要求，壁画揭取须遵循以下原则：

（1）切割缝的选定要结合画面内容和裂隙分布等多种因素，尽可能避免因分块对完整画面进行分割；

（2）揭取壁画的修复材料要和原壁画制作材料在物理化学性能上相接近；

（3）表面预加固使用胶结材料在壁画回贴之后可再处理，不造成新的病害。

2. 壁画揭去前的病害治理

按照上述原位保存壁画的保护修复方法分别对需揭取壁画的表面污渍、颜料层起甲、粉化、空鼓、裂隙等病害进行修复。

3. 画面保护

1）画面封护

分割画面：壁画表面存在的病害修复后，根据壁画内容分布以及存在裂隙走向在图纸上标记壁画揭取分块大小示意图，并对其进行编号，最终确定壁画揭取面积为 60.3m^2，大小共计 63 块，如图版 112 所示。

画面封护：对照图纸在壁画画面上划出切割分块线，对拟揭取壁画进行表面封护处理。将壁画表面完全烘干，选用质量分数为 1.5% 的 Paraloid B72 丙酮溶液喷雾，以增强颜料层的整体强度。

2）画面预加固

完成上述工作之后进行壁画预加固，基本步骤包括粘贴宣纸、纱布和金属丝网。在以往的壁画揭取过程中，粘贴隔离保护层多使用桃胶，故在哲蚌寺内转经道壁画揭取前隔离保护层粘贴也使用了桃胶溶液，桃胶在 20℃甚至更低的水温下溶化即可清除。经过试验，桃胶粘贴宣纸和纱布没有问题，只是在浓度上稍作调整即可，但是粘贴金属丝网时桃胶的粘接强度较低无法达到要求，故选用黏结性能稍强的牛皮胶粘贴金属丝网。

粘贴宣纸：粘贴宣纸的目的在于保护画面颜料层不被破坏，若直接贴纱布或者纹理较粗的纸张，都会粘连颜料层或在画面上残留网格纹，给画面后期修复留下隐患。粘贴宣纸的工艺如下：

（1）熬制10%~12%桃胶水溶液，使用前滤掉胶液中的杂质，以免影响纸张与壁画画面之间的结合；

（2）按壁画分块情况裁剪纸张形状，裁剪长15、宽5cm的小纸条；

（3）壁画画面上均匀涂刷胶液，注意不流淌也不留空白；

（4）为了便于揭取后对错位变形壁画进行校正，故没有对划分好的壁画画块内存在的小裂隙进行补泥修复，在粘贴宣纸前将小纸条粘贴到裂隙两侧，起到临时加固的作用；

（5）粘贴宣纸，将纸张完全展平和画面贴合，用湿毛巾从中间向两边赶压挤出气泡。

宣纸粘贴完成后，由于内转经道空间比较封闭，空气对流缓慢，所以选用暖风机烘干壁画画面，待胶液完全干燥后，检查纸张是否完全和画面贴合，存在空隙处补胶贴实。严格按图纸在宣纸上书写编号，并在块与块的切割缝处标记局部对位线，便于后期壁画原位回贴拼对。

粘贴纱布：粘贴一层纱布的目的在于增强壁画画面强度，减少因为揭取和搬运过程中受力不均匀等造成的壁画破损和断裂。工艺如下：

（1）熬制10%~15%桃胶水溶液，使用前滤掉胶液中的杂质，以免影响纱布与宣纸之间的结合；

（2）宣纸上均匀涂刷胶液，注意不流淌也不留空白；

（3）粘贴纱布，将纱布完全展平和宣纸贴合。

用烘干设施使胶液完全干燥后，检查是否存在纱布与纸张未贴实的地方，若存在则补刷胶水，然后烘干。之后用壁纸刀将纱布沿切割线裁开，继续将壁画分块编号和局部定位线在纱布上重复书写一遍。之后用墨斗以纵横均为60cm间隔打十字大定位坐标格，作为后期壁画原位回贴时画面拼对的依据。

粘贴金属丝网：我国其他地区壁画揭取多是在画面上粘贴2~3层纱布作为画面保护隔离层，由于哲蚌寺内转经道壁画地仗层较为脆弱且厚重，故选用强度较纱布高的金属丝网，减少因为揭取和搬运过程中受力不均匀等造成的画面破损和断裂，造成无法挽回的损失。工艺如下：

（1）熬制15%~20%牛皮胶水，使用前滤掉胶液中的杂质，以免影响金属丝网与纱布之间的结合；

（2）按画面分块情况裁剪金属丝网形状，每个边缘都内收1cm左右；

（3）金属丝布上均匀涂刷胶液，注意不流淌也不留空白；

（4）粘贴金属丝网，将金属丝网完全展平和纱布贴合。

将壁画表面用加热设备充分烘干，细致检查壁画保护隔离层是否完全贴实，确保在揭取过程中不会出现与画面脱离。

4. 揭取壁画

壁画的揭取可分为颜料层揭取，地仗层与颜料层一起揭取，地仗层、颜料层以及支撑体一起揭取等多种形式，具体选择需根据现场壁画保存状况决定。内转经道壁画地仗层厚可达5cm，然而由于其制作材料性能的原因，地仗层刚性很强，很容易造成断裂和破碎，故决定采取颜料层与地仗层全部揭取的方法。

完成壁画表面预加固工作，同时做好壁画揭取所需的包有缓冲材料的支撑背板、套固钢架、铲割工具、存放壁画的支架搭建等准备工作后，即可开始揭取壁画。现已有的壁画揭取方法主要包括拆取、锯取、震取和撬取四种方法，本次揭取视壁画保存状况不同将四种方法相结合，主要包括加深切割缝、周围壁画支护稳固、铲割分离壁画与支撑墙体、搬运壁画至库房，下面就各流程主要工艺和注意事项分别阐述。

1）加深切割缝

由于壁画地仗层较厚，需要在刻划切割线处加深每块壁画切割缝至支撑体，便于后期各块壁画和支撑墙体之间分离，避免因为连带造成的危险。除墙体自然裂隙外，人为刻划切割缝宽0.5～0.8cm，便于揭取过程中辅助工具使用，为减少壁画切割缝边缘部位崩落损伤，切割工具应平进平出。

2）周围壁画支护稳固

由于内转经道西壁下部距地面30cm壁画均已脱落，为便于铲割、撬动壁画的工具进入，故采取从下往上层层推进的顺序对其进行揭取。根据墙体三维扫描结果，上部壁画多处存在严重的与墙体脱离空鼓的病害，因此要对周围的壁画进行支护稳固，尤其是存在空鼓病害的区域，以防揭取过程中的震动造成上部壁画滑落。

3）铲割分离壁画与支撑墙体

做好上述准备工作后，开始铲割、撬动壁画，使地仗层与支撑墙体完全分离。由于壁画支撑体本身不平整，在铲割、撬动壁画时一般都采用从下往上分离地仗层的方式，可以及时将背部多余的土清除，不会因在壁画背后堆积造成应力而鼓胀破裂。

用特制工具从无壁画处着手分离壁画和支撑体，事先准备好与壁画揭取面积相适宜的背板和缓冲材料并用特制的钢架托起套固壁画，在壁画地仗与墙体未完全分离之前，可将支撑背板下部与壁画边缘相吻合，上部稍稍抬起，不贴合画面，便于观察壁画与墙体的分离程度，以及铲割工具是否伤害到壁画。因为内转经道墙体由块石做成，表面凹凸不平，所以每次震动、铲割之前都要先进行试探性操作，确保安全时可适当加大力度，铲割、震动壁画时，工具尽量保持和壁画画面平行，防止因为角度过大使已经分离支撑体的壁画受力断裂。与此同时，要时刻观察壁画与墙体的分离程度，壁画快要脱离墙体时，将支撑背板与壁画紧密贴合，活动挪移支架使壁画完全与墙体分离。由于壁画地仗层较厚且自身重量很大，需要多人通力合作。

4）搬运存放画面

原则上，对文物搬运挪移的次数越少越有利于文物的安全，但内转经道空间逼仄，且壁画揭取后还需要进行修复工作，墙体也需要维修整形，同时也为了壁画存放的安全，故将揭下来的壁画搬运至临时库房存放，以待下一步修复。

5. 揭取后的壁画修复

揭取后的壁画还需原位回贴，原地仗凹凸不平且韧性较差，部分壁画严重变形，故需要对揭取下来的画面进行修复，补强原地仗层，同时校正错位变形的壁画。此次修复工艺的选择参考了布达拉宫壁画揭取回贴修复技术[22]，同时结合哲蚌寺壁画自身制作材料及工艺特点，借鉴现阶段馆藏壁画地仗层减薄、补强和制作的相关研究成果[89~91]。

1）修复原则

哲蚌寺内转经道原壁画地仗过于厚重且强度较低，部分画面存在错位变形等现象，不利于墙体维修后的壁画原位回贴和后期长久保存与展示，鉴于以上缘由，对已揭取壁画进行修复。揭取后壁画的修复遵循以下原则：

（1）尽量保留原壁画的地仗层信息；

（2）地仗补强使用的材料与原壁画地仗兼容，不会出现分层或者强度过高致使原地仗层承受过大应力而遭到破坏；

（3）新制作的过渡层在若干年后，如果壁画或者墙体再次出现问题，那么可以再处理且不损坏原壁画地仗层和颜料层。

2）修复材料选择

由壁画制作材料和结构的分析数据可知，内转经道壁画地仗层分为两层，即2.0~4.0cm的黄黏土底层和结构紧密的白色阿嘎土层。其中黄色黏土层土质颗粒粗大且含沙量大，遇水后很易崩解、垮塌。白色阿嘎土层的性能则较为优良，打磨密实，越接近颜料层石英颗粒越小土质越细腻。阿嘎土是一种在西藏广泛使用的硅酸盐建筑材料，在布达拉宫壁画维修过程中对白色阿嘎土做了详尽的各项性能检测[22]，得出阿嘎土是含有70%~93% $CaCO_3$、7%~30% SiO_2 的硅质石灰石。

由于原始采集的阿嘎土不具备化学胶凝特性，作为建筑材料强度很低，将阿嘎土焙烧后产生具有胶黏性的气硬性胶凝材料 CaO 和水硬性胶凝材料 $\beta\text{-}CaSiO_3$ 及 $Ca_2Al_2Si_2O_8$，经过焙烧后的阿嘎土在耐候性及力学强度上都优于原始采集的阿嘎土[92,93]。

鉴于以上原因，针对阿嘎土进行了焙烧实验，对其化学成分变化进行检测。由于焙烧温度直接影响到 CaO 和 $\beta\text{-}CaSiO_3$、$Ca_2Al_2Si_2O_8$ 两种胶凝材料生成的比例，进而生成物的性质也发生相应的变化，所以分别将阿嘎土在 700~1400℃每增加 100℃焙烧 3h，进行矿物成分检测。阿嘎土在 700℃焙烧 3h 后，生成 13.3% $\beta\text{-}CaSiO_3$ 和 10.6% $Ca_2Al_2Si_2O_8$，无 CaO 生成。800℃时，生成 32.1%CaO，从 800~1100℃ CaO 生成量持续增大到 44.6%，而从 1100~1400℃时，CaO 的生成量有所下降，从 44.6% 降至 33.9%，生成 $\beta\text{-}CaSiO_3$ 和 $Ca_2Al_2Si_2O_8$ 的速度有所增大，$\beta\text{-}CaSiO_3$ 从 30.1% 增至 40.6%，$Ca_2Al_2Si_2O_8$ 从 19.2% 增至 25.4%，且在 1400℃时阿嘎土完全转化为气硬和水硬两种成分。

因为烧阿嘎土气硬成分 CaO 和水硬成分 $\beta\text{-}CaSiO_3$、$Ca_2Al_2Si_2O_8$ 最终会继续形成 $CaCO_3$、石英、长石，不会和原壁画阿嘎土之间产生化学成分的差异，且由于胶凝反应过程的存在，会在耐候性和力学强度上优于原始采集的阿嘎土。故而哲蚌寺内转经道壁画修复过程中选用经过 1400℃焙烧的阿嘎土以及当地采集的红土和黄土作为壁画地仗层补强及支撑体过渡层的材料。

3）修复工艺

已揭取壁画的修复已经有了大量较为成熟的方法，如对后部地仗层减薄加固后制作过渡层，再用铝合金蜂窝板作为支撑体的做法现已被大量馆藏壁画修复所采纳。对于内转经道壁画，由于原位回贴和揭取壁画不规则形状的限制，不适宜采用此种方式。故采用减薄加固地仗、校形、制作和原壁画地仗相似的泥质过渡层的方式对其进行修复，为壁画的回贴做前期准备。

减薄原壁画地仗层：由于原壁画地仗层较厚且凹凸不平，经分析，壁画地仗分为黄泥土层和白色阿嘎土层，其中黄泥土层作为当初制作壁面的找平层，在石质墙壁上直接抹泥，厚薄不均一，且土质颗粒粗糙不匀没有内地常见加麻刀或麦秸秆的做法，支撑强度和韧性都很低。故将其剔除，只保留靠近颜料层的白色阿嘎土地仗层，便于变形壁画校形和从背部渗透加固。修复工艺为：

（1）将要修复壁画放到工作平台上，将壁画边缘及背部泥土用毛刷清除，并准备切割减薄的工具和材料；

（2）用喷壶或者蒸汽机润湿壁画背部黄泥土层地仗，严格控制水分的渗入量，根据壁画地仗层薄厚不同反复多次进行；

（3）用锯条等工具铲除润湿的背部地仗土，先将壁画背部找平，再一层层润湿和减薄地仗土直至露出白色阿嘎土地仗层，用工具找平。

由于部分壁画存在错位变形，故在揭取壁画前未对画面裂隙进行修补，只做了简单的临时加固保护，多数裂隙贯穿壁画颜料层和地仗层，在壁画背部软化减薄时，尽量避免水从裂隙渗入画面，造成颜料层的污染和破坏；铲割减薄地仗层时使力应均匀，避免局部壁画受力过大遭到破损，尤其是壁画边缘和接近白色阿嘎土地仗层时，动作要轻柔缓慢；对原地仗不同层采集下来的土进行分装，以备后期使用。

校正变形壁画：因壁画本身存在裂隙，地仗减薄后可清晰地观察到裂隙大小及发育状况，壁画预留白色阿嘎土地仗层较脆且薄，先对画面存在裂隙处进行填补，再对减薄后的壁画进行背部渗透加固，趁加固剂未完全干燥、画面还有一定韧性时，对其进行校正。修复工艺为：

（1）按当地采集黄黏土：红土：烧阿嘎土＝3：2：1的比例加入适量纯净水和泥待用；

（2）用注射器将3% Primal AC-33丙烯酸乳液滴渗到壁画裂隙处，润湿地仗层，加固剂滴加量一次不宜过多，需要反复多次进行；

（3）用修复刀将和好的细泥填补到裂隙处，补到与原壁画地仗等同高度；

（4）在5%的Primal AC-33丙烯酸乳液中加入少量牛皮胶水溶液，涂刷画面背部，间隔30min，反复3~4次，直至壁画对乳液的渗透能力明显降低即可；

（5）待背部加固剂全部渗透但地仗层未完全干透时对变形壁画进行施压校正，将完成裂隙修补的画面放置在平面支撑板上，上面再放平面支撑板并用适量重物加压固形。

制作过渡层：对已经完全干透且校形完毕的壁画制作过渡层，一是补强壁画原地仗层，二是作为过渡层，以后壁画或者墙体再次出现问题时可以直接将其去除，重新补强而不伤害到原壁画地仗层。修复工艺如下：

（1）原壁画地仗铲下来的黄土：当地采集红土：烧阿嘎土＝7：3：2的比例，适当加入少量麻刀和纯净水将泥和制均匀待用；

（2）将待修复壁画搬运至工作平台上，用1% Primal AC-33丙烯酸乳液渗透润湿；

（3）按画面形状抹泥至距壁画颜料层1.5cm时，在画面上呈网格状铺一层麻皮，之后继续补泥找平至2cm厚度；

（4）修整画面边沿；

（5）用大锯齿在新作过渡层上压花，增强后期壁画回贴时与黏结材料之间的结合强度。

裁剪壁画边缘隔离保护层：由于个别壁画变形严重，校正之后揭取前标记的定位线可能会产生误差，只能作为参考，故对壁画边缘隔离保护层进行裁剪，便于后期回贴时壁画精确拼对。修复工艺为：

（1）翻转画面，将地仗过渡层已经完全干透的壁画夹放在两块大小适宜的木板中间，壁画上下都垫有缓冲材料，用绑带将木板和壁画捆绑，之后进行翻转，使壁画地仗层朝下，颜料层朝上；

（2）软化胶液，用15～20℃温水将粘贴隔离保护层的胶液完全溶胀，并且尽量不将水分带至无须揭取隔离层的画面；

（3）用手术刀沿边沿裁剪宽约1cm露出画面图案线条，裁剪过程中保留定位线；

（4）用干毛巾将边缘由于胶液溶胀而卷起的隔离保护层重新按压回贴，保证画面隔离保护层继续起作用；

（5）用棉签等工具蘸纯净水将已裁减的画面边缘胶液清洗干净，之后把画面放置在通风处，让水分彻底挥发晾干，留待回贴。

6. 原位回贴壁画

1）壁画原位回贴原则

国内现阶段寺观壁画揭取回贴多采用悬挂方式[94~96]，考虑到哲蚌寺内转经道西壁仅是局部墙体变形处壁画开裂、脱落严重，而墙体没有变形处壁画仅是粉化、起甲，若采用铝合金蜂窝板材支撑体等馆藏壁画常用的方式，必然导致与原位保护的壁画无法形成统一的整体；且为了减少揭取过程对壁画的损害，尽可能利用壁画已有裂缝，导致揭取后的壁画形状极不规则，应用铝合金蜂窝板材的制作、悬挂均存在一定困难；同时也违背了尽量减少新材料介入的原则，更改了原壁画的结构信息。

此次壁画原位回贴将揭取下来的壁画直接用泥浆粘贴到墙壁上恢复其原貌，遵循以下原则：

（1）回贴所使用的粘结材料、修补切割缝和裂隙的材料尽可能与原壁画地仗层材料相接近，适当补强；

（2）壁画颜料层补绘使用的颜料和胶结材料要与原壁画一致，不引入广告颜料和其他绘画色彩；

（3）画面补绘内容要严格根据原画面留存资料进行，无根据处不进行自我创作和臆断，对其进行颜色协调即可。

2）原位回贴壁画

内转经道冬暖夏凉，且和室外相比，冬天相对湿度较室外高，同时温湿度变化遵守由高到低流动的特点。故选择雨季结束后的 9 月开始回贴壁画，经过一个冬天回贴后带入的水分可充分挥发干燥，然后开展壁画的切割裂隙修复和补色等后期工作。

内转经道西壁壁画原位回贴的修复流程包括在墙壁上制作支撑墙面及过渡层、壁画原位回贴、壁画回贴预留处灌浆、锚固稳定壁画、清除壁画隔离保护层、修补切割缝和自然裂隙、补色做旧。

制作支撑墙面过渡层：古建墙体维修还是采用了原支撑体使用的土石木建筑材料对墙体进行了校正，墙面高度距原位保护画面的高度在 4.5~5.0cm，由于揭取壁画经过了变形校正和地仗过渡层的补强制作后仅有 2cm 的厚度，故需要在墙面上抹泥找平墙壁，并作为粘贴壁画的支撑过渡层。具体工艺如下：

（1）用 5% 的 Primal AC-33 丙烯酸乳液将维修校正的墙体涂刷润湿；

（2）按照当地采集黄土：红土：烧阿嘎土 = 3：2：1 的比例，加入适当量的麻刀增强粘结材料的强度和韧性；

（3）在支撑墙体上抹泥至距原位保存壁画颜料层 3cm，找平墙面；用锯条等工具将墙面压花，增加后期抹泥和此过渡层的结合性能；

（4）用小太阳等加热设备充分烘干墙面，增强壁画支撑过渡层强度。

壁画原位回贴：完成支撑体壁画过渡层的制作后，即可开始壁画原位回贴的修复。具体工艺如下：

（1）准备壁画回贴支顶稳固所需的螺杆、支顶背板等材料；

（2）按照制作支撑体过渡层的比例将泥土调和均匀待用；

（3）以 20cm 为间隔，其中 15cm 抹泥，5cm 为空隙，抹泥至距画面 1.9cm 的高度；

（4）粘贴壁画，将壁画调整好正反平行于墙壁搬运至粘贴处，粘合壁画并尽可能使壁画和泥层紧密贴合；

（5）核对壁画线条，先根据揭取定位线对壁画做地仗层拼贴，之后再根据壁画边缘与相邻壁画之间画面内容的连续性细致核对拼贴，并将粘贴的壁画与原壁画面找平；

（6）支顶稳固画面，壁画完全粘贴且画面线条核对完毕后即对画面进行支顶稳固，防止画面滑落或者翘起；

（7）修补画面边缘空隙，一方面可以进一步固定壁画，另一方面防止后期灌浆加固时浆液漏出。

壁画回贴预留处灌浆：由于直接抹泥可能会造成壁画与墙面粘贴不够紧实，造

成壁画从墙体脱落的危险,所以在回贴过程中预留了空隙,对其进行灌浆加固。修复工艺如下:

(1)配制浆液,将黄土和红土过筛挑出杂质,之后按照黄土:红土:烧阿嘎土＝3:2:1的比例配制浆液,按照灌浆空隙的大小调节浆液浓度;

(2)根据壁画预留空隙埋设注浆管,用特制500mL注射器注入浆液,直至注满溢出。

锚固稳定壁画:为了使壁画和墙体结合良好,对壁画进行了粘贴和灌浆加固后,还需要对壁画进行锚杆稳固。布达拉宫壁画维修中使用了此法,并对锚杆的稳固强度进行过定量测试,得出木质锚杆最小拉力可达到300N,同时壁画所受压力和张力却远小于300N[22],故在哲蚌寺回贴壁画的修复中也采用了锚固的方式。修复工艺如下:

(1)开锚杆孔,开孔位置的选择根据壁画面积大小而定,分布密度为每平方米3个为宜,总体呈网状三角形。开孔位置多选择壁画裂隙和内容较单一处,尽量避免对壁画的损伤;

(2)在开好的锚杆孔处灌浆,防止流淌污染颜料层;

(3)浆液干燥70%后,即可将做过防腐处理的锚杆钉入;

(4)封补锚杆孔。

7. 清除壁画保护层

待回贴后的壁画内部水分挥发和干燥后,拆除稳固壁画的螺杆和支顶背板,清除隔离保护层。修复工艺如下:

(1)用15～20℃温水软化粘贴隔离保护层的桃胶,使其完全溶胀,防止揭取宣纸等保护层时粘连颜料层;

(2)用镊子、棉签等工具将隔离层一点点去掉,及时查看宣纸和壁画颜料层脱离情况,如果发现粘连处,则继续蘸热水软化粘贴胶液使之完全溶胀;

(3)用棉签或者润湿的X-60纸蘸热水清除画面上残留的胶液和宣纸碎屑,还原壁画画面。

8. 修整壁画画面

1)修补切割缝和自然裂隙

待回贴过程中壁画的水分完全干燥后,即可进行因为画面分块造成的切割缝和原本壁画因为墙体变形而形成的小裂隙的修复。修复工艺如下:

（1）用洗耳球等工具将裂隙内的杂物、积尘、碎屑等清除干净；

（2）按照黄土：红土：烧阿嘎土＝3：2：1的比例配制修复裂隙用的细泥；

（3）用注射器滴渗3% Primal AC-33乳液至壁画裂隙两侧，一方面可以对裂隙两侧地仗层起到加固作用，另一方面可润湿裂隙两侧地仗增强新补的材料和壁画地仗层之间的结合力；

（4）用钢制修复刀将配制好的细泥填塞至裂隙内，直至和颜料层齐平，用木制修复刀压平收光，补泥过程中要避免泥渍污染画面，若不慎将泥渍粘到画面上，应及时清理。

2）补色

待壁画中的水分完全干透后，请当地有丰富绘画经验的画师对裂隙及颜料层缺失脱落处的颜料层进行补绘。通过壁画颜料成分的分析结果可知，哲蚌寺内转经道壁画均为矿物颜料所绘，有朱砂、铁红、石绿、石青、雌黄和炭黑等多种颜料。

根据分析结果，内转经道西壁画面补绘全部使用当地购买的矿物颜料，用牛皮胶水调制研磨。在画面上色前先用浓度很低的牛皮胶水刷一遍画面，起到固着颜色的作用。在颜料调制过程中，牛皮胶水的使用量要适当掌握，浓度过大容易造成颜料层过厚，起甲病害随之发生，浓度过小又会影响颜料颗粒之间的黏合性，容易掉色而产生褪色病害。

7.3 成果与效果

7.3.1 壁画修复成果

修复的哲蚌寺壁画主要分布在甘丹颇章阳光大厅、护法神殿，措钦大殿龙布拉康殿、内转经道、大经堂，门厅四大天王等处。各位置壁画分布情况见表7-2。

表7-2 哲蚌寺措钦大殿抢救性保护壁画面积及分布统计表

壁画位置		壁画面积/m^2
龙布拉康殿	南壁	8.82×6.60＝58.21
	西壁	14.79×6.56＝97.02
	北壁	7.56×9.05＝68.42
	东壁	14.67×7.49＝109.88
	小计	333.53

续表

壁画位置		壁画面积 /m²
内转经道	西壁内墙	12.16×5.22=63.48
	北壁内墙	20.10×4.82=96.88
	北壁外墙	18.22×4.33=78.89
	小计	239.25
甘丹颇章	阳光大厅 南壁	6.8×2.9-1.96×1.05=17.66
	西壁	6.04×2.9=17.52
	北壁	8.08×2.9-2.2×1.0×2=19.03
	东壁	8.62×2.9-2.64×1.9-2.1×1.15=17.57
	上层天井	9.6×1.2=11.52
	小计	83.30
	护法神殿 南壁	6.0×2.53-1.2×2.0=12.78
	西壁	5.63×2.53-1.2×2.0=11.84
	北壁	6.0×2.53-1.2×2.0=12.78
	东壁	5.63×2.53-1.2×2.0=11.84
	小计	49.24
四大天王	正门东侧	10.10×6.0=60.60
	正门西侧	10.10×6.0=60.60
	小计	121.20
大经堂	南侧	9.8×1.1=10.78
	北侧佛台下部	24.6×0.8=19.68
	墙裙	77.7×1.2=93.24
	小计	123.70
合计		965.97

实际修复壁画面积965.97m²。其中内转经道西壁内墙63m²的壁画修复，主要技术措施为：壁画揭取前的病害治理、画面保护与预加固、揭取壁画、壁画地仗层修整与加固、回贴壁画、修补裂隙和切割缝、清除壁画保护层、修整画面。其工作量是普通壁画修复的4~6倍。

7.3.2 壁画修复效果

通过哲蚌寺壁画保护修复工程的实施，我们充分认识到大型壁画保护修复工程的实施是对文化遗产的一次全面再认知，科学研究必须贯穿于整个保护工程中，获得以下一些体会：

（1）充分认知文化遗产的价值是做好文化遗产保护工程的基本要求；

（2）贯彻"动态设计、信息化施工"是做好文化遗产保护工程的保证；

（3）专家咨询制度和多学科有机结合是文化遗产保护工程的技术支撑；

（4）科学系统的保护程序和成熟的保护技术是实现先进理念的基础；

（5）加强日常监测和保养是文化遗产保护工程成果巩固的主要途径。

哲蚌寺措钦大殿龙布拉康殿壁画修复施工与竣工图如图版113所示，壁画修复前后对比如图版114~图版118所示。

哲蚌寺甘丹颇章壁画修复施工与竣工图如图版119所示，壁画修复前后对比如图版120~图版122所示。

哲蚌寺措钦大殿内转经道壁画修复施工与竣工图如图版123所示，壁画修复前后对比如图版124~图版127所示。

哲蚌寺措钦大殿门厅四大天壁画修复施工与竣工图如图版128所示，壁画修复前后对比如图版129和图版130所示。

第八章 相关问题讨论

8.1 项目技术难点分析

哲蚌寺措钦大殿建筑采用土、石、木为主要建筑材料,局部出现墙体开裂、木构件糟朽、屋面漏雨等状况,对建筑内部的壁画构成严重威胁,壁画损毁状况十分严重。加之强紫外线阳光辐射、温湿度剧烈变化等环境因素的长期影响,使壁画出现支撑体开裂、地仗层空鼓、裂隙、大面积脱落、酥碱、颜料层龟裂、起甲、脱落,画面烟熏、酥油污染覆盖、贴纸、划痕等诸多病害,严重威胁现存壁画的长期保存与展示。其中尤以壁画支撑体变形,地仗层空鼓、裂隙、酥碱,颜料层龟裂、起甲、脱落,画面污染病害最为严重。

尤其是哲蚌寺内转经道西壁内墙壁画的揭取工作,因壁画地仗层极脆、墙体变形引起的画面错位及破碎严重且存在大量不规则裂隙、操作空间极为狭窄等多种因素的影响,壁画修复工作难度很高。为了尽量减少揭取过程对壁画造成的损伤,以及考虑到后期原位回贴整形、复位对接画面工作,在划分切割块时尽量选择壁画已有裂隙处,以减少切割缝,随之带来的问题是壁画分割块极不规则,使得壁画揭取工作难上加难,增加了后续壁画回贴的难度。

8.2 保护修复原则的应用

随着国际历史文物与艺术品保护协会、国际博物馆协会、国际古迹遗址理事会的成立,尤其是联合国教育、科学及文化组织下设的世界遗产委员会所发挥的巨大作用,文物保护的理论与实践已成为一个国际化问题,并达成了一些共同遵守的协议。例如,1933年颁布的《雅典宪章》、1964年制定的《威尼斯宪章》、1994年的《奈良宣言》等。在这些国际性宪章中,《威尼斯宪章》的制定与颁布对于文化遗产的保护修复具有里程碑的意义。

《威尼斯宪章》也称《国际古迹保护与修复宪章》,于1964年5月25~31日在威尼斯召开的第二届历史古迹建筑师及技师国际会议上通过。1933年的《雅典宪章》第一次规定了文化遗产保护的基本原则,《威尼斯宪章》是在重新审阅《雅典宪章》并对其原则进行研究的基础上提出的,宪章分为定义、宗旨、保护、修复、发掘、出版六个部分,共计16条。其中保护和修复部分占据11条,因此可以说《威尼斯宪章》是一个指导世界各国文化遗产保护和修复的国际性协议。各个国家依据《威尼斯宪章》的原则,并结合本国文物保护的具体情况而制定适合于本国国情的文化遗产保护条例,如澳大利亚遗产委员会制定的《巴拉宪章》、我国制定的《中国文物古迹保护准则》等。

我国的《中华人民共和国文物保护法》《中国文物古迹保护准则》中,对各类文物的保护修复做了详细界定。现行的文物保护原则主要包括以下几条:不改变文物原状原则、最低限度干预原则、可再处理原则、修复材料兼容性原则以及可识别原则[97~99],上述原则与《威尼斯宪章》里的原则都是近乎一致的。世界各国在文物保护方面,普遍同意的原则是:"所有对文物的保护与修复都应有足够的研究资料为证,应该避免对文物材料有任何结构上和装饰上的改造。"这与《中华人民共和国文物保护法》中规定的"不改变文物原状原则"也是一致的。

西藏哲蚌寺措钦大殿壁画的抢救性保护修复工作中,因措钦大殿内转经道西壁墙体严重变形,壁画出现空鼓、裂缝、错位,并导致壁画大面积脱落,为了长久保存壁画,必须首先恢复墙体,也就是壁画支撑体的稳定性。为此,需将壁画揭去后对局部变形严重的墙体拆除重新砌筑,并对墙体进行整体加固,待墙体稳定后原位回贴壁画。尽管我国其他地区揭去与回贴壁画的技术已趋于成熟,但由于哲蚌寺壁画病害严重、揭去和回贴壁画操作空间狭小、制作材料和工艺完全不同于我国其他地区壁画以及复杂的人文环境等因素,要求哲蚌寺措钦大殿内转经道壁画的保护修复既要在遵循《威尼斯宪章》的原则下,最大限度地保存壁画所蕴含的历史、艺术、科学技术信息,又要满足僧众和广大藏族佛教信教群众参拜佛像时的情感价值[100~104]。

8.2.1 关于不改变文物原状原则

文物的保护修复,最终目的是保存其所携带的历史、科学、艺术等方面信息,尽最大可能使这些珍贵的信息不被扰动和破坏。文物被制作出来时的状态称为始状，自文物形成之后，到对其进行保护修复前，文物在其存在环境中经历了历史的变迁，文物的始状在自然和人为多重因素的影响下已经发生了变化，形成了一种新的状态，称之为现状。所谓原状就是对这种经过岁月洗礼的文物进行包括始状在内多重价值的再判断，最终使文物处于一种健康稳定的状态且最大限度保留其历史信息。具体实施过程中，面对无法考证原状或者依靠当代技术方法或认识水平无法完成文物原状的判断，则通常施行现状保存原则。在现有的条件范围内排除不利于文物保存的因素，待日后技术手段更加先进时再对其原状予以恢复。对于具体的文物来讲，保存文物原状即[105]：①保存文物原来的形状和颜色；②保存文物原有的结构；③保存文物原有的制作材料；④保存文物原来的制作工艺。

在哲蚌寺壁画保护修复工作中，对于不改变文物现状原则的贯彻执行，具体体现在：

1. 原位回贴

壁画保护主要有两种方式：原位和揭取保护。一般来讲，在建筑物和保存环境相对稳定的条件下，尽可能选择原位保护。但哲蚌寺内转经道壁画病害的根本原因在于墙体的严重变形和歪闪，若不能恢复墙体的稳定性，则壁画原位保护修复没有任何实际意义，所以壁画必须采取揭取和原位保护相结合的措施。

2. 原材料工艺加固壁画地仗层

壁画揭取前，对内转经道壁画进行了现场调查和采样分析，对壁画制作材料和工艺做了检测分析，由结果可知内转经道壁画绘制时均使用的是无机矿物颜料，且地仗层由黄黏土层和白色阿嘎土层构成。

由于部分壁画存在变形错位病害，且原壁画地仗凹凸不平，力学强度又极差，所有这些因素都不适宜墙体在维修后壁画的原位回贴和保存，故对揭取下来的壁画进行地仗层减薄加固。为了保留原壁画创作信息，在减薄过程中仅将力学强度较差的黄色黏土层去除，对剩余白色阿嘎土地仗层进行渗透加固。

3. 与原绘画颜料一致的矿物颜料补绘

壁画回贴后，对颜料层脱落、切割缝、裂隙修补处进行补色时，均使用与原壁画相同的矿物颜料，并由当地绘画经验丰富的藏族画师完成，因此处壁画没有相关的图册资料记录，对画面无根据处只进行随色，不进行臆测和创造。

4. 回贴后的壁画原结构不变

为了最大限度地保存壁画的原始风貌，内转经道壁画揭取修复后原位回贴，在揭取前对拟揭取位置进行详细的拍照和文字记录，并将壁画分块切割情况在图纸上做了相应的标记。壁画回贴没有采用悬挂法，而是制作了与原壁画地仗材料相近的过渡层，将揭取后的壁画原位回贴。

8.2.2 关于最低限度干预原则

文物本身携带的历史信息包括制作材料、工艺、纹饰、造型等多方面，但随着时间的推移，各种自然和人为因素的长期作用，导致文物出现了很多病害，为了保留文物蕴含的历史、艺术、科学等方面的价值信息，必须对其病害进行治理（即通常所说的保护修复），消除病害，以使其重新恢复到稳定状态，即保护健康的原状。对于文物而言，每进行一次修复，就会造成新的附加信息和部分原信息的丢失，使得文物由本来相对稳定的状态逐步过渡到适应新的平衡状态，在这个适应的过程中，文物可能会遭到损坏。所以，在对文物进行保护修复前，要充分了解文物保存现状，在保证文物安全的前提下，最低限度干预文物本身。

在哲蚌寺内转经道壁画揭取前，对墙体变形歪闪程度进行了激光三维扫描分析，得知内转经道西壁墙体内凹最大的区域为距地面高 4~5m，距最北端 8.5~11m 范围内，其值可达 20.1cm，相应地此处的壁画空鼓病害最为严重；外凸最大的区域为距地面高 1.5~3m，距最北端 4~5m 范围内，其值可达到 11.3cm，对应于墙体变形，依附于其上的壁画出现了严重的开裂、错位、大面积脱落等病害。此外，距最北端 0~3.5、11~12m 范围内约 22.6m² 壁画不存在空鼓、错位等病害，只有轻微的颜料层起甲、粉化以及灰尘、泥渍覆盖等病害。拟定壁画揭取范围时，只针对空鼓、错位严重的区域进行。

由于内转经道空间狭小，揭取下来的壁画本身厚重，搬运困难，壁画揭取后还要对其进行地仗层减薄、变形校正等修复措施，故对拟揭取区域的壁画需分块切割。对于壁画来讲，切割操作很容易造成画面的破损，所以切割缝越少越好。经过对壁画内容相关性和变形、错位裂隙分布的综合观察分析，壁画揭取的切割缝尽可能地利用壁画本身已存在的裂缝，避免了过多的切割线给壁画造成的损伤。

8.2.3 关于可再处理原则

对文物进行修复，不可避免地要对其进行材料和工艺的干预，就某一阶段的保护修复而言，修复材料和工艺的选择总会因认识和研究水平的局限而存在欠缺。同时，处于危险状态的文物又不得不对其进行干预性修复。

文物修复的可再处理一般是指保护过程中施加的修复材料，不会妨碍后期进行更完善保护措施的实施，便于后期在使用性能更优良和稳定的材料、工艺方法时，可对文物进行更行之有效的保护修复，前面修复施加的材料不排斥新材料，也不会造成壁画信息的改变。

哲蚌寺内转经道壁画在揭取前进行了颜料层起甲、粉化以及灰尘、泥渍污染病害的修复，在壁画相对稳定的情况下，用桃胶粘贴隔离保护层的宣纸和纱布，再用牛皮胶粘贴金属丝网进一步增强壁画强度，以弥补壁画本身厚重和地仗层脆弱的不足。此外，粘结材料选用天然动植物胶而不是化学合成胶黏剂。大多数化学合成胶黏剂有一定的渗透能力，壁画原位回贴后无法彻底清除，从而改变原壁画颜料层中胶结材料的成分，且随着时间的推进，残留在颜料层中的化学成分会发生老化，导致颜料层变色、起甲等病害发生。植物性的桃胶既可达到黏结隔离保护层的效果，又可以在壁画原位回贴之后用15～20℃的温水完全清除，不会残留渗透到壁画颜料层中。在粘贴宣纸、纱布时使用桃胶，粘贴金属丝网时使用牛皮胶，是因为相比于桃胶，牛皮胶的溶化温度较高且粘接强度较大，若直接施加在壁画颜料层上，在壁画回贴后需要用至少40℃的热水才可将其溶胀去除，过高的温度会将颜料层中本身的胶结材料也溶解掉。但桃胶溶液的强度又不足以粘贴金属丝网，故粘贴时使用不同胶结材料。桃胶溶液的选用保证了在壁画修复过程中，画面颜料层不会受到损伤，且在完成原位回贴后能够使用简单的工艺对其进行去除而不损伤画面。

此外，揭取后的壁画地仗层厚重、脆弱且凹凸不平，且部分壁画存在严重的变形错位病害。为了修复变形错位壁画，增加壁画地仗强度，对揭取后的壁画进行了地仗层减薄后加固、校形等措施。壁画揭取后制作过渡层或者干涉层既能起到补强原壁画地仗层的作用，又能在壁画回贴后墙体或者壁画再次出现问题需要再次揭取时作为切割分离层面，不会对壁画颜料层和保留的原地仗层造成新的干扰或损伤。

8.2.4 关于修复材料兼容性原则

兼容性原则是指修复材料和工艺与文物原材料和原工艺之间不冲突，文物在修复后无须做出很大的变化去适应新的平衡状态，在具体工作中必须了解文物制作材料和工艺、存在的主要病害及原因，选择较为理想的修复材料和工艺。

早期揭取壁画多采用石膏、玻璃纤维布＋环氧树脂、木龙骨等作为壁画地仗层过渡层和支撑体，这些材料和原壁画地仗层的制作材料，在物理化学性能方面差异很大，会出现因修复材料失效而引起的壁画病害。在选择哲蚌寺内转经道壁画修复材料和工艺时充分考虑到了这些问题，在哲蚌寺内转经道的环境温湿度变化、墙体变形程度、壁画制作工艺及材料做了相关的检测分析的基础上，充分考虑到后期画面的揭取、修复和回贴，修复过程中尽量采用与原壁画制作材料物理、化学性质相近的材料，并针对原壁画地仗厚重且韧性差的缺陷予以改进。

内转经道壁画揭取与原位复原回贴过程中，包括揭取前对壁画颜料层起甲、粉化病害的修复，揭取后减薄加固地仗层、裂隙修补、回贴时制作支撑墙体与壁画地仗层的过渡层、切割缝修补等均使用了 Primal AC-33 丙烯酸乳液，只是在浓度配比上存在差异。Primal AC-33 丙烯酸乳液已经广泛应用于壁画、彩绘类文物的保护，取得了良好的效果。在内转经道壁画的保护修复中，不管是起甲、粉化还是壁画地仗层渗透加固，均使用 Primal AC-33 丙烯酸乳液，均没有发生炫光和颜料颜色改变的现象，且渗透性能良好，无表面结膜。

经过取样分析，内转经道壁画地仗层接近颜料层部分为白色阿嘎土层，在揭取后地仗层减薄时作为原壁画结构留存。因为原始采集的阿嘎土不具备化学胶凝特性，作为建筑材料强度很低，将阿嘎土焙烧到 1400℃ 可完全转化为具有气硬和水硬两种成分的胶凝材料，此种材料在使用后可以与空气中的 CO_2 和使用过程中添加的 H_2O 反应继续生成原始阿嘎土中的 $CaCO_3$ 和硅酸盐成分，和原壁画阿嘎土地仗层之间不存在任何物理、化学性能上的排斥，且此种材料由于气硬和水硬两种化学反应的进行，形成的结石体在抗冻融和力学强度等方面均优于原始阿嘎土。本着文物修复最少引入新材料的原则，以及避免过多使用不同的材料在干燥收缩过程中存在的应力破坏。哲蚌寺内转经道壁画修复过程中制作过渡层、修补裂隙、灌浆材料的选用均使用了经过粉碎、淘洗、过筛，并经 1400℃ 高温焙烧的阿嘎土，为了与原壁画地仗层成分尽量接近，依据分析结果，添加适当比例的黄土、红土，只因需求的不同进行水土比例的调整。在地仗过渡层制作时加入少量麻刀，适当增强壁画过渡层的强度和韧性。

8.2.5 关于可识别原则

文物作为一种不可再生的文化遗产，为了减少现阶段修复工作对其历史信息的干扰和破坏，除了做好详细的文字、照片记录外，还要让现阶段添加的材料的部位与原壁画之间具有一定的差异，即可识别性。在尽最大可能保存壁画原结构、原材料的情况下，如何让壁画更能表达出其作为绘画艺术的方面。在哲蚌寺壁画维修过程中，使颜料层脱落及裂隙修复处画面略低于原壁画，再根据现有画面内容及线条特点对修复处进行色彩填补，达到"远观看不出，近看能识别"的效果，对于无根据处也同样进行色彩做旧和协调，只是不进行任何主观臆断性的重绘。这种做法一方面使壁画整体协调统一，满足了僧众和信众顶礼膜拜佛像时的情感需求；另一方面也为此处壁画后期进行研究做了标识，不会造成其他研究者对此处壁画信息的误判。

8.3 今后工作展望

哲蚌寺是国家级重点文物保护单位，具有独特的历史、科学、艺术价值，因此，工程质量的优劣，是关系到壁画能否长久保存，能否得到寺院广大僧侣认可的大事。在自治区以及拉萨市文物局的大力支持下，在全体工程技术人员的努力和哲蚌寺管理委员会的大力支持与配合下，将这些壁画全部安全地揭取下来，并最终原位回贴。

由于我国文化遗产保护工作逐步进入信息化时代。对于文化遗产保护、管理、监测档案、研究以及展示利用都面临向数字动态化的转变过程中。尤其对于彩塑壁画这类信息密集、保存状态脆弱的文物，结合科学勘察对其进行数字化记录成为当前这类文物保护工作的重要基础工作。同时，抢救性保护修复工作完成后，必须制订切实可行的壁画修复效果跟踪监测方案，为开展壁画的预防性保护和日常维护工作提供依据。为此，提出以下建议。

8.3.1 壁画的数字化档案建设

为了切实做好今后哲蚌寺壁画的保护工作，完整真实地记录和保存壁画的遗产价值，维护壁画安全，为壁画保护工作奠定基础，并推动其遗产价值在当地可持续发展中发挥更为积极的作用，利用三维激光扫描、数字近景摄影技术、多基线高清晰数字摄影等多种技术开展了哲蚌寺壁画的数字化勘察记录。

1. 壁画数字化勘察记录的必要性

1）壁画保护工作的基础需要

对哲蚌寺壁画进行数字化勘察记录是开展其保护、研究、展示工作的基础。由于壁画相比其他不可移动文物非常脆弱，而其中所蕴含的历史信息却又特别丰富和集中，针对壁画开展的所有保护、研究以及展示利用等工作均需要借助记录媒介来完成。传统的勘察记录手段所形成的成果由于其勘察目的不同，均带有较强的主观信息选择，往往不同的工作目的所开展的勘察各不相同，形成对这些脆弱的珍贵文物的多次重复勘察，对于壁画文物本体的保护极为不利。而借助三维激光扫描、数字近景摄影技术、多基线高清晰摄影相结合的壁画数字化勘察记录将在很大程度上改变这一现状，数字化勘察记录形成的成果具有客观、准确、无差别化信息提取等多重特点，其勘察记录成果将成为哲蚌寺壁画各项工作最为重要的基础资料。

2）遗产长期监测的需要

壁画不同于古建筑，各类破坏因素对其导致的残损发展是慢性的、渐进的。当人们观察到壁画的残损出现时，其病症的发展往往是经过了很长的周期，出现了整体性的衰变。这需要我们结合保护工作的实施，定期对壁画进行科学的勘察记录，利用三维激光扫描、数字近景摄影技术、多基线高清晰摄影相结合的方式建立哲蚌寺壁画的当前现状客观记录档案，为今后长期的壁画健康状况监测提供比对依据。

3）文物的价值展示有待提升

哲蚌寺壁画当前的展示利用，仍然停留在直接开放展示阶段，一方面由于地理交通位置较偏僻，壁画虽然十分精美但前来直接参观的人数仍很有限；另一方面基于对壁画的保护要求不适宜有过量的人流前来参观。在当前数字技术飞速发展的时代，借助数字化勘察记录形成的成果展示壁画，也是当今社会新的迫切要求。

2. 壁画数字化勘察记录的意义

1）忠实安全地记录壁画的当前原状

用传统的测量方式，很难获得壁画完整的几何、色彩及表面残损等信息，同时在测量过程中，频繁接触壁画表面容易造成二次伤害。三维激光扫描结合近景摄影采用非接触式的测量记录方式，具有快速、准确、多方位、"所见即所得"等特点，可以既忠实又安全地精确获取壁画表面三维信息并永久保存，数字化的基础数据可以最大限度地减少研究过程对壁画的直接接触，数字信息便于传递和交流，还可以使用虚拟复原让展览展示更加生动。同时像多光谱摄影技术以及紫外荧光摄影等技术还可以反映壁画本体材料及修复材料的表面状况，也可辨别绘画创作的创意和构思。

2）为壁画的保护修复及监测提供可靠依据

哲蚌寺壁画十分精美，价值极高，对其采取的任何直接干预措施均需要有充分的勘察研究基础。对其进行数字化的勘察记录所形成的成果，可以为壁画的保护干预提供极为重要的基础依据。只有系统的、科学的记录档案和勘察手段，才能保障获取壁画的准确信息，并为今后修复工程实施以及更为长期的监测提供准确的原始状态档案资料。

3）有效地保护遗产资源和价值内涵

通过开展壁画数字化勘察记录，可以进一步梳理哲蚌寺的遗产价值，深入分析壁画所蕴含的历史信息，充分认识这批珍贵的文物遗存的价值所在。在明确保护对象及其特征，并充分分析其面临的威胁因素基础上制定系统科学的保护修复和预防性保护措施，以求真实、完整、动态地保护哲蚌寺壁画珍贵的文化遗产资源和价值内涵。

结合前期经验，利用现有新技术，尽可能翔实地实施壁画的信息留存，作为历史资料永久存档；对原始数据进行预处理，建立所有目标的精细三维模型，为预防性保护或数字展示等后续应用提供基础模型。

8.3.2 壁画保护修复效果跟踪监测

1. 壁画保护修复效果跟踪监测的必要性

由哲蚌寺壁画病害调查及原因分析结果可知，壁画的各种病害均与其所处的保存环境密切相关。可以说，多数病害的产生、发展均是在环境因素的长期作用下发生的，通过对壁画保存环境的监测分析，进一步探讨壁画病害与环境的关系是壁画预防性保护的前提。

同时，保护修复工程完成以后，壁画表面及内部增加了保护修复材料；对游客开放，是造成壁画发生病害的又一个重要因素，修复工作完成后，为保证修复效果，必须对壁画开展长期的监测分析。

应用红外热成像、便携式显微镜、色度仪等设备检测壁画修复效果。每年定期（二次）、定点进行跟踪监测，并做好记录。

2. 壁画保护修复效果跟踪监测的意义

（1）通过修复后壁画本体的跟踪监测，掌握各种病害的发展趋势和变化规律，提出预防性保护措施。

（2）了解壁画修复材料对环境的适应性，检验传统材料并为新材料的开发应用及改进积累经验并提供科学依据。

（3）检验传统工艺并为新工艺的开发应用及改进积累经验并提供科学依据。

（4）对保护修复整体效果作出科学的分析与评估。

（5）为西藏地区同类型壁画的保护修复积累经验并提供技术支持。

8.3.3 壁画保存环境监测

1. 壁画保存环境检测监测的必要性

壁画的长久保存需要相对稳定的微环境条件，展示环境与收藏环境同等重要，在这两种环境中影响壁画保存的因素也是基本相同的。不同的是，收藏环境只考虑文物，而展示环境还要考虑为参观者提供便利、舒适的参观环境。例如，光线在展示中就是不可缺欠的条件，还有参观者大量的出入，造成的保存微环境空气与外界空气的流动，温湿度发生变化，粉尘、有害气体的增加等诸多变化，增加了壁画再次发生病害的可能性。

采用自动空气质量监测系统，可以自动监测空气中的诸多污染物和气象参数，如二氧化硫、氮氧化物、臭氧、可吸入颗粒物、温度和湿度。用大气颗粒物采样仪收集不同粒径大小的颗粒物，浸泡在一定量的水中，分析浸泡后水的pH、酸度、可溶性无机阴离子和阳离子。阴离子如硫酸根、硝酸根等可用离子色谱仪分析，阳离子则可以用电感耦合等离子发射光谱仪测定。也可以根据需要，把样品用酸消解后测定不溶性的组分，以确定颗粒物的来源。

2. 壁画保存环境监测的意义

（1）在哲蚌寺设置一套自动空气质量监测系统，长期监测壁画保存环境的空气质量，掌握壁画保存环境大气污染状况，防患于未然。

（2）进一步深入了解大气颗粒物污染、氧化性污染以及水害对哲蚌寺壁画的危害及相互作用机制，为壁画的预防性保护提供依据。

（3）提出哲蚌寺壁画保存环境的预警与质量改善措施，确定损害壁画的主要环境因子与预警值，提出技术、经济可行的环境质量改善措施。

参 考 文 献

[1] 中国大百科全书出版社《简明不列颠百科全书》编辑部译. 简明不列颠百科全书（1）. 北京：中国大百科全书出版社，1985：726.

[2] 普罗霍罗夫ＡＭ. 苏联百科词典. 北京：中国大百科全书出版社，1986：148.

[3] 祝重寿. 欧洲壁画史纲. 北京：文物出版社，2000.

[4] 吴山. 中国工艺美术大辞典. 南京：江苏美术出版社，1990：605.

[5] 李长民. 浅论传统壁画的制作与材料. 美术观察，2010，（1）：111.

[6] 徐军平，鲁元良，宋朋遥，等. 东平汉墓壁画制作工艺初探. 文博，2009，（6）：211-215.

[7] 段修业. 对莫高窟壁画制作材料的认识. 敦煌研究，1988，（3）：41-59.

[8] 刘凌沧. 民间壁画的制作方法. 美术研究，1958，（2）：52-56.

[9] 吴炜. 传统壁画的制作技法和临摹. 民族艺术研究，1998，（3）：36-41.

[10] 何秋菊，李涛，施继龙，等. 道教人物画像颜料的原位无损分析. 文物保护与考古科学，2010，（3）：61-68.

[11] 苏伯民，李最雄，马赞峰，等. 克孜尔石窟壁画颜料研究. 敦煌研究，2000，（1）：65-75.

[12] 唐玉民，孙儒伺. 敦煌莫高窟壁画颜料变色原因探讨. 敦煌研究，1988，（3）：18-25.

[13] 李最雄. 敦煌壁画中胶结材料老化初探. 敦煌研究，1990，（3）：69-83.

[14] 汪万福，蔺创业，王涛，等. 仿爱夜蛾成虫排泄物对敦煌石窟壁画的损害及其治理. 昆虫学报，2005，（1）：74-80.

[15] 马清林，胡之德，李最雄. 微生物对壁画颜料的腐蚀与危害. 敦煌研究，1996，（3）：136-144.

[16] 陆寿麟，施子龙，徐毓明，等. 中国古代壁画保护的研究. 文物保护技术，1987，（5）：21-39.

[17] 汪万福，马赞峰，于宗仁，等. 西藏布达拉宫、罗布林卡和萨迦寺壁画制作材料分析. 敦煌研究，2002，（6）：78-84.

[18] 李最雄，汪万福，赵林毅，等. 西藏布达拉宫、罗布林卡和萨迦寺空鼓壁画修复模拟实验. 敦煌研究，2002，（6）：69-77.

[19] 樊再轩，李最雄，王旭东，等. 西藏拉萨布达拉宫空鼓壁画现场灌浆加固试验. 敦煌研究，2005，（4）：35-39.

[20] 段修业，汪万福，格桑，等. 西藏萨迦寺壁画保护修复研究. 中国藏学，2010，（S1）：63-68.

[21] 王旭东, 段修业, 李最雄, 等. 西藏萨迦寺壁画修复现场试验研究. 敦煌研究, 2005, (4): 16-23.

[22] 赵林毅. 布达拉宫壁画的保护修复. 兰州大学: 2007.

[23] 李最雄, 汪万福, 王旭东, 等. 西藏布达拉宫壁画保护修复工程报告. 北京: 文物出版社, 2008.

[24] 张志强. 中国佛教艺术的产生与兴盛. 海南大学学报（人文社会科学版）, 2001, (2): 52-56.

[25] 谢热. 苯教与藏族习俗. 民俗研究, 1987, (4): 61-64.

[26] 张亚莎. 西藏岩画的发现. 西藏大学学报（汉文版）, 2006, (2): 68-75.

[27] 赵大军. 解读西藏岩画和唐卡绘画艺术属性的相似点. 西藏研究, 2006, (3): 52-58.

[28] 王莹. 中国佛教艺术的语言——岩彩壁画. 时代教育（教育教学）, 2011, (8): 283-284.

[29] 周喜增. 藏传佛教壁画. 文艺争鸣, 2010, (20): 153-154.

[30] 张骏, 刘原, 王志敬. 西藏人民的瑰宝——简论西藏壁画. 西藏研究, 1984, (4): 90-96.

[31] 张骏. 西藏壁画概说. 西藏民族学院学报（哲学社会科学版）, 1984, (1): 86-93.

[32] 张世彦. 壁画的构图. 美术研究, 1984, (1): 22-25.

[33] 项江涛. 西藏近代寺院壁画创作形态透析. 齐鲁艺苑, 2008, (5): 24-26, 30.

[34] 李华东. 西藏寺院壁画艺术. 民族艺术, 1999, (4): 127-144.

[35] Huo W. An Analysis on Artistic Styles of Cave Paintings of Western Tibet——The Three Principal Stages of Murals in Western Tibet. Collection of the International Academic Conference on Tibetan Archaeology and Art, 2002: 29-48.

[36] 叶欣生. 西藏壁画的历史沿革及其艺术特色. 美术研究, 1981, (3): 64-69.

[37] 刘原. 西藏壁画的起源发展及其流派的艺术特征. 西藏艺术研究, 2007, (3): 41-53.

[38] 许君魁. 西藏寺院壁画的制作步骤与方法. 西藏艺术研究, 1993, (2): 50-55.

[39] 刘刚, 张俊, 刁常宇. 敦煌莫高窟石窟三维数字化技术研究. 敦煌研究, 2005, (4): 104-109.

[40] 蔡广杰. 三维激光扫描技术在西藏壁画保护中的应用. 首都师范大学: 2009.

[41] 于宗仁, 赵林毅, 李燕飞, 等. 马蹄寺、天梯山和炳灵寺石窟壁画颜料分析. 敦煌研究, 2005, (4): 67-70.

[42] 陈庚龄. 天梯山石窟9窟彩塑与壁画地仗矿物及颜料分析. 文物保护与考古科学, 2010, 22(4): 91-96.

[43] 王晓琪, 王昌燧, 杨景龙, 等. 冯晖墓壁画颜料的高分辨电镜和拉曼光谱分析. 分析测试学报, 2004, 23(3): 1-4.

[44] 张尚欣，朱剑，王昌燧，等. 阿尔寨石窟壁画颜料的拉曼光谱分析. 南方文物，2009，(1)：108-112.

[45] 王吉有，王闵，刘玲，等. 拉曼光谱在考古中的应用. 光散射学报，2006，18（2）：130.

[46] 夏寅，郭宏，王金华，等. 内蒙古阿尔寨石窟壁画制作工艺和颜料的分析研究. 文物保护与考古科学，2007，19（2）：41-46.

[47] Ruiz- Morenno S, Perez-Pueyo R, Gabaldon A, et al. Raman laser fibre optic strategy for non-destructive pigments analysis: Identification of a new yellow pigment (Pb, Sn, Sb) from the Italian X century painting. Journal of Cultural Heritage, 2003, (4): 309- 313.

[48] Beritman M, Ruiz-Morenno S, Perez- Pueyo R. Study of Raman spectra of pigment mixtures. Journal of Cultural Heritage, 2003, (4): 314- 316.

[49] 马赞峰，汪万福，唐伟，等. 不同土沙比壁画地仗性能测试. 敦煌研究，2009，(6)：36-39.

[50] Coma L, Bretman M, Ruiz- Morenno S. Soft and hard modeling methods for deconvolution of mixtures of Raman spectra for pigment analysis: A qualitative and quantitative approach. Journal of Cultural Heritage, 2000, (1): 273-276.

[51] 郭宏，李最雄，宋大康，等. 敦煌莫高窟壁画酥碱病害机理研究之一. 敦煌研究，1998，(3)：153-158.

[52] 郭宏，李最雄，宋大康，等. 敦煌莫高窟壁画酥碱病害机理研究之二. 敦煌研究，1998，(4)：159-172.

[53] 郭宏，李最雄，宋大康，等. 敦煌莫高窟壁画酥碱病害机理研究之三. 敦煌研究，1999，(3)：153-175.

[54] 张明泉，张虎元，曾正中，等. 敦煌莫高窟保护中的主要环境问题分析. 干旱区资源与环境，1997，(3)：34-38.

[55] 何满潮，韩雪，刘成禹，等. 西藏布达拉宫西印经院稳定性研究. 岩石力学与工程学报，2006，09：1784-1789.

[56] 彭反三. 天然水硬性石灰. 石灰，2009，(3)：44-48.

[57] 李最雄. 我国古代建筑史上的奇迹——关于秦安大地湾仰韶文化房屋地面建筑材料及其工艺的研究. 考古，1985，(8)：741-747.

[58] 段雪，王作新，李来利，等. 混合硅酸钙水合晶体的结晶度测定. 北京化工学院学报，1993，(3)：100-105.

[59] 李最雄. 世界上最古老的混凝土. 考古，1988，(8)：751-756.

[60] 白志民，肖仪武. 低温煅烧高岭土火山灰活性对水泥结构的影响. 硅酸盐学报，2003，

(7): 715-720.

[61] 本斯迪德 J, 巴恩斯 P 著, 廖欣译. 水泥的结构与性能. 北京: 化学工业出版社, 2009: 45-66.

[62] 刘永丽. 水泥史话. 四川建材, 1999, (1): 55-56.

[63] 李玉莎, 龙广成, 黄建, 等. 火山灰对砂浆强度的影响. 粉煤灰, 2010, (1): 11-13.

[64] 姜蓉, 赵娟. 火山灰混凝土强度及耐久性试验研究. 上海应用技术学院学报(自然科学版), 2011, (2): 151-154.

[65] 李东泽, 李雅. 利用粉煤灰生产无熟料水泥的研究. 现代化工, 1994, (10): 33-34.

[66] 彭家惠, 林芳辉. 粉煤灰矿渣无熟料水泥及砂浆的研究. 硅酸盐建筑制品, 1995, (5): 30-33.

[67] 成海芳, 文书明, 殷志勇. 高炉渣综合利用的研究进展. 矿业快报, 2006, (9): 21-23.

[68] 李维凯, 翁大汉, 张勋利. 我国高炉矿渣资源化利用进展. 中国废钢铁, 2007, (3): 34-38.

[69] Sabir B B, Wild S, Bai J. Metakaolin and calcined clays as pozzolans for concrete: A review. Cem Coner Compos, 2001, (6): 441-454.

[70] 陈青生, 钱桂凤. 西藏火山灰质材料作为混凝土掺合料的可行性. 水利水运工程学报, 2001, (2): 22-26.

[71] 诸华军, 姚晓, 张祖华, 等. 高岭土煅烧活化温度的初选. 建筑材料学报, 2008, (5): 621-625.

[72] 胡浩然, 谭伟. 煅烧高岭土的成分、结构与火山灰活性的关系. 土木建筑学术文库, 2007, (8): 164-166.

[73] 曹德光, 陈益兰. 烧粘土的碱胶凝性研究. 中国非金属矿工业导刊, 2000, (2): 21-28.

[74] 赵鸿胜, 张雄, 张永娟, 等. 影响煤矸石热激活的因素分析. 四川水泥, 2003, (6): 10-12.

[75] 张长森. 低温烧煤矸石的火山灰活性研究. 硅酸盐通报, 2004, (5): 112-115.

[76] Blanco F, Garcia M P, Ayala J. Variation in fly ash properties with milling and acid leaching. Potential Reactivity as Alkaline Cements, Fuel, 2003, 82: 2259-2265.

[77] Archibald J F, Degagne D O. Ground waste glass as a pozzolanic consolidation agent for mine back fill. CIM Bulletin, 1995, 88: 80-87.

[78] 王智, 肖勇丽, 孙策, 等. 粉煤灰物理活化的研究进展. 粉煤灰综合利用, 2007, (6): 53-56.

[79] 杨南如. 碱胶凝材料形成的物理化学基础(I). 硅酸盐学报, 1996, (4): 209-215.

[80] Botticelli G. Twenty years of barium application on mural paintings. Methodology and Application. ICOM Committee for Conservation.

[81] 苏伯民, 李如. 三种加固材料对壁画颜料颜色的影响. 敦煌研究, 1996, (2): 171-179.

[82] 汪万福, 苏伯民, 青木繁夫, 等. 几种壁画修复材料物性指数的实验测试. 敦煌研究, 2000, (1): 87-94.

[83] 范宇权, 李最雄, 于宗仁, 等. 修复加固材料对莫高窟壁画颜料颜色的影响. 敦煌研究, 2002, (4): 45-56.

[84] 柳太吉, 花平宁, 马千. 麦积山瑞应寺大雄宝殿的壁画修复. 敦煌研究, 2003, (6): 95-100.

[85] 常亚平. 山西寺观壁画保护技术(三). 古建园林技术, 2005, (4): 14-19.

[86] 汪万福, 李最雄, 马赞峰, 等. 西藏文化古迹严重病害壁画保护修复加固技术. 敦煌研究, 2005, (4): 24-29.

[87] 苏伯民, 蒋德强, 马想生, 等. 布达拉宫壁画起甲原因的初步分析和修复材料的筛选. 敦煌研究, 2007, (5): 39-44.

[88] 杨文宗. 馆藏唐墓壁画《侍女侏儒图》的保护修复. 考古与文物, 2009, (5): 107-110.

[89] 陈家昌. 关于壁画揭取保护中"干涉层"的使用和"地仗层"的去留问题. 文物保护与考古科学, 2004, (3): 40-45.

[90] 铁付德, 孙淑云, 王九一. 已揭取壁画的损坏及保护修复. 中原文物, 2004, (1): 81-86.

[91] 于群力, 杨秋颖, 党小娟. 韩城大禹庙壁画的揭取保护与复原. 中国文物保护技术协会. 中国文物保护技术协会第二届学术年会论文集. 中国文物保护技术协会, 2002: 118-119.

[92] 李黎, 赵林毅, 王金华, 等. 我国古代建筑中两种传统硅酸盐材料的物理力学特性研究. 岩石力学与工程学报, 2011, (10): 2120-2127.

[93] 赵林毅, 李黎, 李最雄, 等. 中国古代建筑中两种传统硅酸盐材料的研究. 无机材料学报, 2011, (12): 1327-1334.

[94] 马家郁. 云南丽江大宝积宫壁画的揭取和重装复原. 文物保护技术, 1987, (5): 116-120.

[95] 陈进良, 蔡全法. 少林寺千佛殿壁画的临摹揭取与复原. 中原文物, 1987, (4): 29-36, 28.

[96] 祁英涛, 李士莲, 聂连顺. 摩尼殿壁画揭取、修复的技术操作. 古建园林技术, 1984, (1): 2-10.

[97] 王文谦, 曲延瑞. 对于我国现行的文物保护原则的探讨. 中国城市经济, 2011, (27): 280.

[98] 侯卫东. 文物保护原则与方法论浅议. 考古与文物, 1995, (6): 10-12.

[99] 杨坤. 论文物保护科学研究的内容及原则. 价值工程, 2013, (18): 298-300.

[100] 朱莹. 阳光下的城池——哲蚌寺. 建筑师, 2005,（1）: 70-74.

[101] 牛婷婷, 汪永平. 试析西藏黄教四大寺的布局特征. 西安建筑科技大学学报（社会科学版）, 2012, 6: 49-57.

[102] 嘎·达哇才仁. 传统藏传因明学高僧培养基地——哲蚌寺. 中国藏学, 2008,（1）: 194-199.

[103] 宿白. 藏传佛教寺院考古. 北京: 文物出版社, 1996: 30.

[104] 郭宏. 论"不改变原状原则"的本质意义——兼论文物保护科学的文理交叉性. 文物保护与考古科学, 2004,（1）: 60-64.

[105] 王丽琴, 杨璐. 文物保护原则之探讨. 华夏考古, 2011,（3）: 143-149, 167.

附录 哲蚌寺措钦大殿及其内转经道温湿度检测结果

1 温度检测结果

1.1 四大天王（室外）月变化（2013年5月~2014年5月）

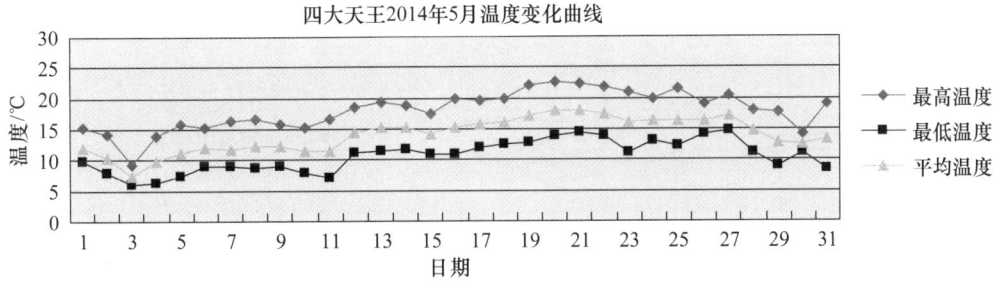

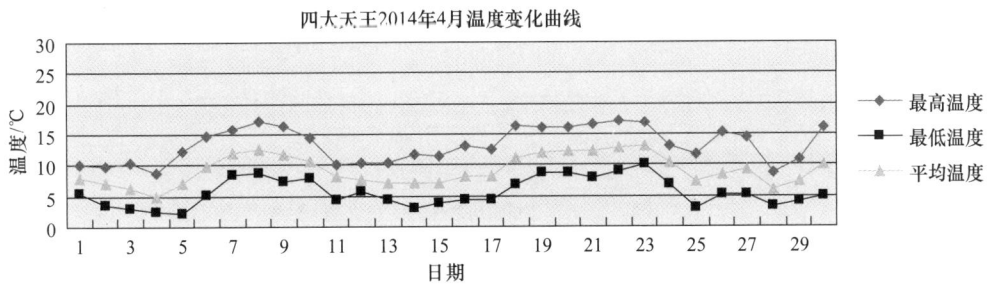

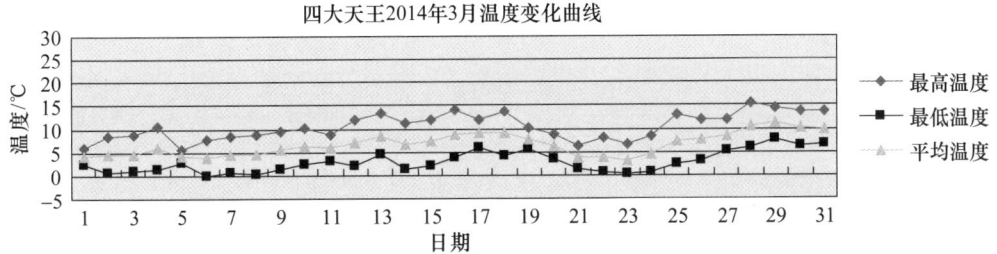

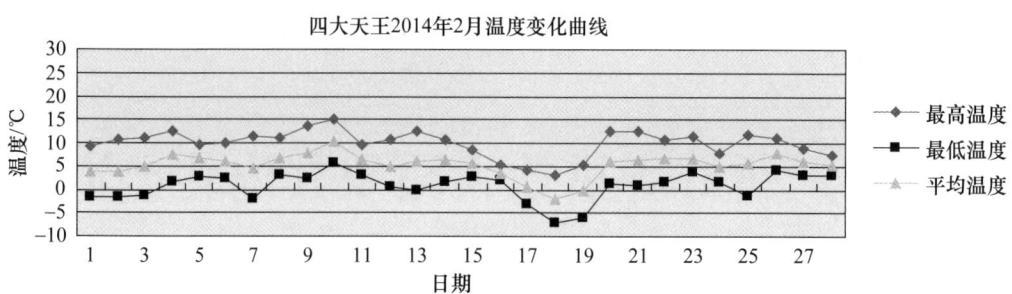

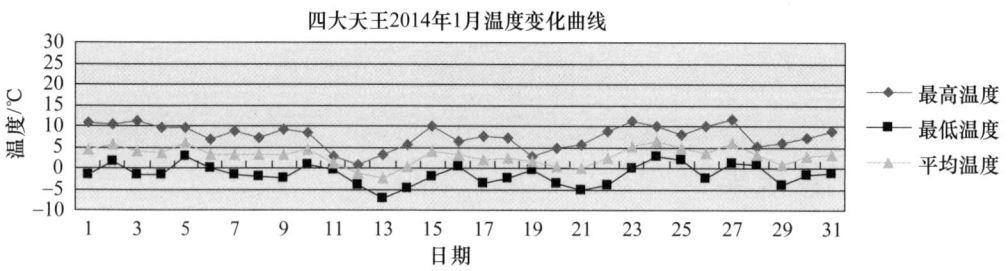

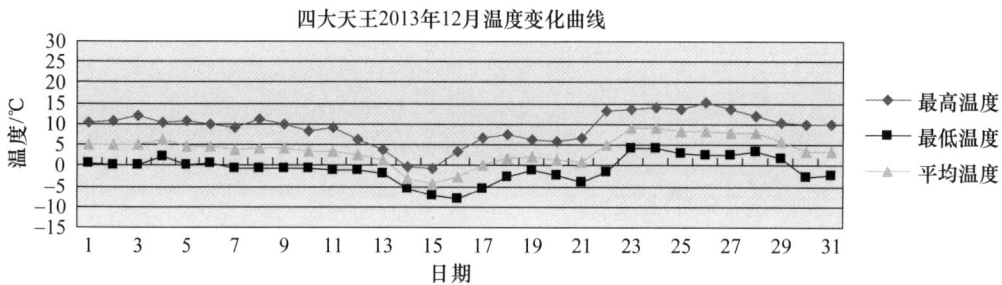

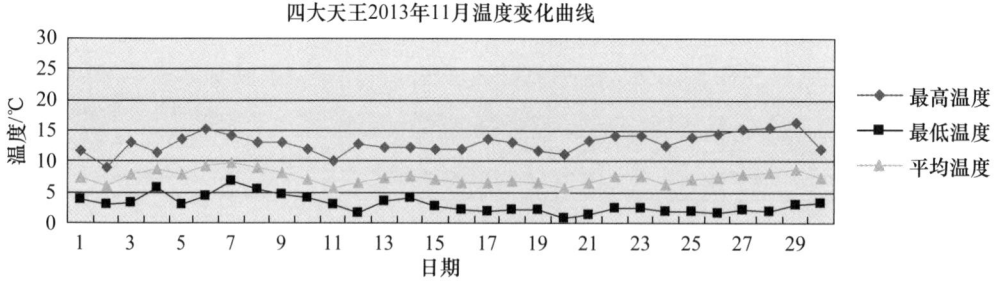

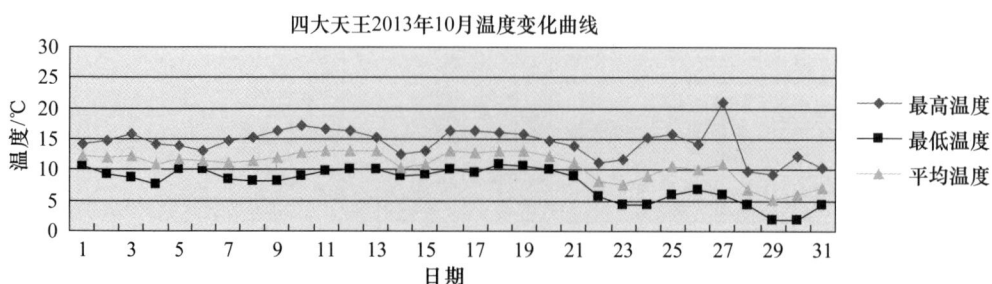

附录 哲蚌寺措钦大殿及其内转经道温湿度检测结果

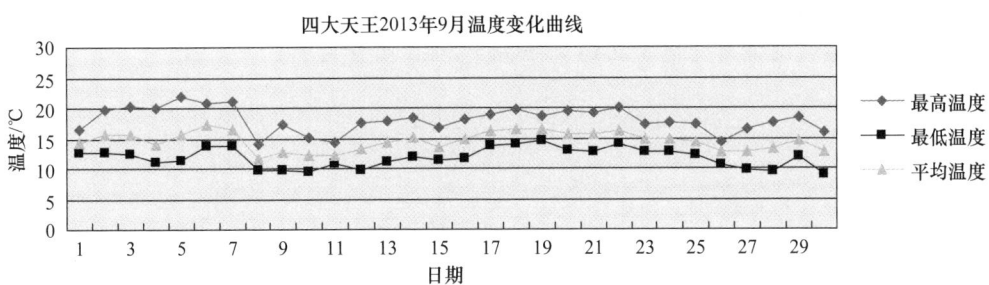

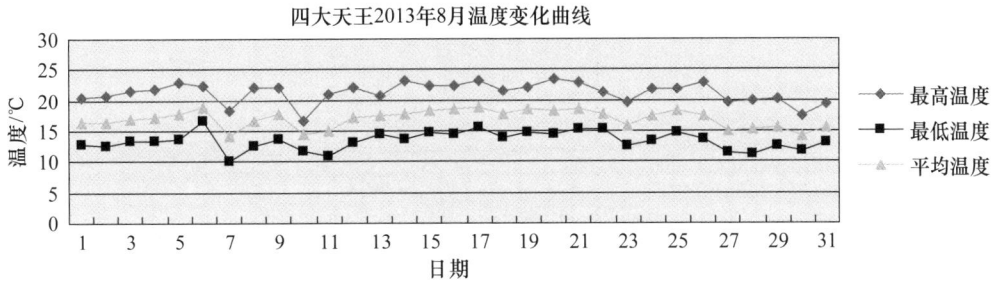

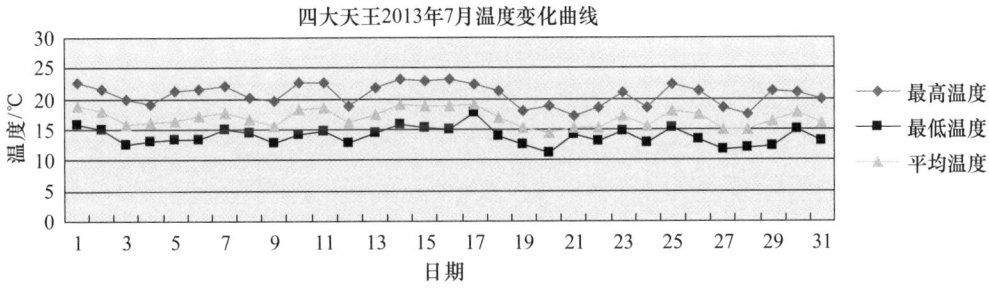

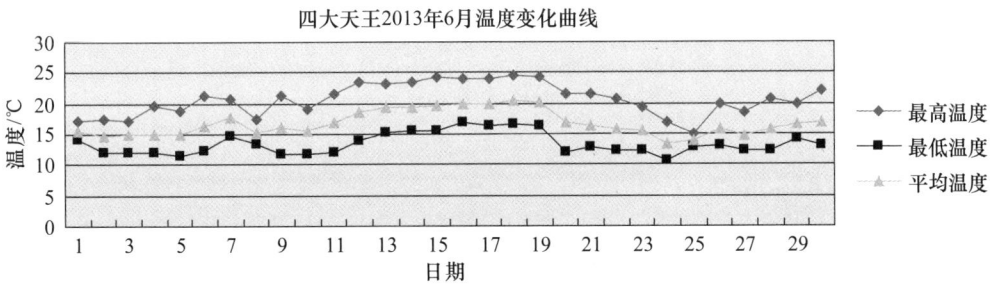

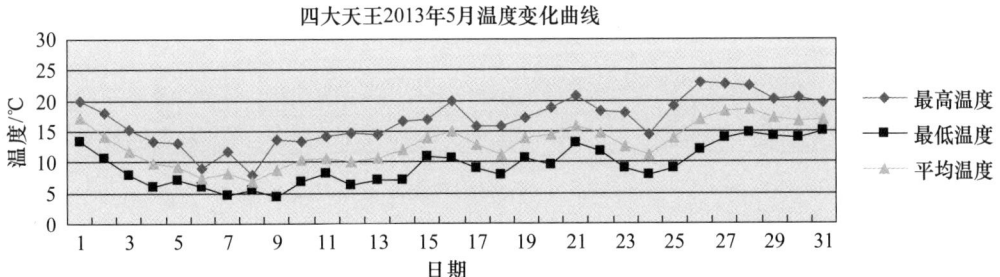

1.2 内转经道西壁月变化（2013年5月～2014年5月）

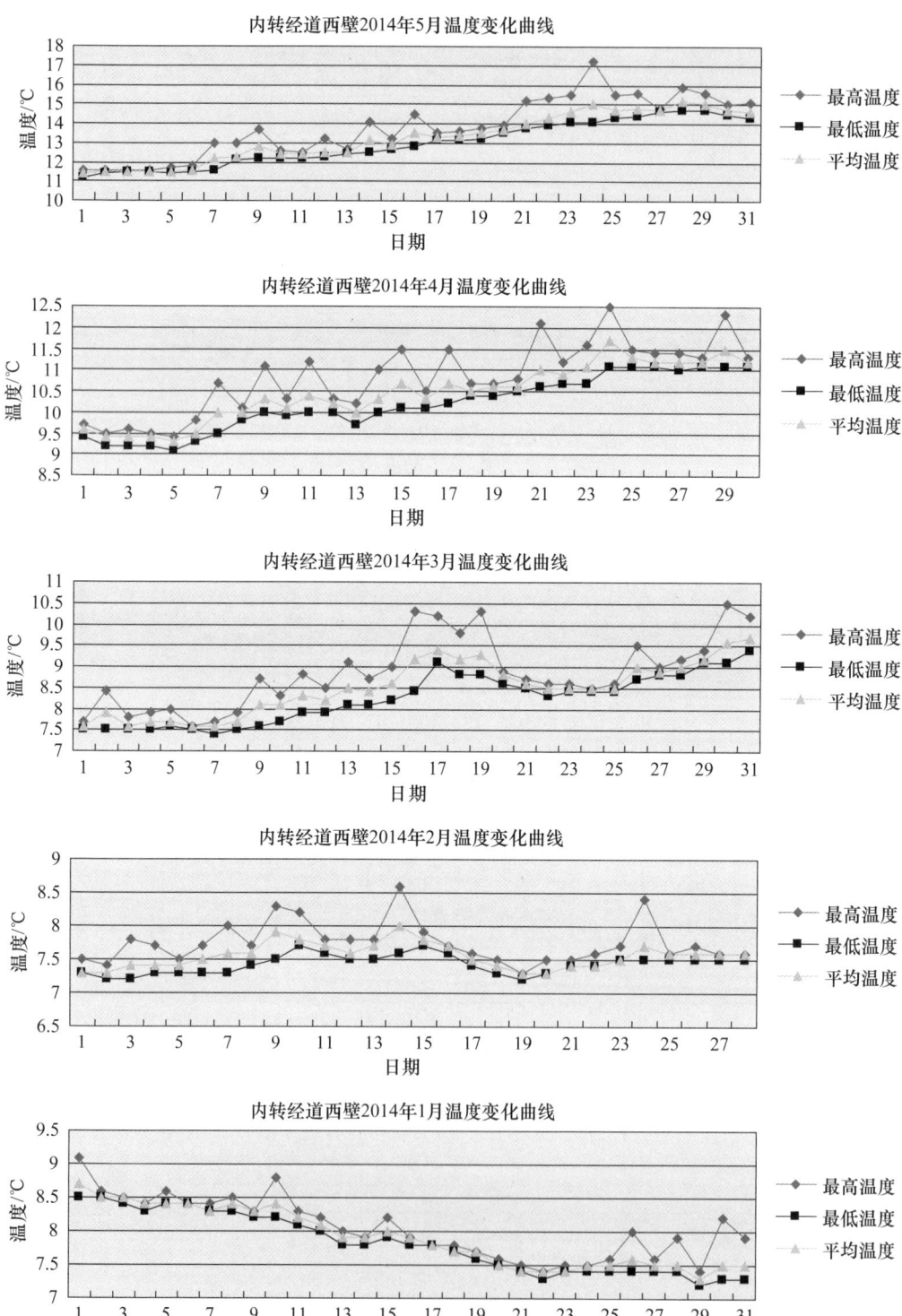

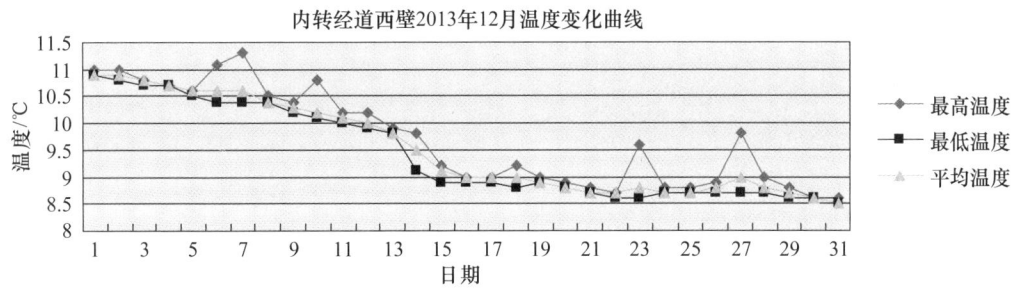

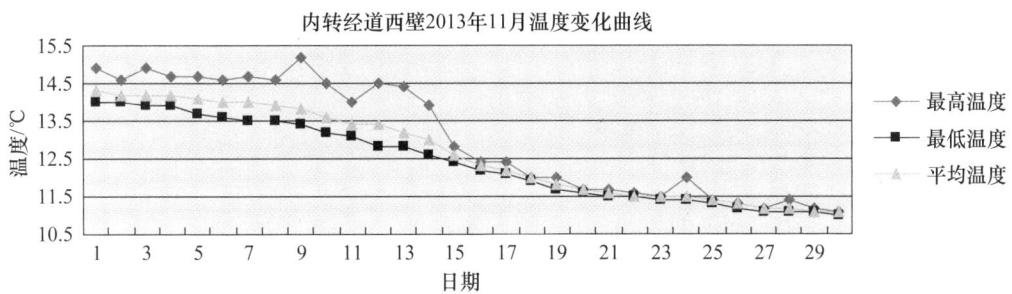

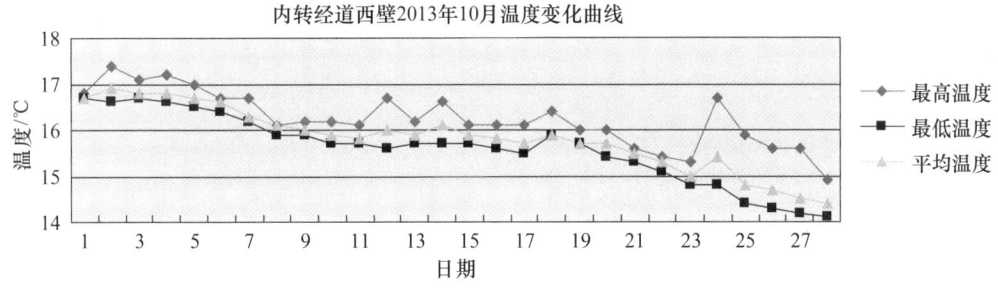

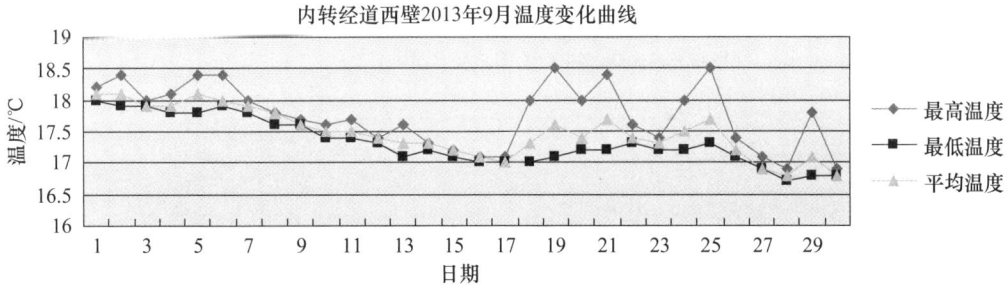

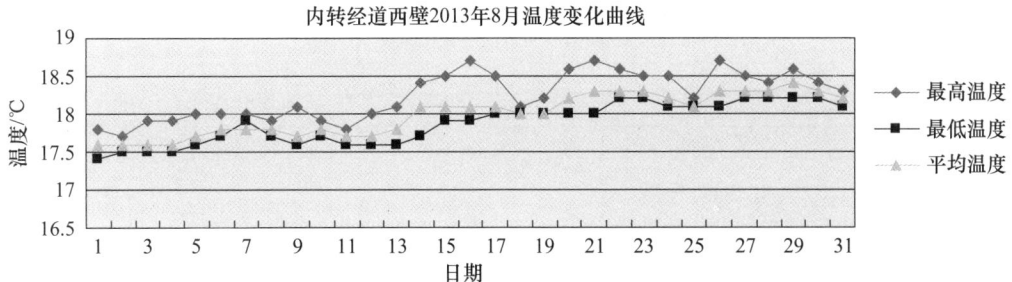

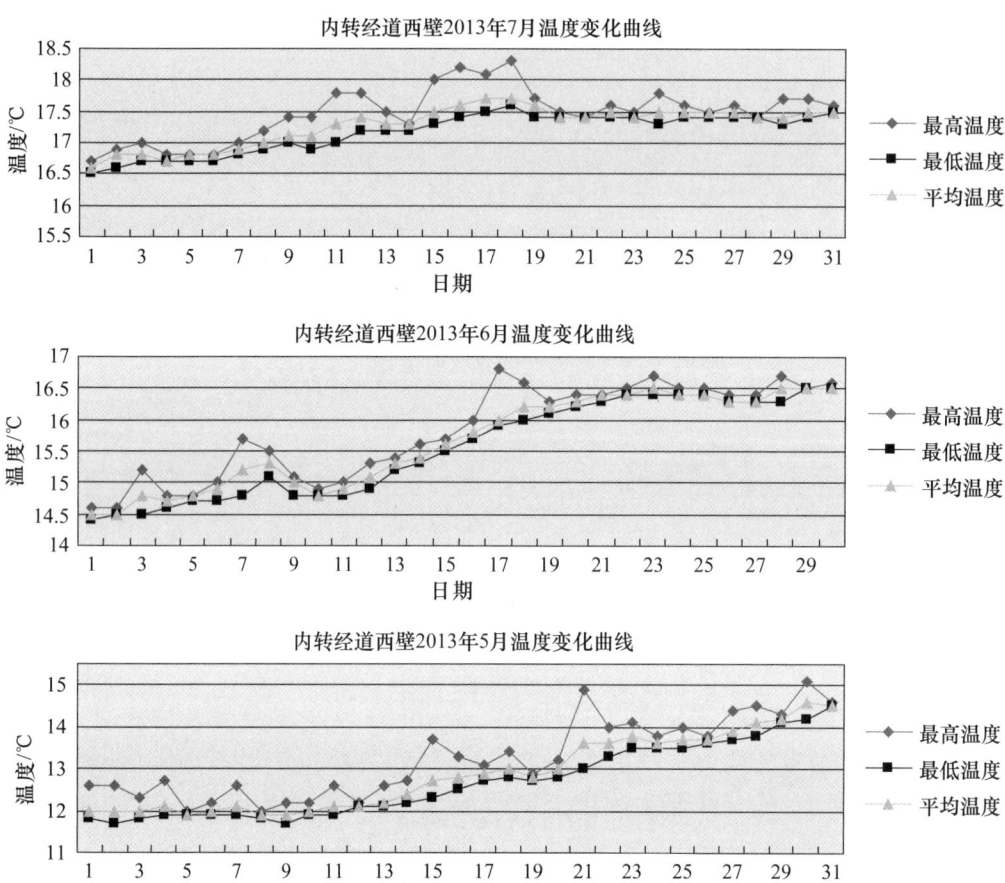

1.3 内转经道北壁月变化（2013年5月～2014年5月）

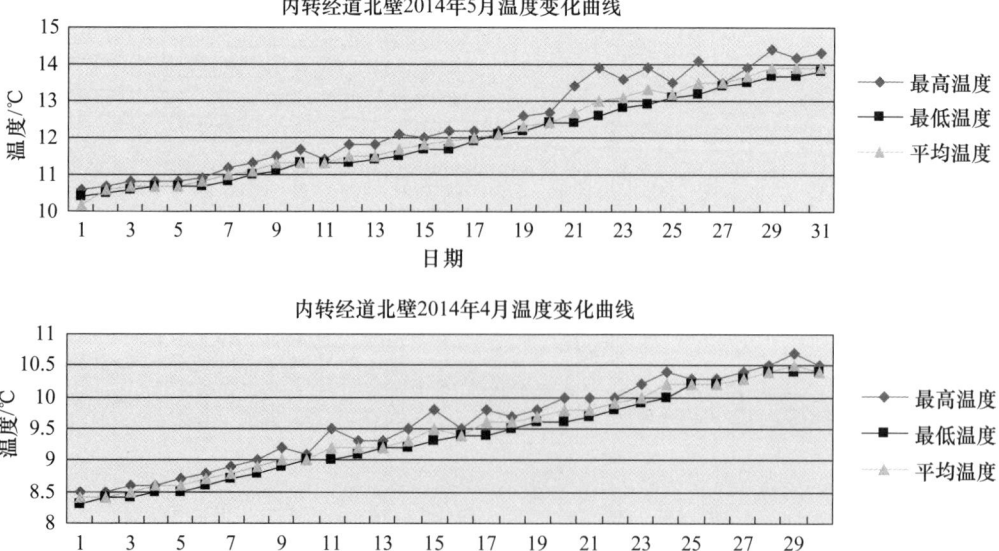

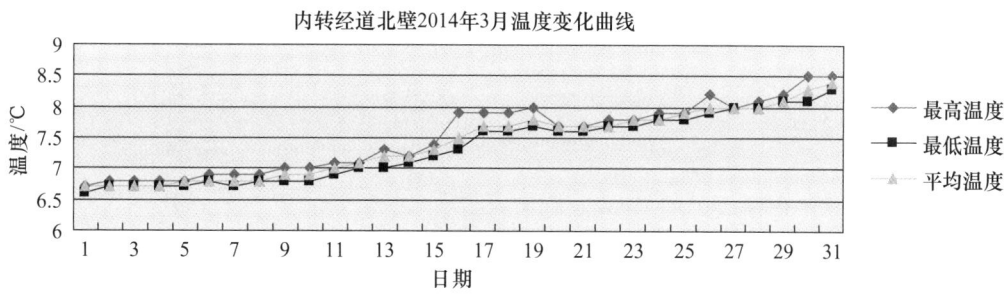

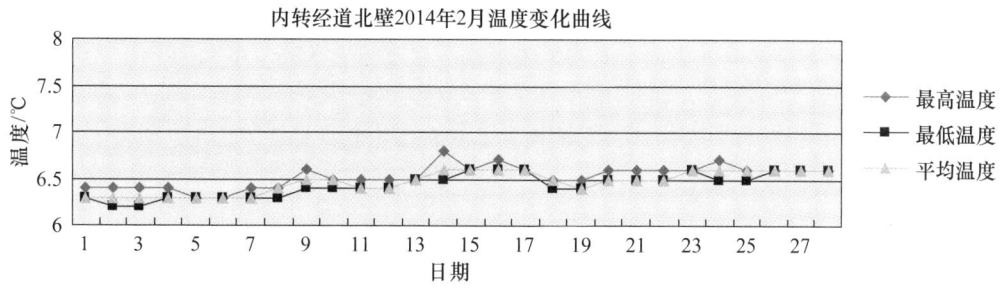

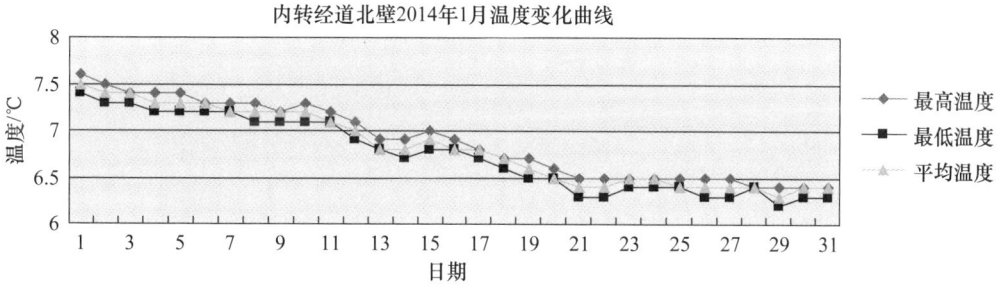

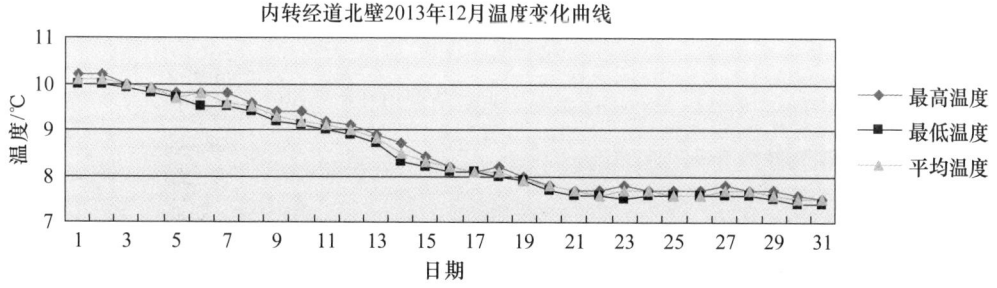

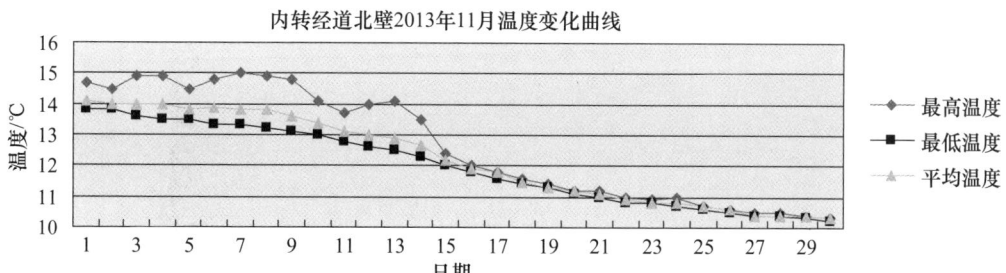

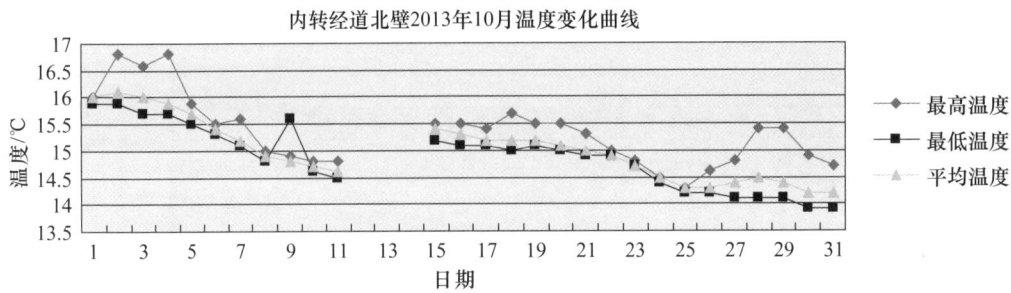

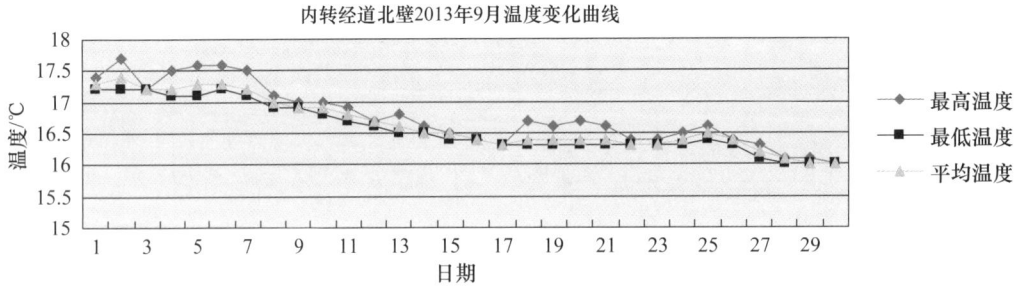

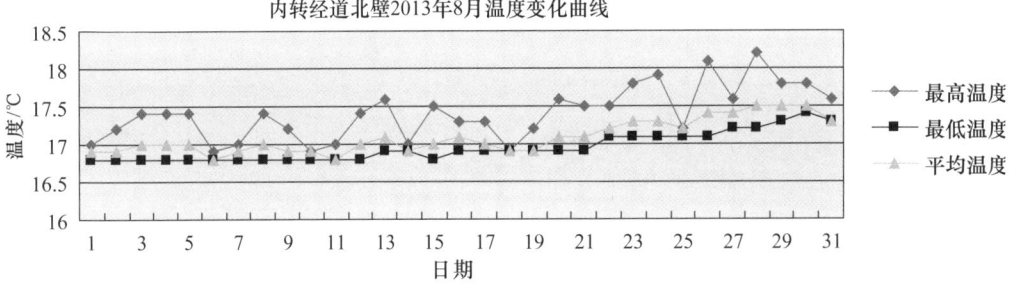

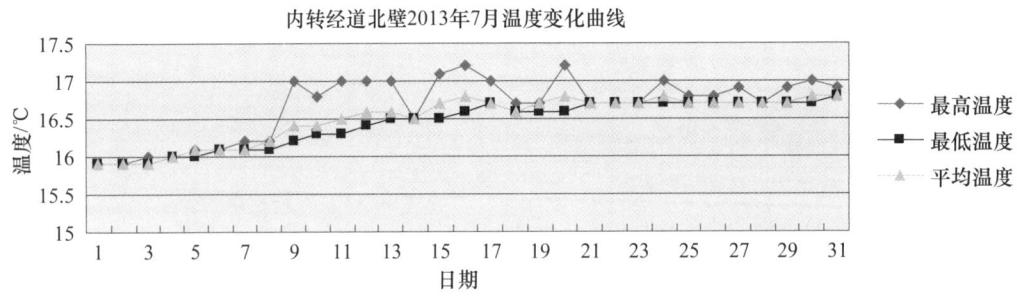

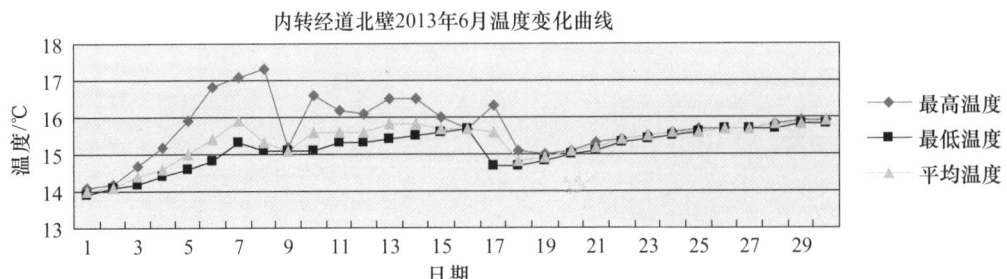

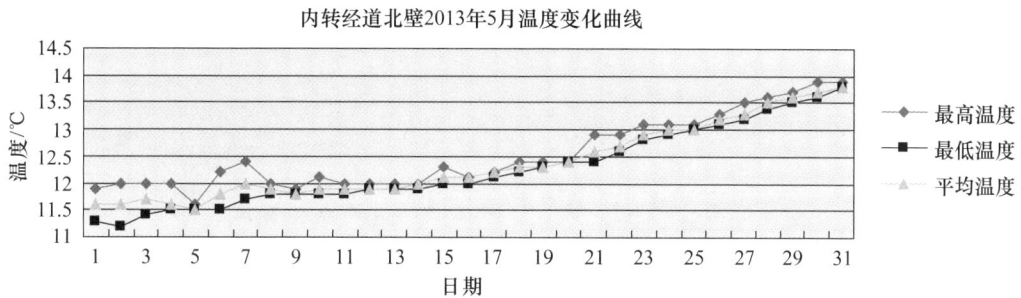

2 相对湿度月变化

2.1 四大天王（室外）月变化（2013年5月～2014年5月）

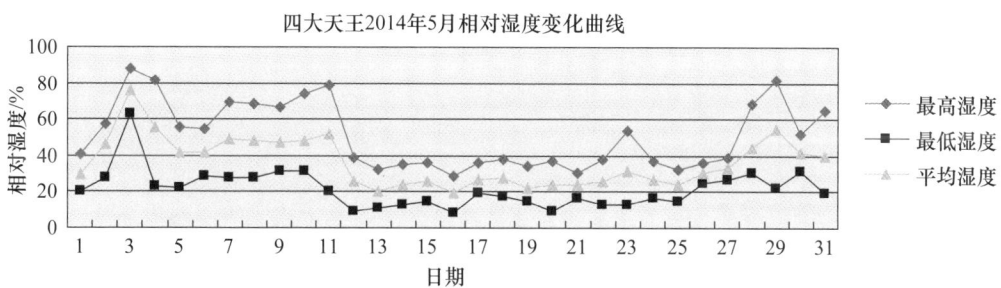

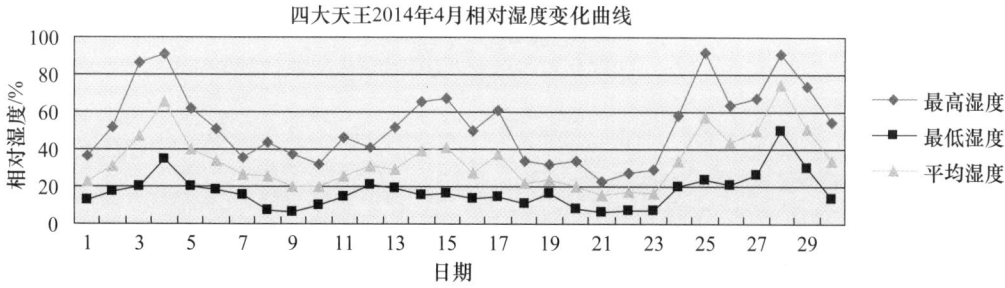

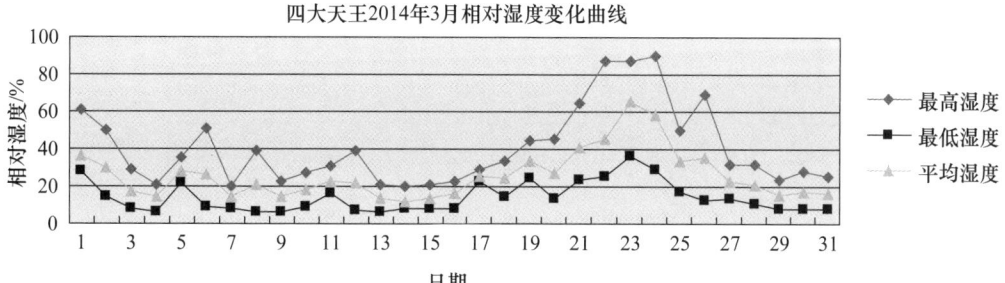

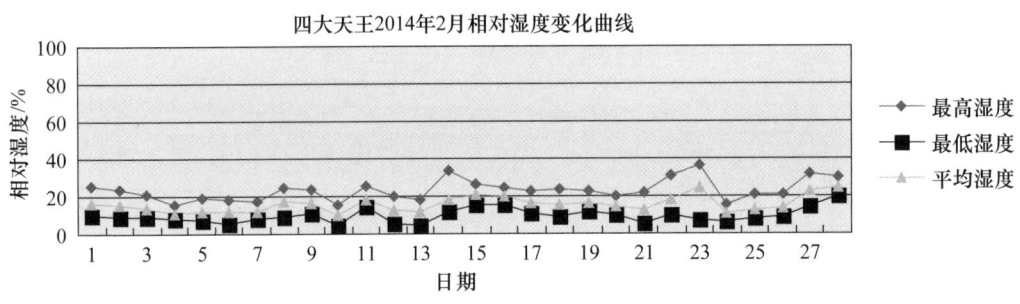

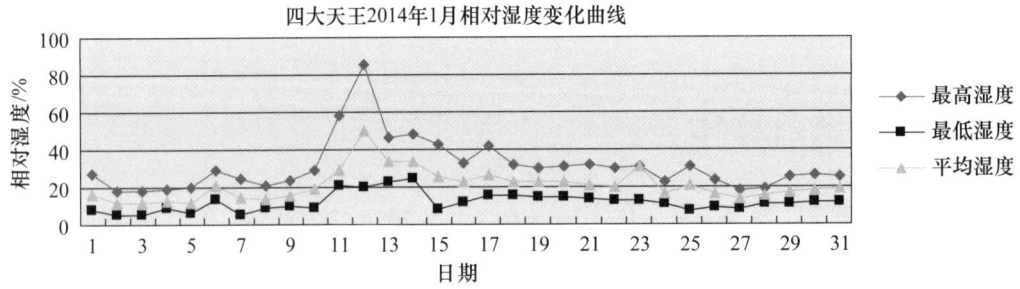

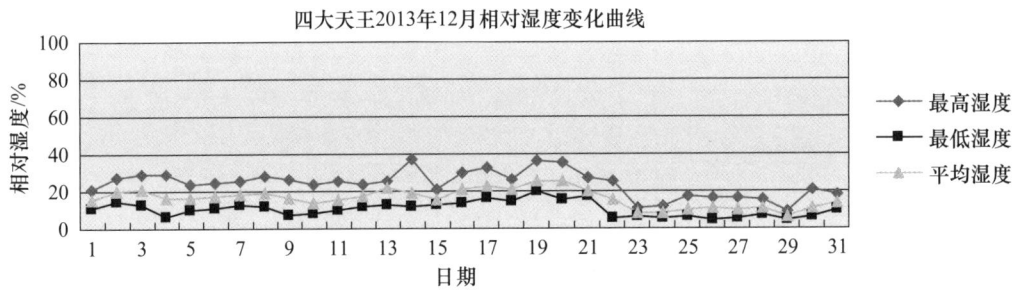

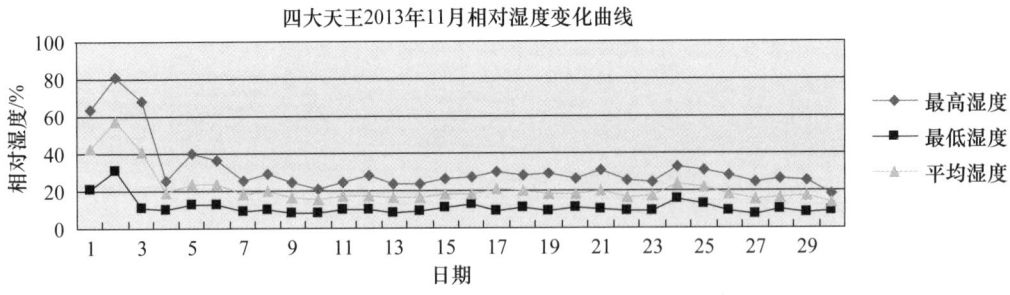

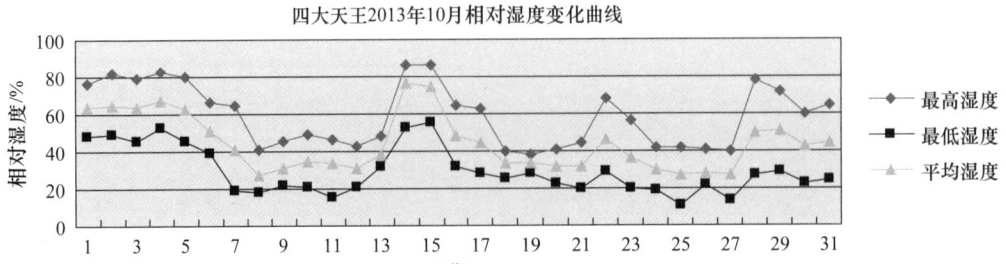

附录　哲蚌寺措钦大殿及其内转经道温湿度检测结果

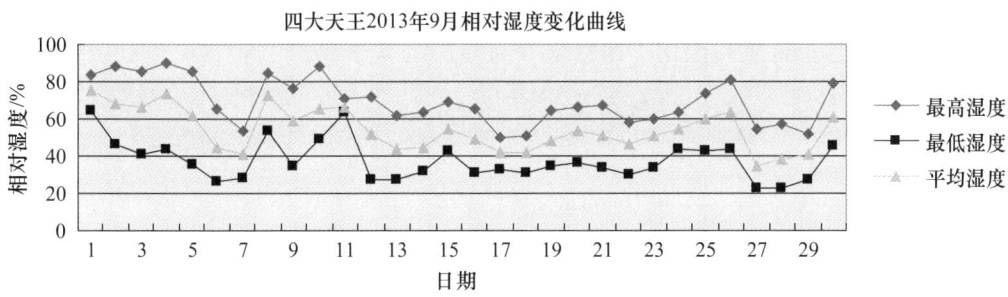

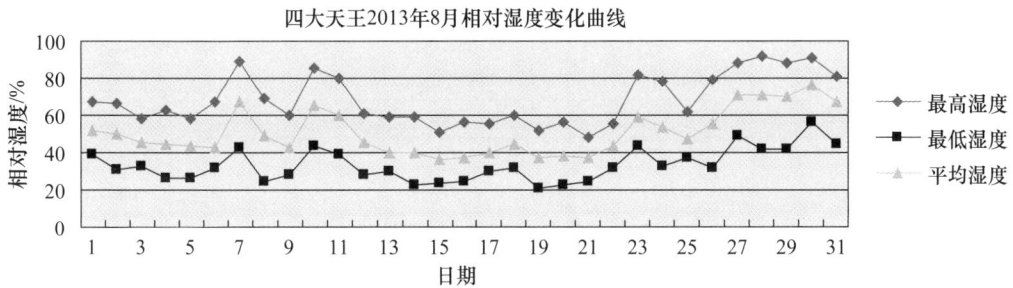

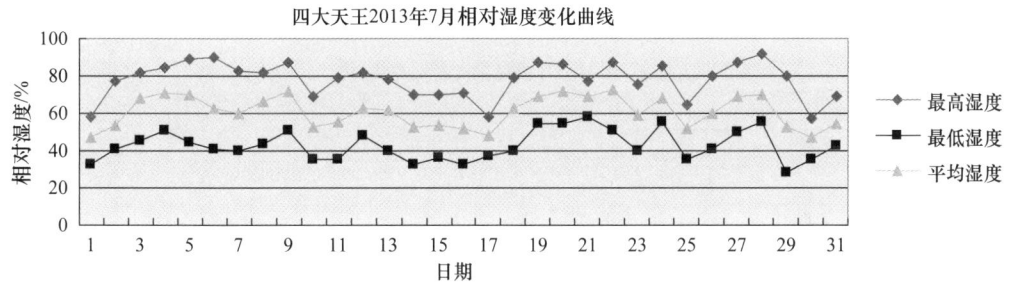

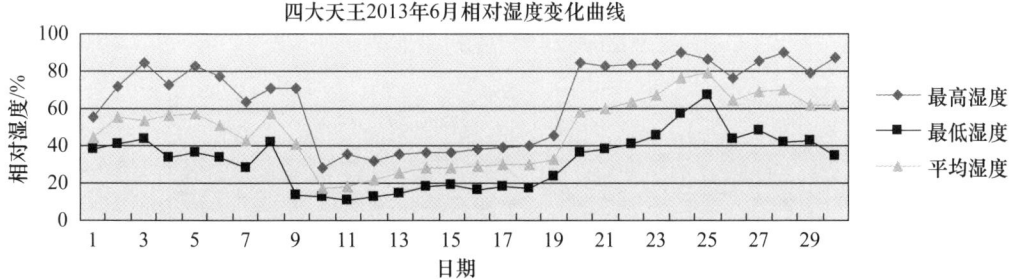

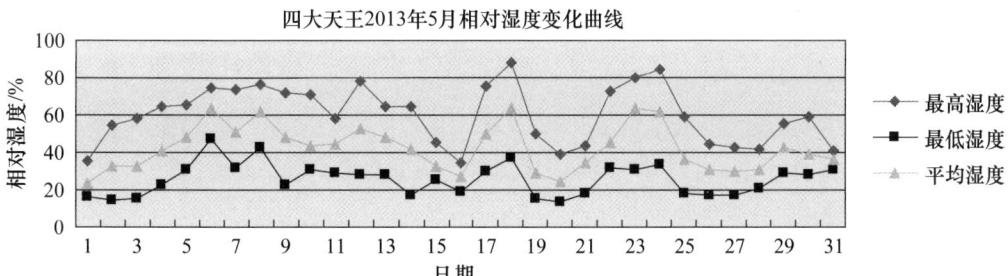

2.2 内转经道西壁月变化（2013年5月～2014年5月）

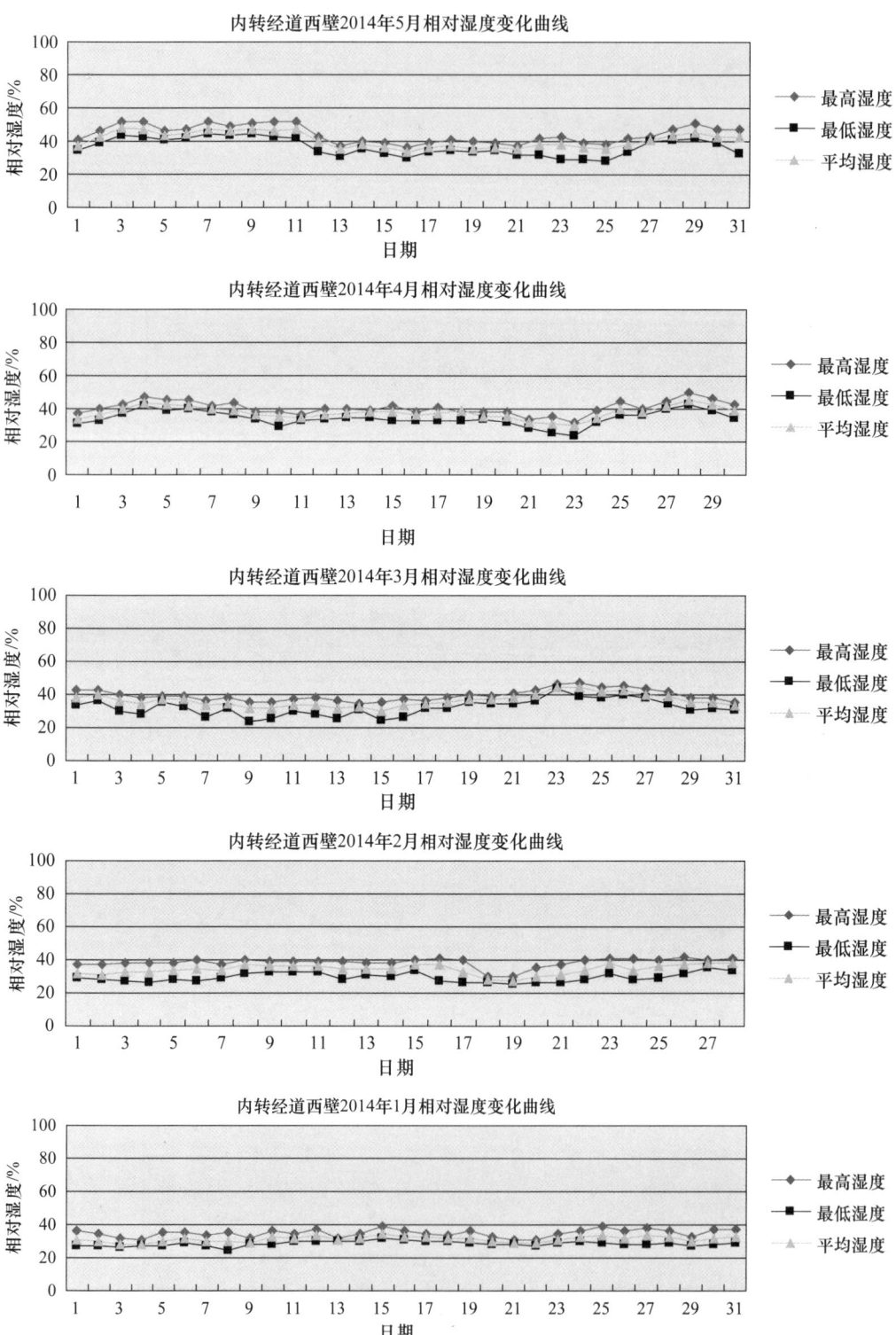

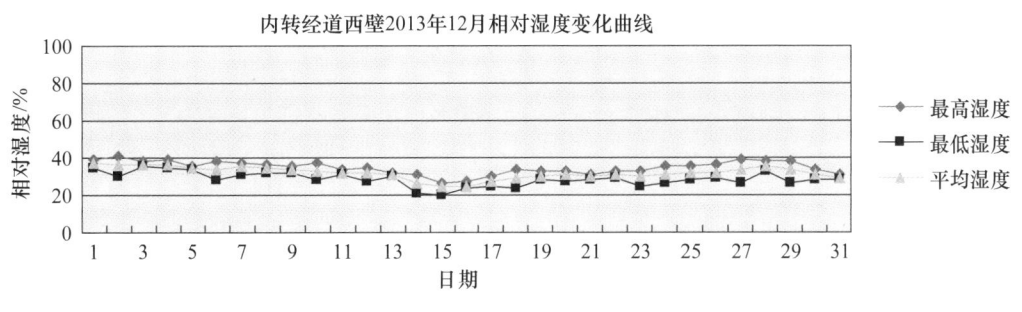

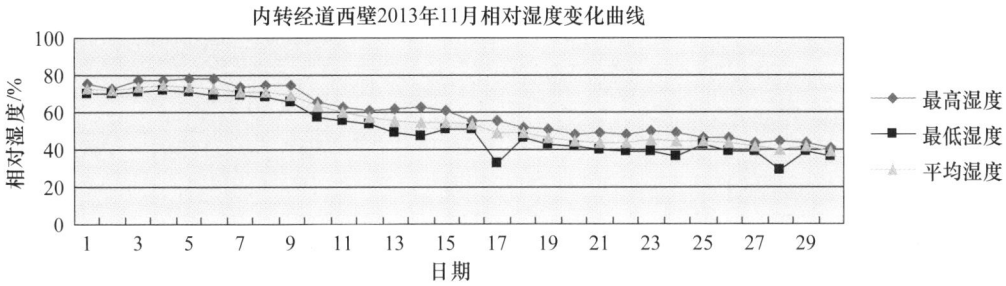

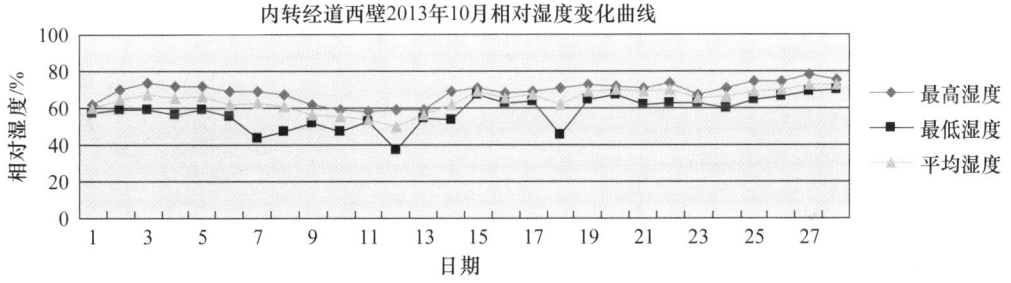

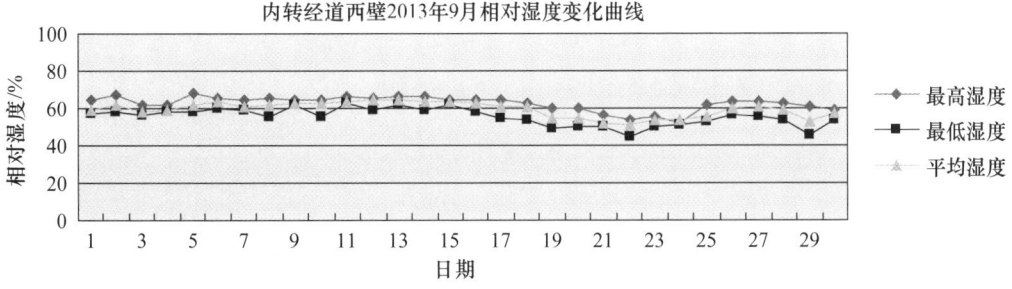

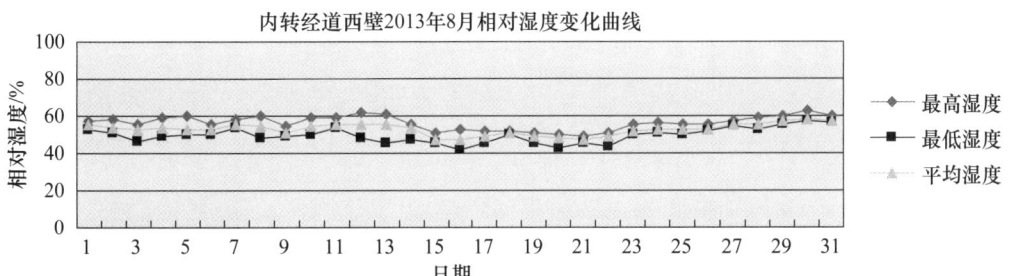

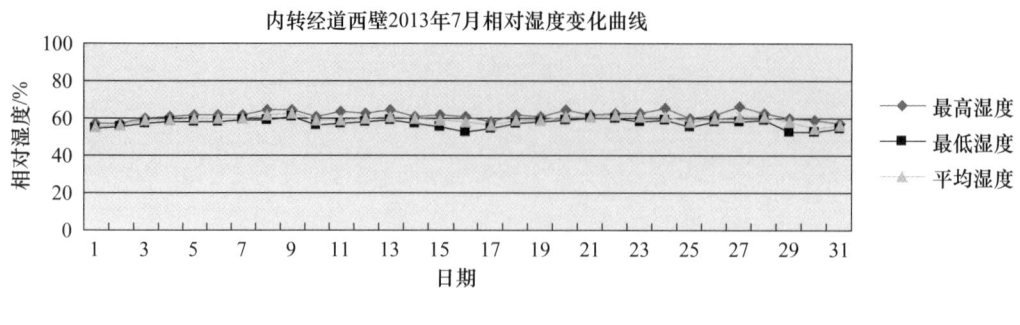

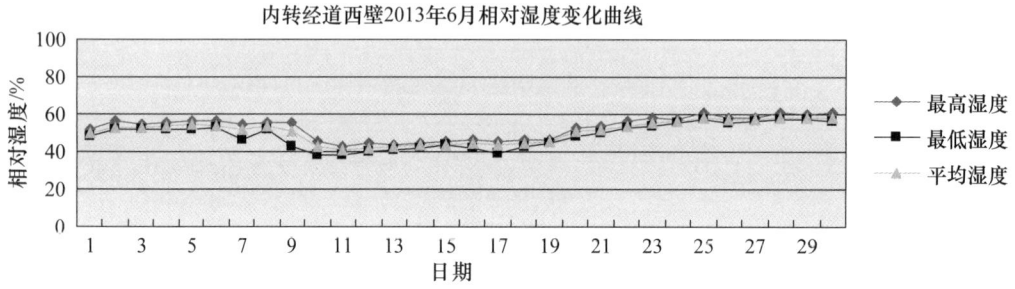

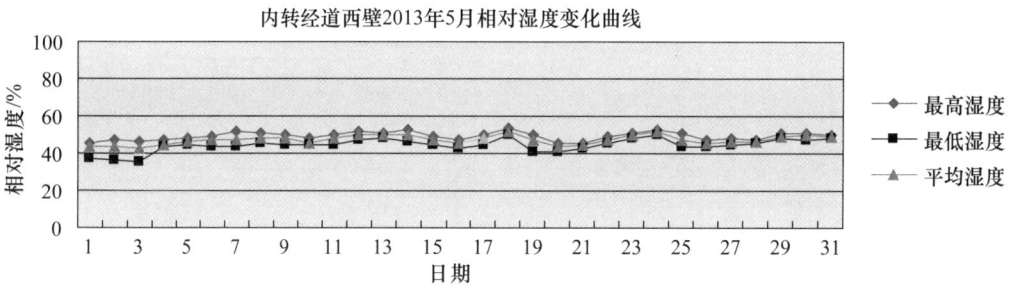

2.3 内转经道北壁月变化（2013年5月～2014年5月）

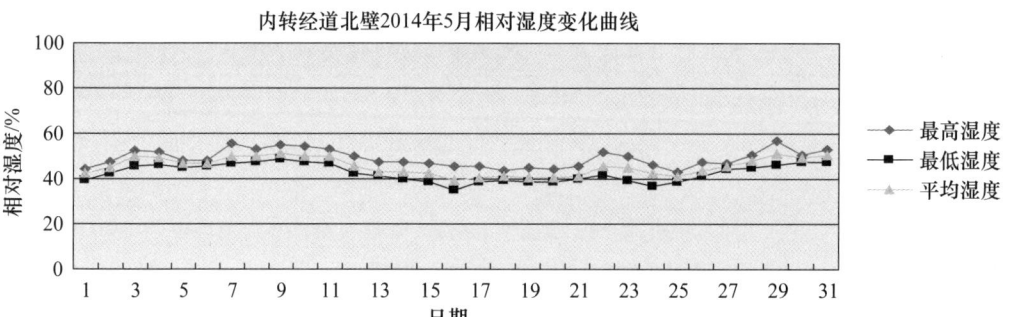

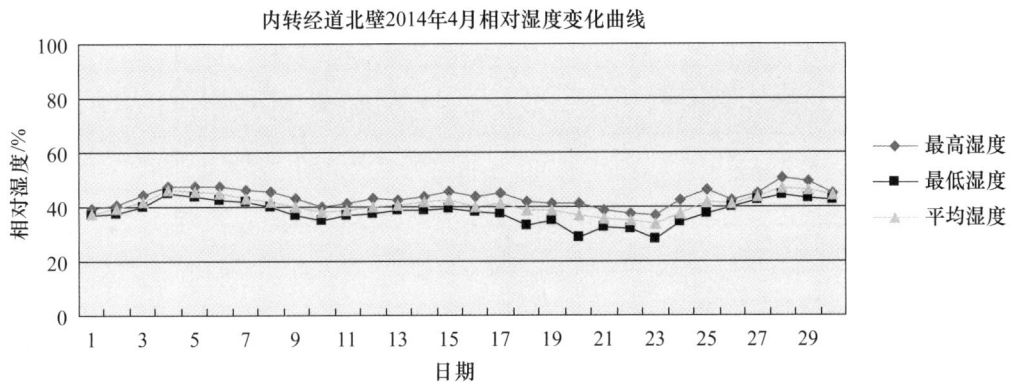

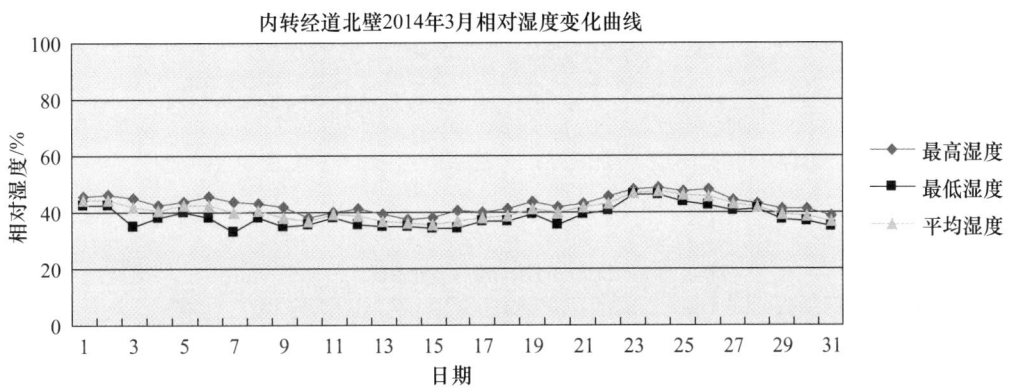

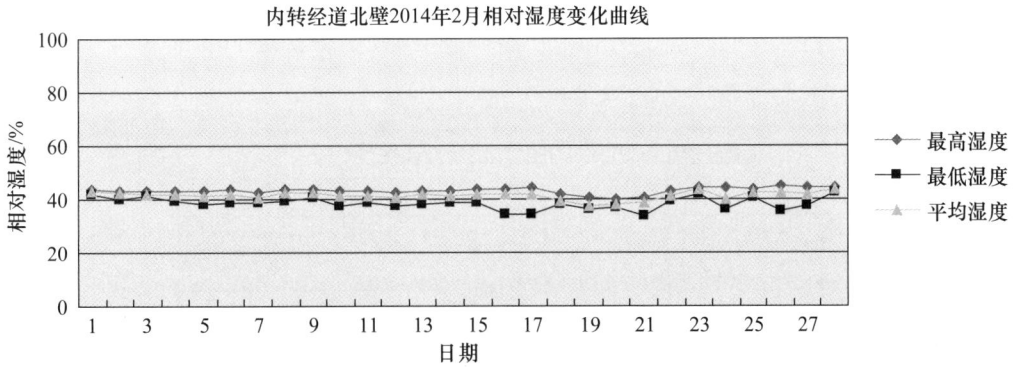

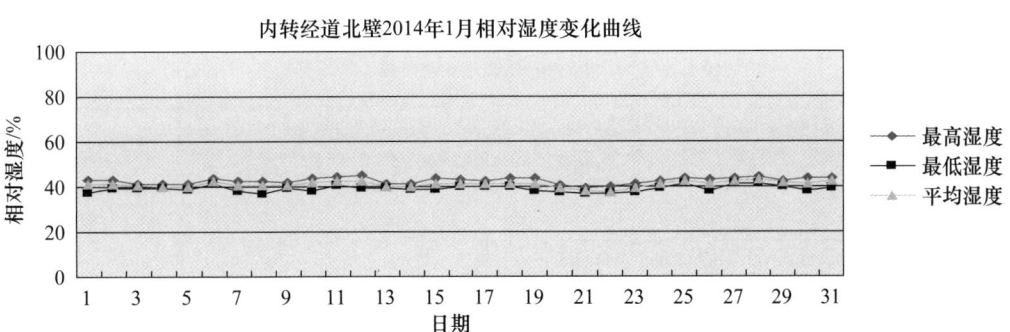

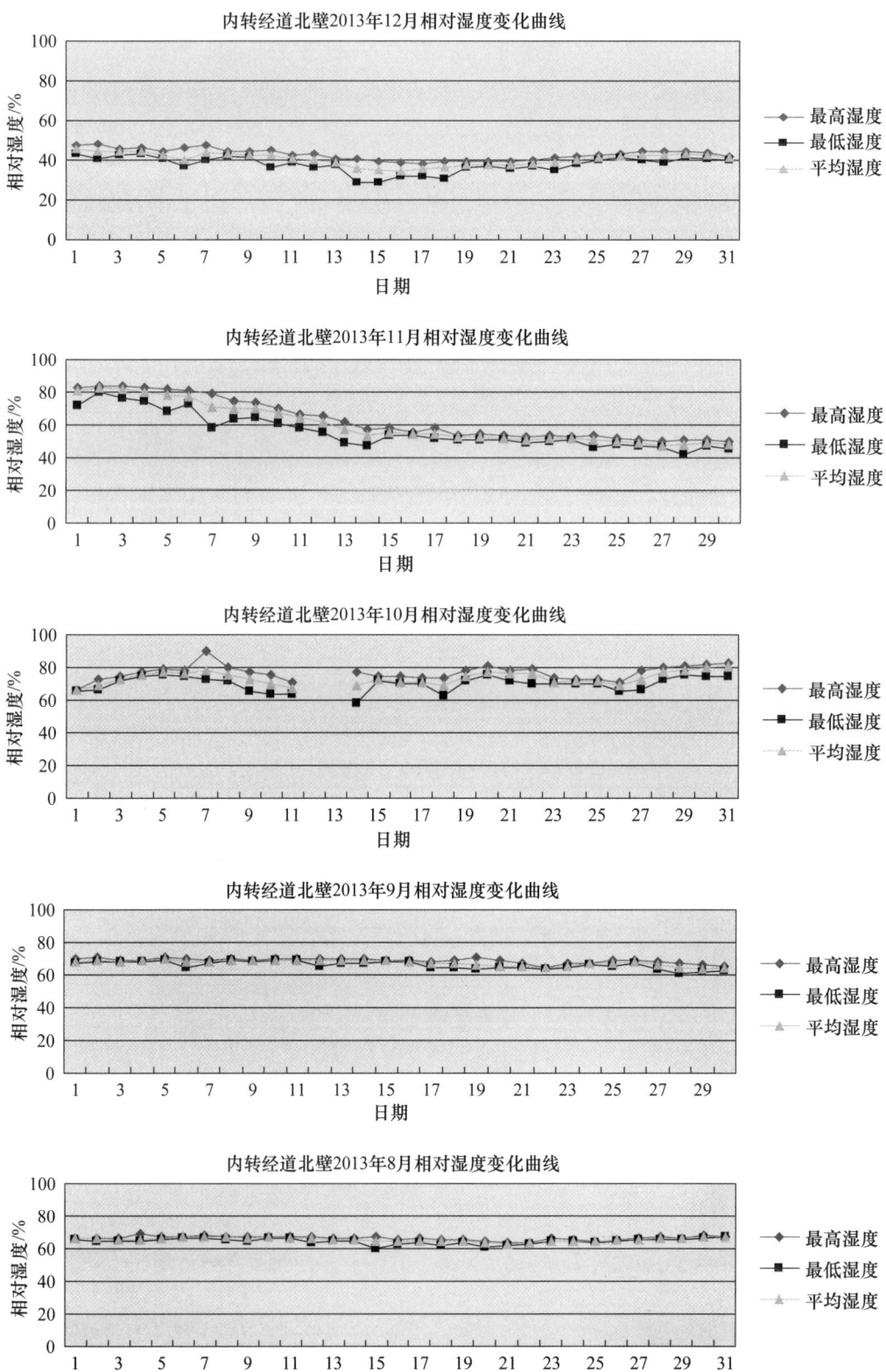

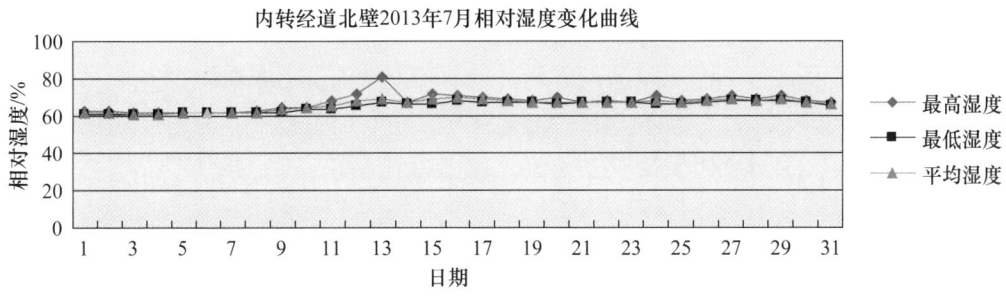

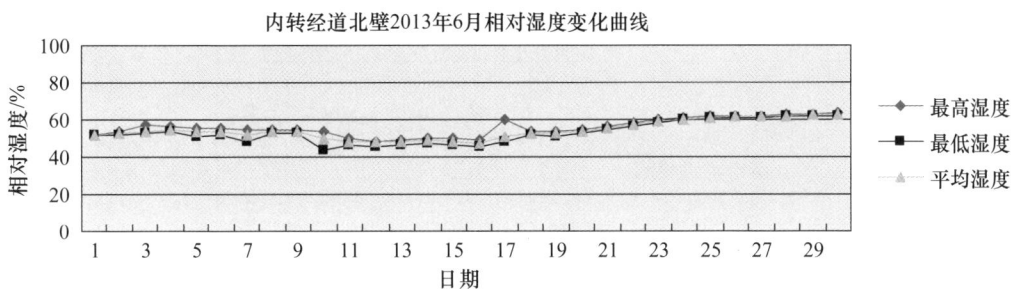

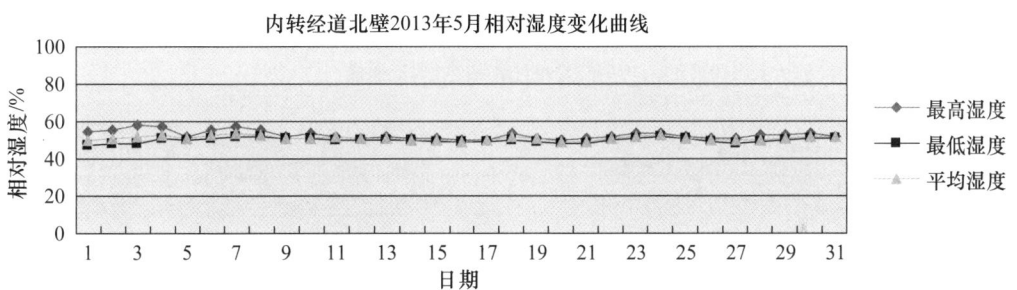

3 不同年份的同月温度和相对湿度对比

3.1 温度（5月）

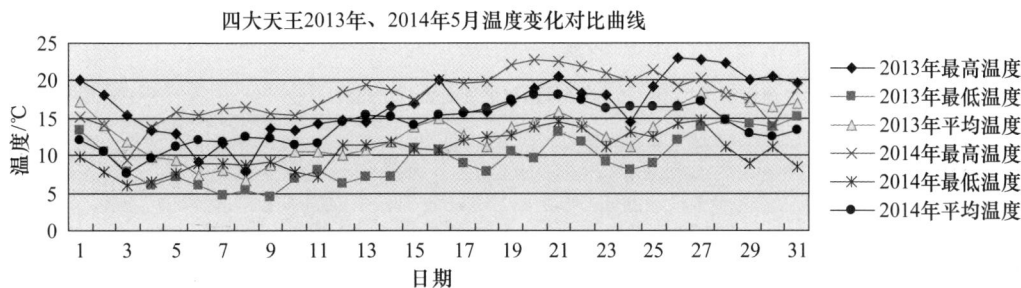

内转经道北壁2013年、2014年5月温度变化对比曲线

内转经道西壁2013年、2014年5月温度变化对比曲线

3.2 湿度（5月）

四大天王2013年、2014年5月相对湿度变化对比曲线

内转经道北壁2013年、2014年5月相对湿度变化对比曲线

内转经道西壁2013年、2014年5月相对湿度变化对比曲线

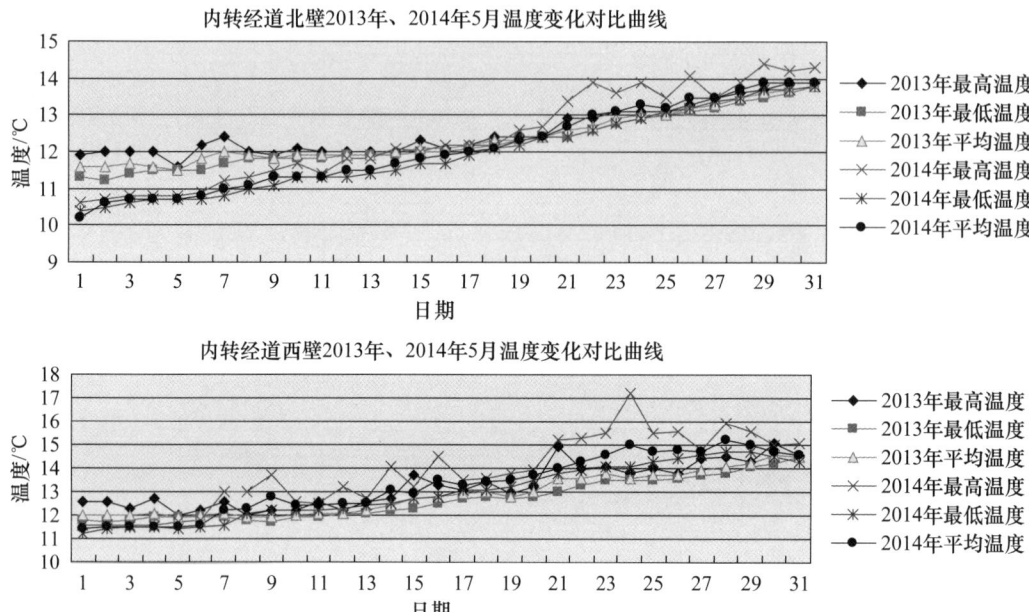

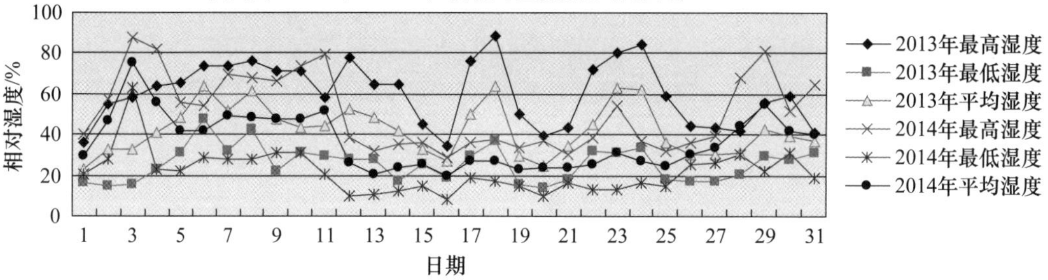

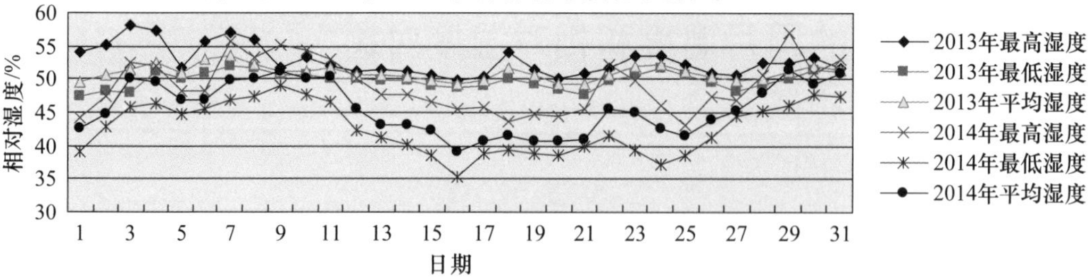

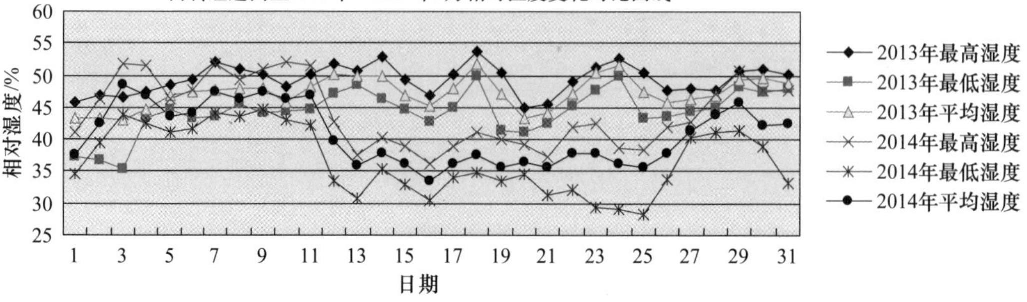

内 容 提 要

哲蚌寺是藏传佛教格鲁派（黄教）在拉萨三大寺院的首寺，属于藏传佛教后弘期的寺庙建筑。寺内各个殿宇墙面绘制了大量不同时期各种风格的藏传佛教壁画，内容丰富，价值极高，但这些壁画受赋存环境（人文、自然）、所依附建筑布局、制作材料及工艺等多种内外因素的影响，存在地仗层空鼓、开裂、大面积脱落，颜料层龟裂、起甲、粉化脱落，表面水渍、泥渍、油脂污染等多种病害。其中措钦大殿内转经道西壁内墙壁画，绘制于建寺初期的15世纪，用色古朴，是当时藏传佛教壁画多重风格遗留和转变过程的实物证据。由于地基不均匀沉降等原因引起的墙体变形，导致部分壁画已脱落损毁，现留存壁画也存在地仗层空鼓、开裂、大面积脱落等病害，严重危及壁画的长期保存与展示，经现场勘察研究，亟须解决壁画基础支撑体的稳定性的问题——维修加固建筑墙体。而加固墙体前必须先对壁画进行揭取，待墙体维修稳固后将壁画原位复原回贴。

项目开展过程中，调查了哲蚌寺所在拉萨地区的温湿度和水文地质环境，分析其对壁画稳定性的影响；同时，对壁画赋存微环境温湿度进行监测，分析其变化波动规律。采用剖面显微、X射线荧光、X射线衍射、扫描电镜及能谱、显微共聚焦激光拉曼光谱等检测技术分析壁画制作工艺和材料。统计壁画现有病害类型和范围、程度，并结合微环境监测和制作工艺材料分析结果，对壁画存在病害的致因做了归纳总结，着重深入分析内转经道西壁内墙变形破坏特征和机制。进而开展了修复材料与工艺的实验室和现场试验研究，谨慎论证之后制定了切合实际的保护修复技术路线，将哲蚌寺壁画保护分为原位保存修复和揭取修复后原位回贴两种类型。修复过程坚守"保护为主，抢救第一"的基本方针，严格遵守文物保护基本原则，取得了良好的修复效果。

哲蚌寺壁画的成功修复，尤其是内转经道西壁内墙壁画揭取修复后原位回贴，不规则切割、保留原壁画地仗层、使用高温焙烧的阿嘎土为主要材料制作壁画过渡层，这些保护方式的探索和成功实施，为藏区此类壁画的修复提供了典型范例。

Abstract

Drepung Monastery, the Gelugpa's most significant monastery within the three renowned temples in Lhasa, dated to the second propagation stage (i.e. phyi dar) of Tibetan Buddhism, in the 10th century CE. Considerable Tibetan Buddhist wall paintings designed in a wide range of style during the historical periods were painted on the walls of Buddhist hall buildings. Those wall paintings illustrate the complex philosophies of Buddhism and encompass invaluable significance. However, these wall paintings have been affected by various types of deterioration including plaster detachment, cracks, large area deep loss, flaking, craquelure, powdering, water stain, mud stain, grease contamination, and so on. The internal and external reasons such as the preserving natural environment, the layout of timber architectures, raw materials and manufactures of mural painting may directly or indirectly result in the hybrid deteriorations. There is a representative instance of the wall painting located at the western wall of the Circumambulation corridor of Tsokchen Chanting Hall. The Hall painted at the initial stage of the 15th century with traditional tints indicate the evidences the specific inheritance and transformation of Tibetan wall paintings. Resulting from the sedimentation of ground, the wall were deformed and then majority of the mural paintings were cracked and detached from the base and some of fragments separated and fell onto the floor, which impact on long-term preservation, as well as display to the public. After investigation and evaluation *in-situ*, the most effective solution for stabilizing the base of mural painting is to reconstruct the structure and walls of Tsokchen Chanting Hall. In addition, the routine is to firstly detach the wall paintings from the walls artificially, then return all the paintings back after carrying out reconstruction measures for the walls.

The conservation project has been carried out in coherent stages as below: First of all, parameters related to natural and hydrogeological environment and impacts on wall painting have been collected and analysed respectively. Fluctuations of the ambient environment of wall painting in terms of temperature and relative humidity were monitored and analysed simultaneously. Then, raw materials and manufactures of mural paintings have been explored by scientific approaches including microscope, X-ray fluorescence, X-ray diffraction, scanning electron microscopy combined with energy-dispersive spectrometer (SEM-EDS) and Raman spectroscopy. Next, associated with environmental and material results, the area and extent of deteriorations have been evaluated, in order to figure out the reasons of deteriorations, especially mechanism and characteristic of deformation from western wall of the Circumambulation corridor. Furthermore, laboratory and *in-situ* experiments on restoration materials and techniques were carried out and a practical technical route of conservation and restoration was lunched cautious argument. There were two conservation methods, i.e conservation *in-situ* and reassembling after wall paintings detached and restored. Finally, the restoration process strictly followed the basic principles such as "protection first, rescue first", and achieved satisfying conservation results as expected.

The successful restoration of the wall painting in Drepung temple, especially the reassembling after detachment and restoration of wall paintings for the west internal wall of the Circumanbulation. Irregular cutting, retaining the plaster layer of the original wall painting, and making the transition layer of wall painting with AGA soil roasted at high temperature as the main material, the creative implementation of these protection measures demonstrates a representative case of wall painting restoration in Tibet.

后　　记

　　哲蚌寺壁画的保护修复工作，自始至终得到西藏自治区政府、各级文物行政部门、哲蚌寺管理委员会和广大僧众的大力支持。西藏自治区副主席、西藏重点文物保护工程协调领导小组副组长、办公室主任甲热·洛桑丹增在西藏自治区文物局领导的陪同下数次莅临哲蚌寺壁画保护修复现场，考察、指导壁画保护修复。

　　西藏自治区文物局桑布局长、刘世中副局长、阿旺洛珠总工程师，文物处王存香处长，以及孙丹、次央、张蓉，计划财务处谷佳海，拉萨市文物局平措旺堆局长、李粮企原副局长、李果副局长、劲永春副局长等领导都对哲蚌寺壁画的保护修复工作给予最大关心，在项目组织协调、经费拨付等方面给予了最大程度的支持。

　　工程还得到哲蚌寺管理委员会洛布主任、洛桑副主任、文物保护科旦曲科长、其美罗布副科长，僧管会阿旺群增副主任、阿旺曲扎委员的鼎力支持与配合，在每一个工作面完成壁画修复工作后，他们均莅临现场检查验收，并对下一步工作提出宝贵意见。

　　中国文化遗产研究院原院长刘曙光先生、柴晓明先生、乔云飞副院长、许言副院长在工程实施过程中多次莅临现场进行协调、指导、帮助，文物修复与培训中心李黎副所长为本工程修复材料的筛选进行了大量实验室研究，并提供了翔实的实验数据。

　　在以上各级领导的大力关心支持下，在项目组全体人员的共同努力下，项目得以保质、保量、按时完成，并得到哲蚌寺广大僧众的普遍认可，取得了良好的社会效益。值此本书出版之际，谨向以上领导和同仁表示由衷感谢。

　　本书的编辑出版，缘起于近年来多位业内同行、师友和学生们的劝勉，得益于北京科技大学"一流学科建设"资助，并得到了科技史与文化遗产研究院潜伟院长、章梅芳副院长的支持和鼓励。书稿编写过程中，陈坤龙副院长、韩向娜女士提出了许多好的意见和建议，谨此一并表示衷心感谢。

　　承蒙科学出版社文物考古分社闫向东先生及孙莉女士厚意，多次建议我在科学出版社出版本书，书稿编辑出版过程中，责任编辑雷英做了大量认真细致的编校工作，为本书增辉不少。谨此一并表示诚挚的谢意！

郭　宏

2022 年 3 月于北京

哲蚌寺措钦大殿

图版1　措钦大殿内转经道空鼓壁画

图版2　措钦大殿内转经道墙面整体变形

图版3　措钦大殿内转经道壁画局部裂隙

图版4　措钦大殿内转经道墙面变形、裂隙

图版5 措钦大殿内转经道壁画（修复后的佛塔1）

图版6 措钦大殿内转经道壁画（修复后的佛塔2）

图版7 措钦大殿内转经道壁画（修复后的佛塔3）

图版8 措钦大殿内转经道壁画（修复后的佛塔4）

图版9 措钦大殿内转经道壁画（修复后的佛塔5）

图版10 措钦大殿内转经道壁画（修复后的佛塔6）

图版11 措钦大殿内转经道壁画（修复后的佛塔7）

图版12 措钦大殿内转经道壁画（修复后的佛塔8）

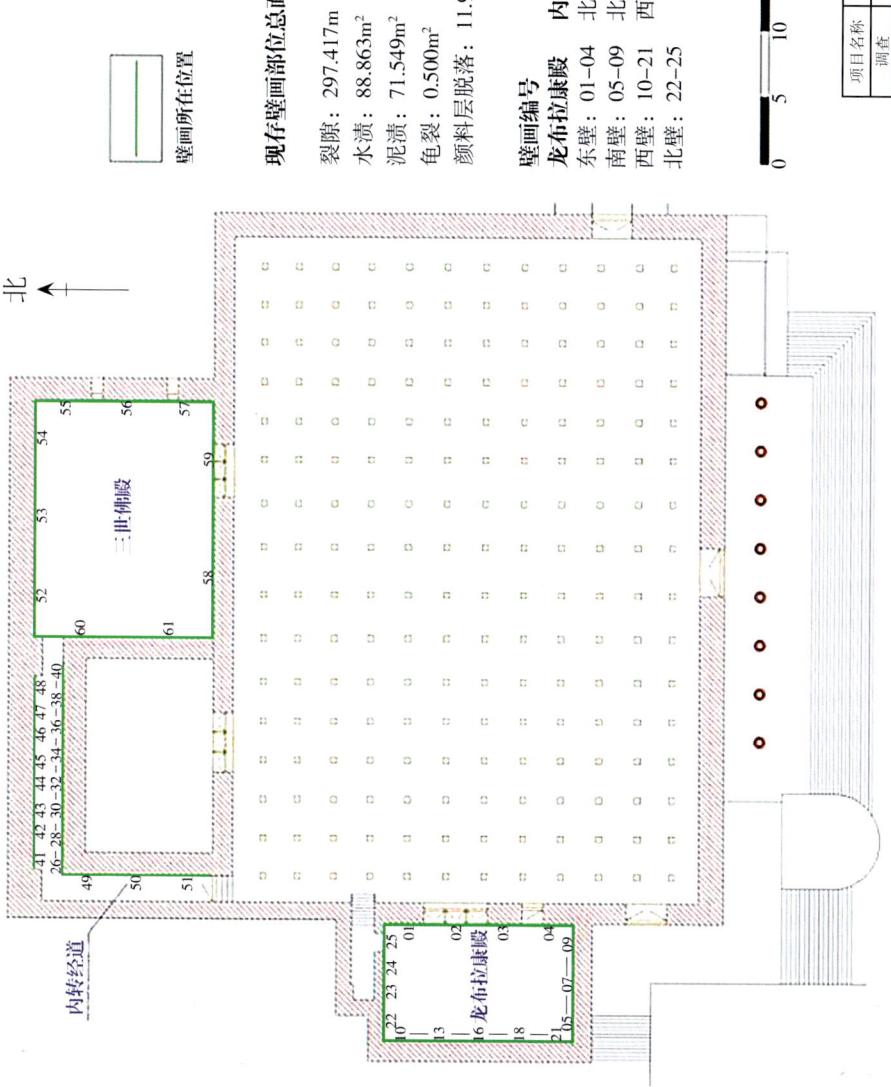

图版13 措钦大殿壁画分布及其病害情况

图版14　措钦大殿龙布拉康殿病害图

图版15　哲蚌寺甘丹颇章病害图

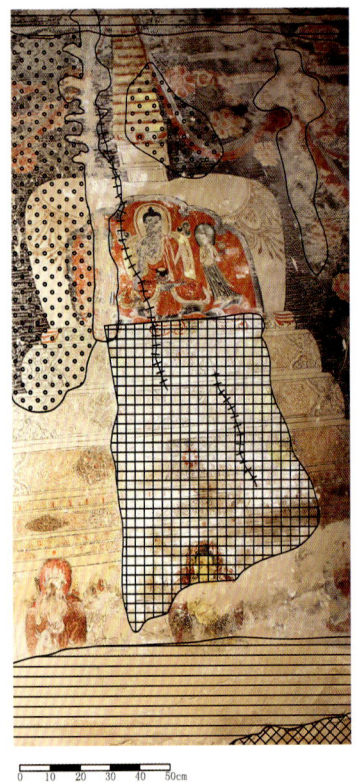

图版16　措钦大殿内转经道病害图

图版17　措钦大殿门厅四大天王病害图

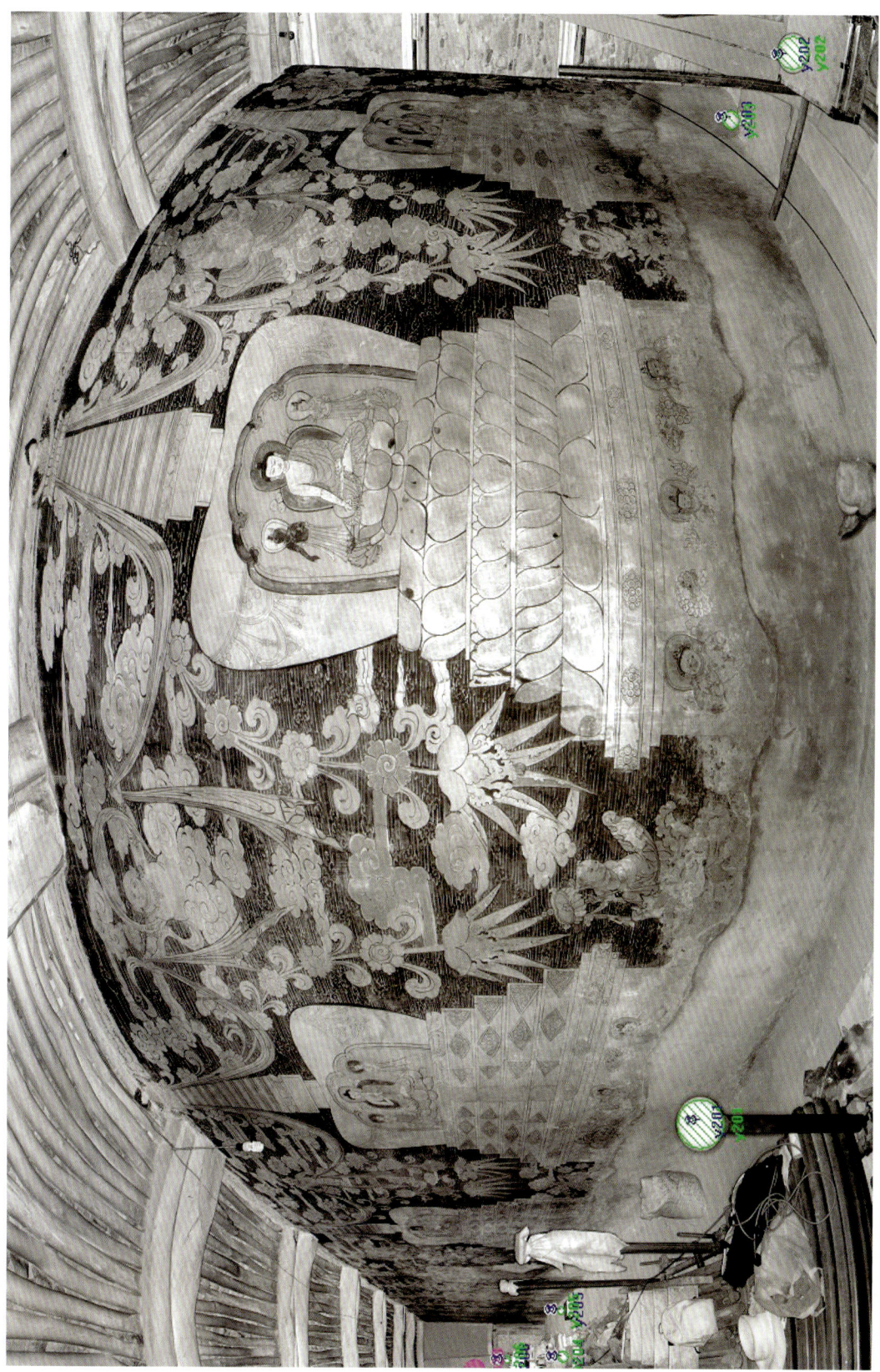

图版18 措钦大殿内转经道代表性原始点云数据截图（外平面）

图版19 措钦大殿内转经道代表性原始点云数据(整体点云图)

图版20 措钦大殿内转经道代表性纹理照片

当前点：11,023,932
所选的点：0

图版21　措钦大殿内转经道点云数据检核效果

图版22　措钦大殿内转经道三角网模型建立效果图（整体）

图版23　措钦大殿内转经道三角网模型建立效果图（局部）

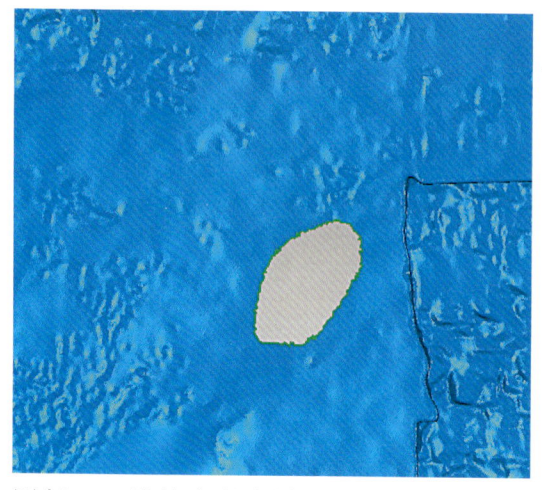 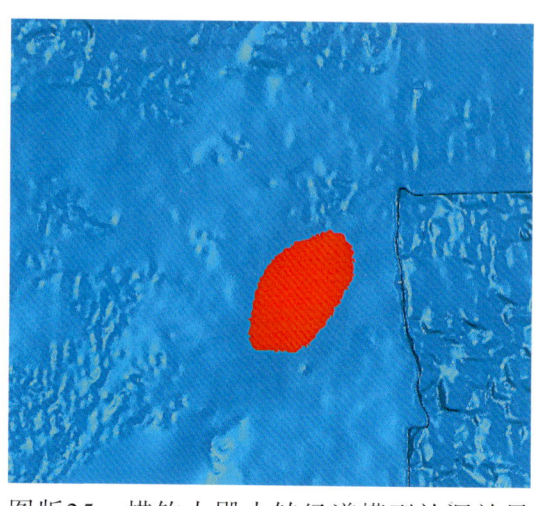

图版24　措钦大殿内转经道模型补洞效果（原数据）　　图版25　措钦大殿内转经道模型补洞效果（数据处理后）

图版26　措钦大殿内转经道三维模型成果（纵剖面示意图）

当前点：11,023,932
所选的点：307,728

图版27　措钦大殿内转经道剔除粗差效果（红色点为粗差）

图版28　措钦大殿内转经道三维点云图

图版29　措钦大殿内转经道白膜正射影像图

图版30　措钦大殿内转经道西壁壁画正射影像图

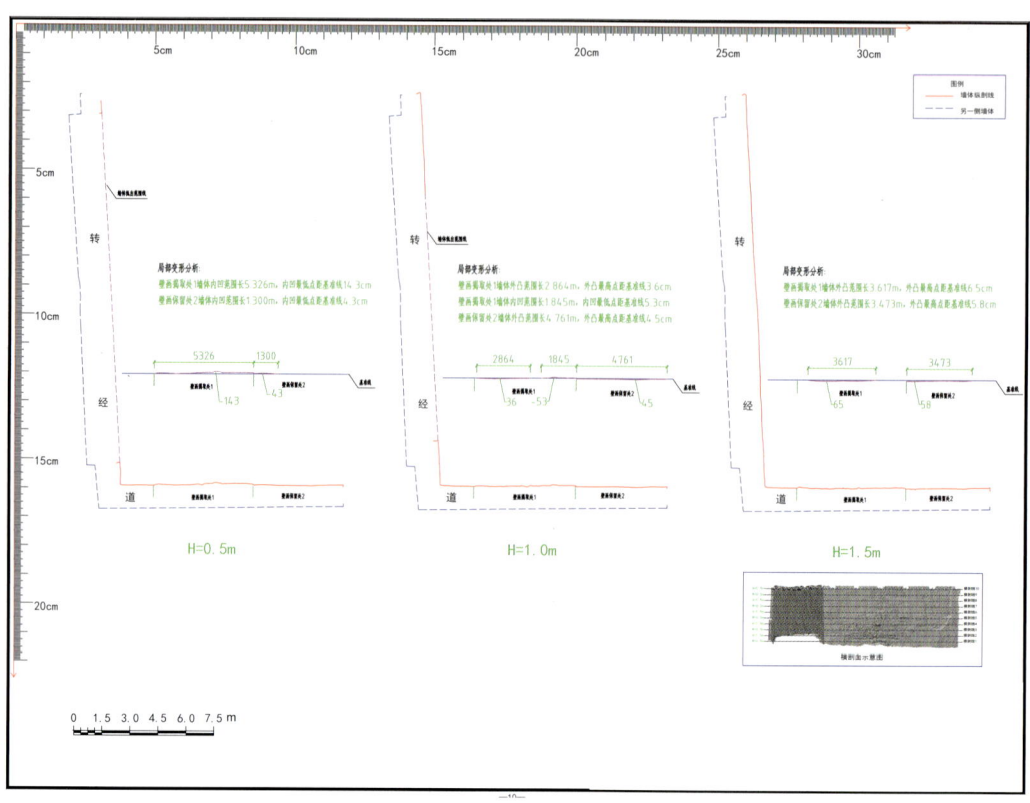

图版31　措钦大殿内转经道西壁墙体横剖面图1

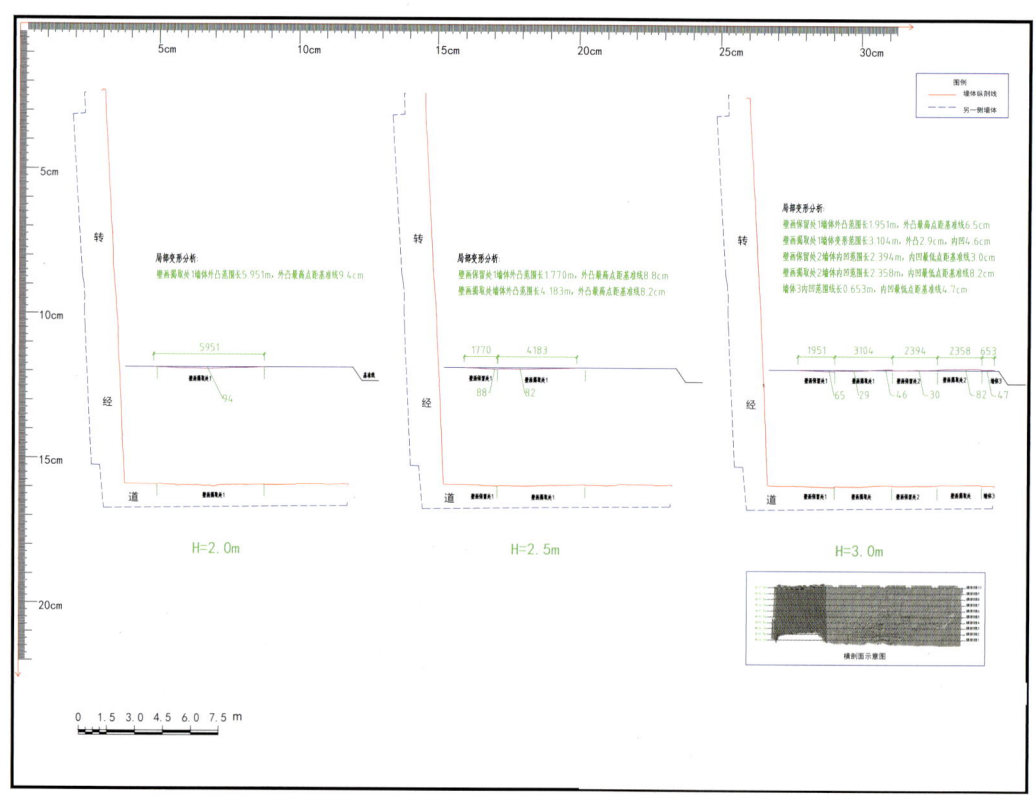

图版32　措钦大殿内转经道西壁墙体横剖面图2

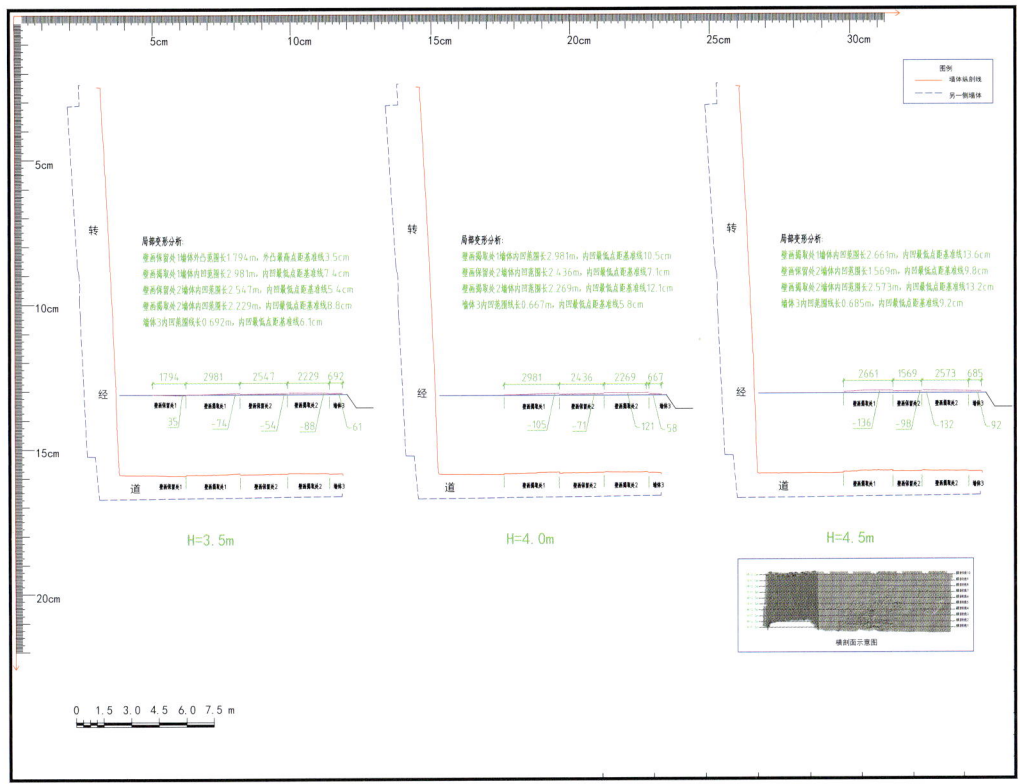

图版33　措钦大殿内转经道西壁墙体横剖面图3

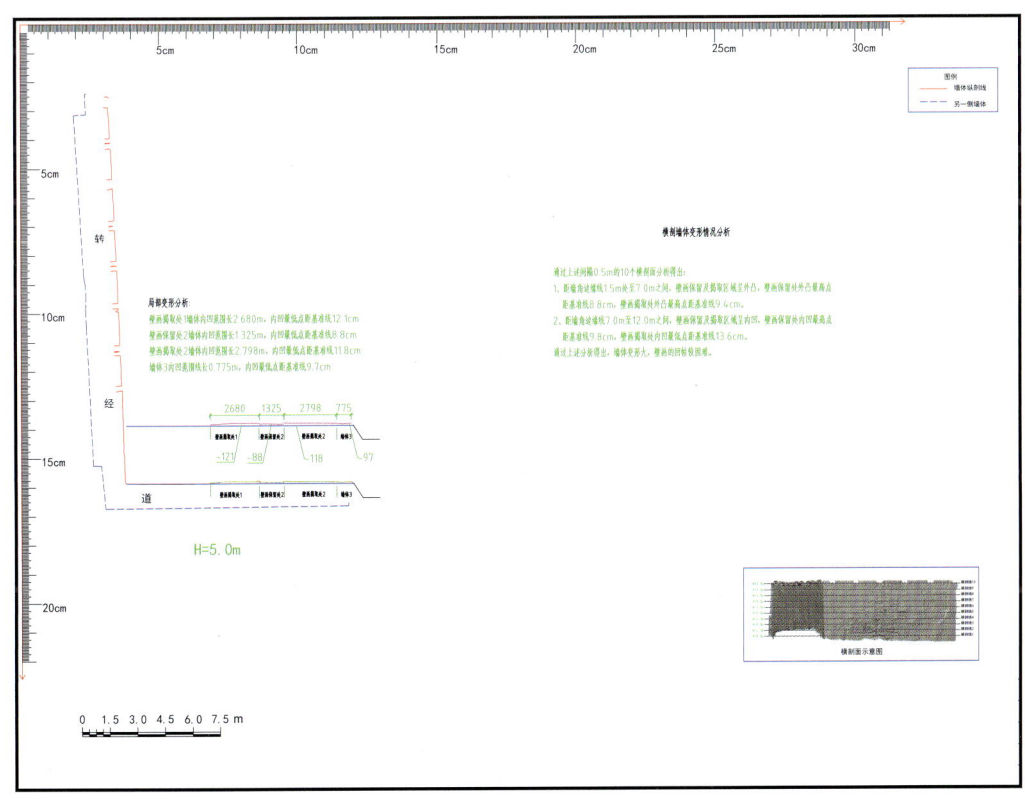

图版34　措钦大殿内转经道西壁墙体横剖面图4

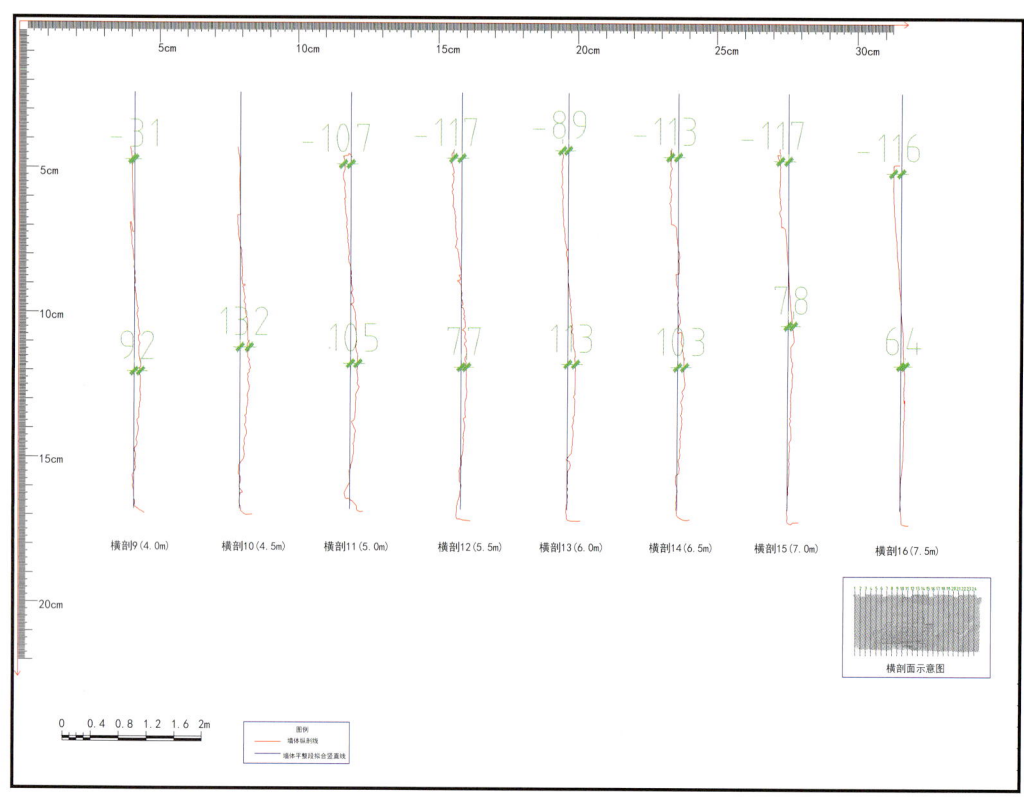

图版35　措钦大殿内转经道西壁墙体纵剖面图1

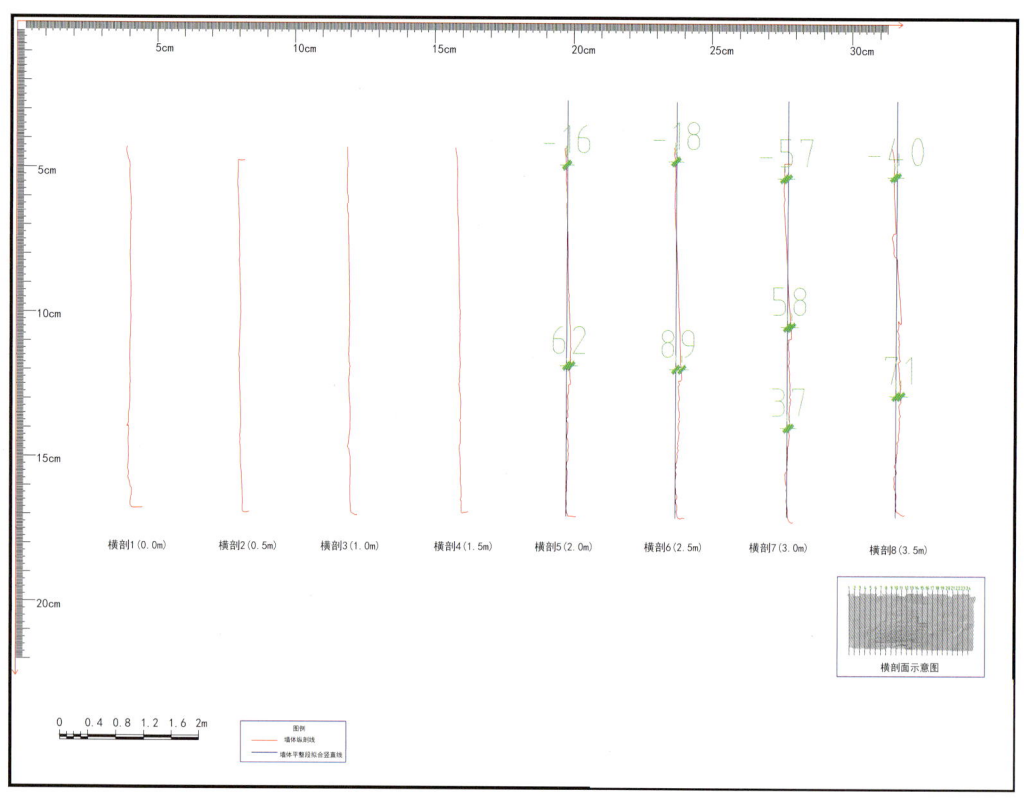

图版36　措钦大殿内转经道西壁墙体纵剖面图2

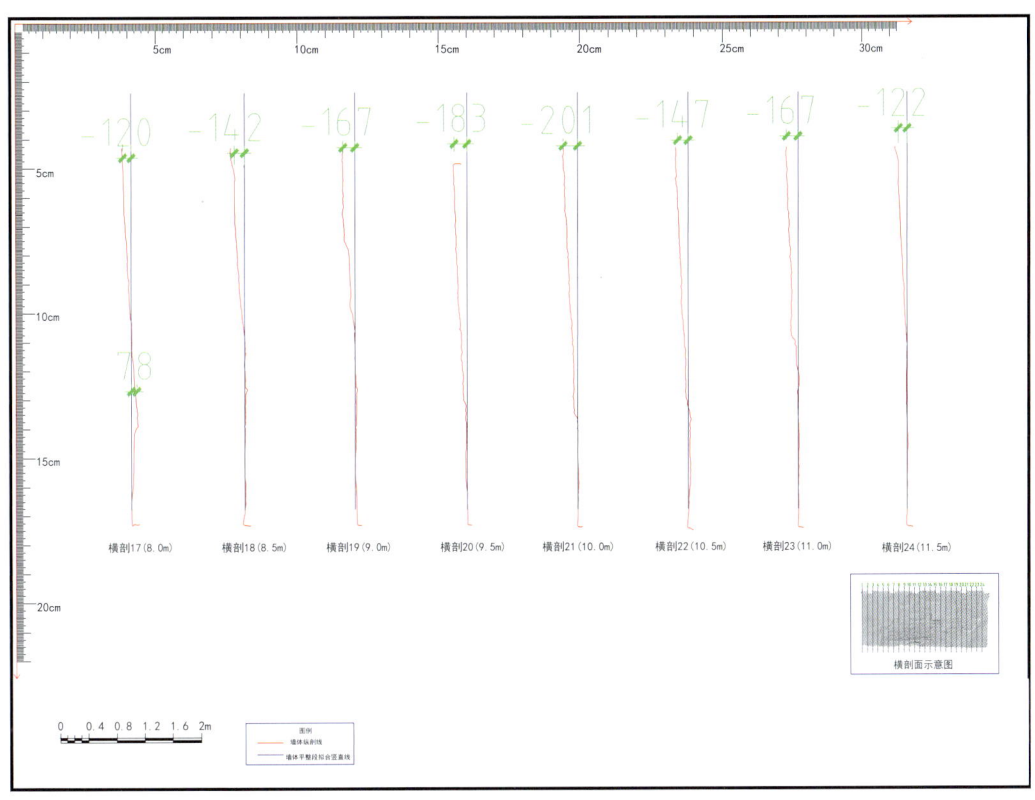

图版37　措钦大殿内转经道西壁墙体纵剖面图3

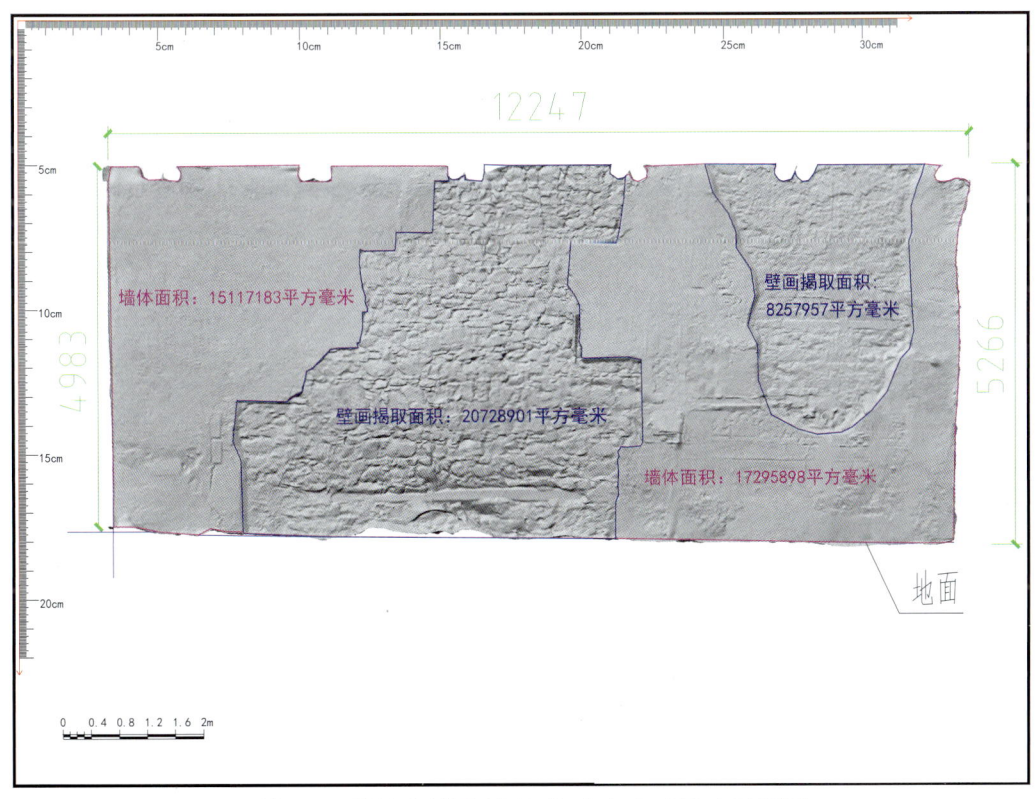

图版38　措钦大殿内转经道西壁壁画精确量算图

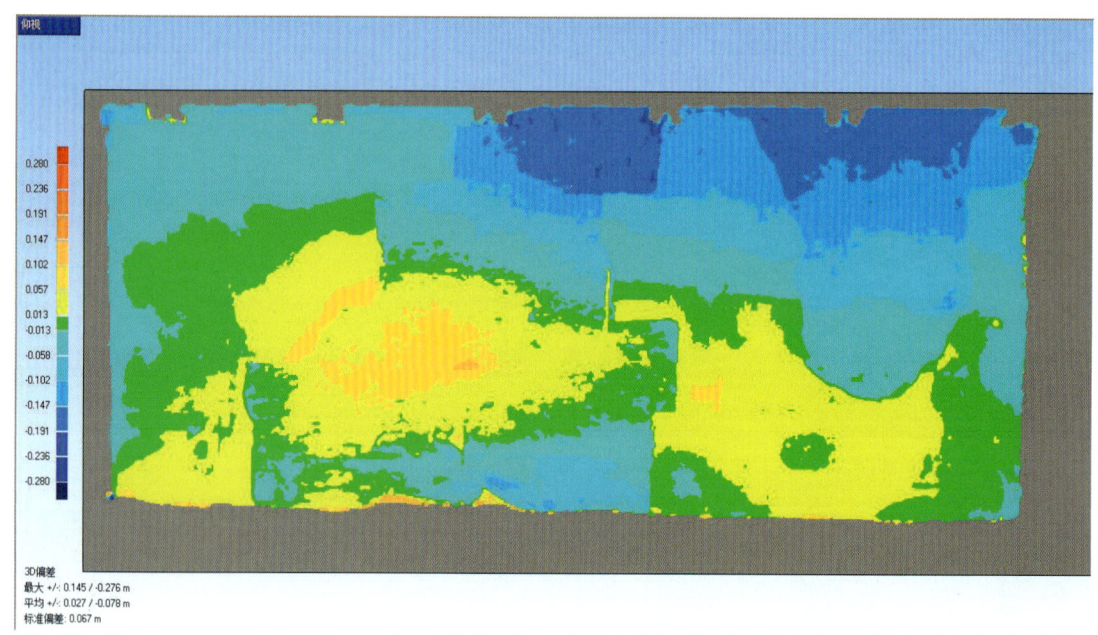

图版39　措钦大殿内转经道西壁墙体形态分析图

图版40　措钦大殿内转经道壁画颜料取样记录-1#白色颜料和0#地仗样品

图版41　措钦大殿内转经道壁画颜料取样记录-2#黑色颜料

图版42　措钦大殿内转经道壁画颜料取样记录-3#蓝色颜料

图版43　措钦大殿内转经道壁画颜料取样记录-4#红色颜料

图版44　措钦大殿内转经道壁画颜料取样记录-5#黄色颜料

图版45　措钦大殿内转经道壁画颜料取样记录-6#红色颜料

图版46　措钦大殿内转经道壁画颜料取样记录-7#绿色颜料

图版47　措钦大殿内转经道壁画颜料取样记录-9#红色颜料

图版48　措钦大殿内转经道壁画颜料取样记录-13#绿色颜料

图版49　措钦大殿内转经道壁画颜料取样记录-10#沥粉

图版50　措钦大殿内转经道壁画颜料取样记录-11#红色颜料

图版51　措钦大殿内转经道壁画颜料取样记录-12#黄色颜料

图版52　措钦大殿内转经道壁画颜料取样记录-8#蓝色颜料

图版53　措钦大殿内转经道壁画颜料取样记录-14#红色颜料

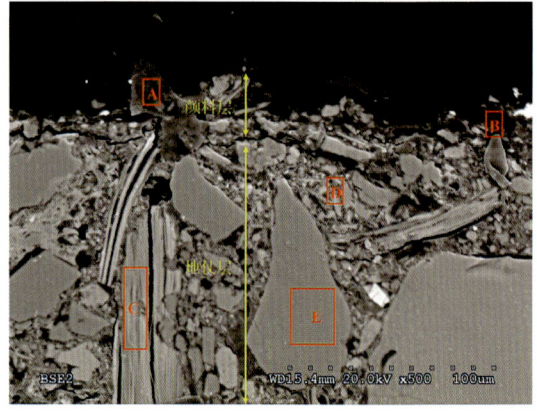

图版54　措钦大殿内转经道西壁2#黑色颜料SEM-EDX显微结构及分析点位置

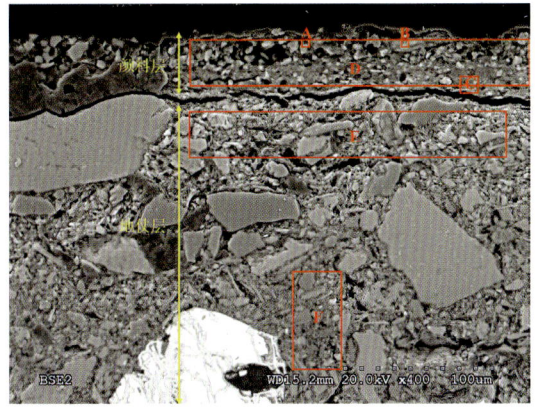

图版55 措钦大殿内转经道西壁1#白色颜料SEM-EDX显微结构及分析点位置

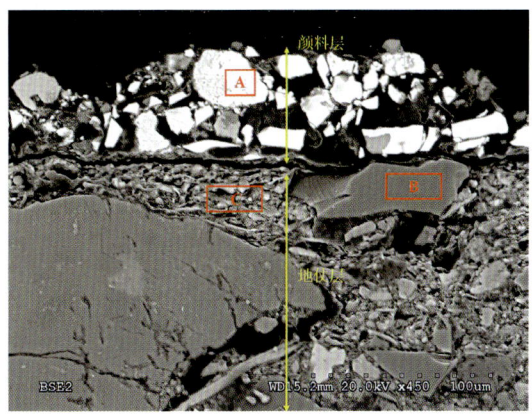

图版56 措钦大殿内转经道西壁8#蓝色颜料SEM-EDX显微结构及分析点位置

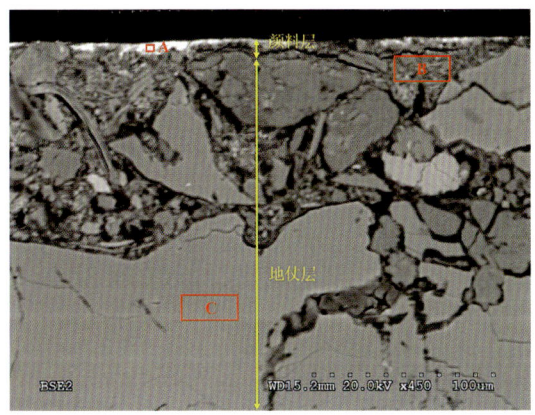

图版57 措钦大殿内转经道西壁5#黄色颜料SEM-EDX显微结构及分析点位置

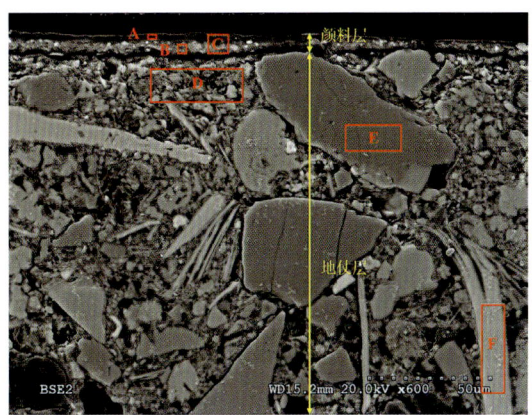

图版58 措钦大殿内转经道西壁14#红色颜料SEM-EDX显微结构及分析点位置

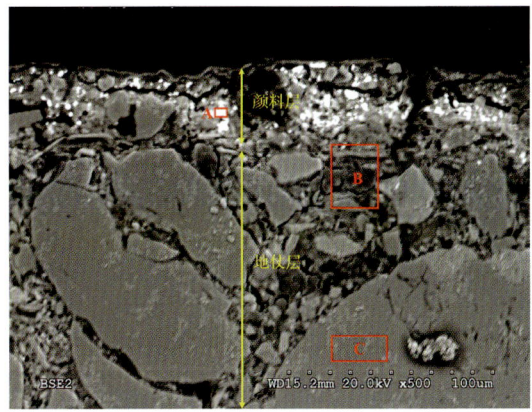

图版59 措钦大殿内转经道西壁4#红色颜料SEM-EDX显微结构及分析点位置

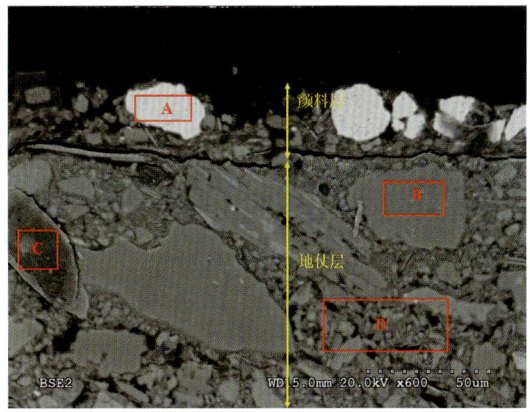

图版60 措钦大殿内转经道西壁7#绿色颜料SEM-EDX显微结构及分析点位置

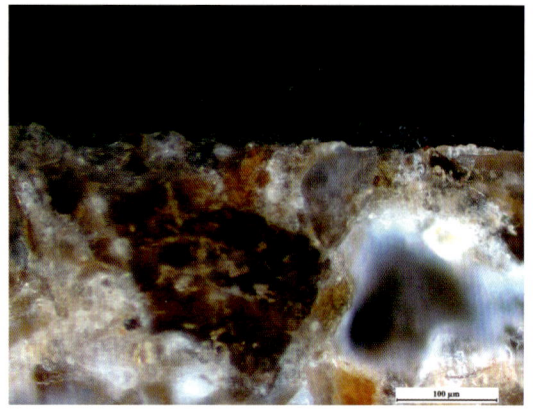

图版61 措钦大殿内转经道西壁2#黑色颜料样品的剖面显微结构

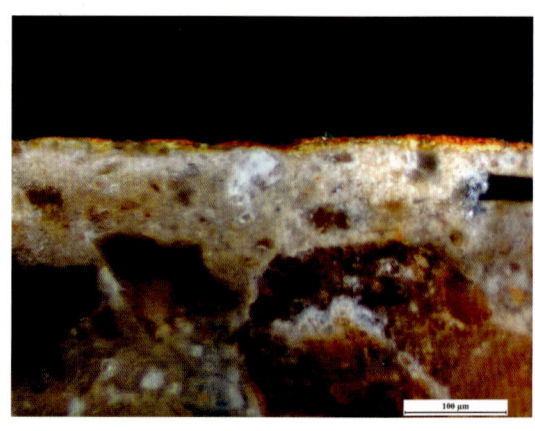

图版62 措钦大殿内转经道西壁9#红色颜料样品的剖面显微结构

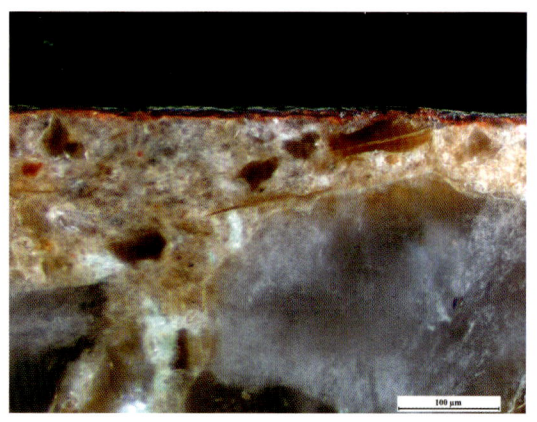

图版63 措钦大殿内转经道西壁14#红色颜料样品的剖面显微结构

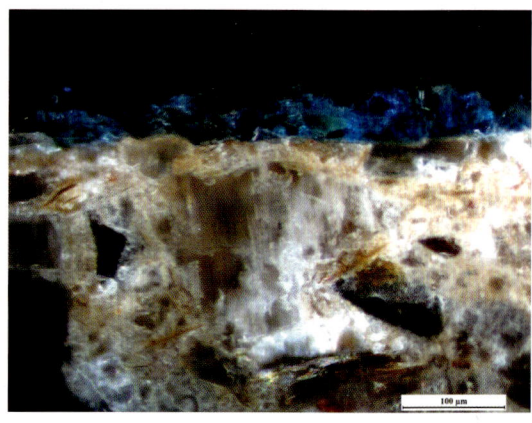

图版64 措钦大殿内转经道西壁8#蓝色颜料样品的剖面显微结构

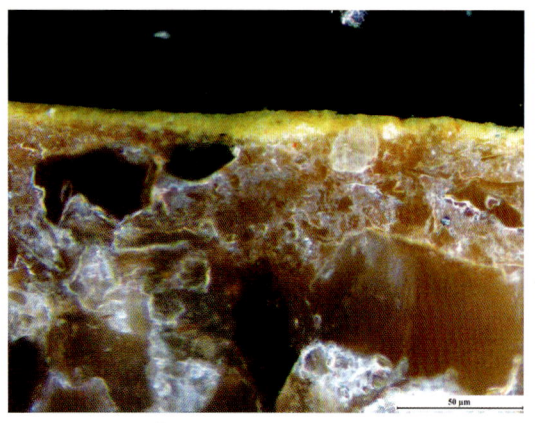

图版65 措钦大殿内转经道西壁5#黄色颜料样品的剖面显微结构

图版66 措钦大殿内转经道壁画支撑体-墙体结构

图版67　措钦大殿内转经道壁画地仗层

图版68　措钦大殿龙布拉康殿东壁壁画裂隙

图版69　措钦大殿龙布拉康殿北壁壁画裂隙

图版70　措钦大殿龙布拉康殿北壁壁画裂隙

图版71 哲蚌寺甘丹颇章壁画裂隙

图版72 措钦大殿龙布拉康殿壁画脱落

图版73 哲蚌寺甘丹颇章壁画脱落

图版74 措钦大殿门厅四大天王壁画龟裂

图版75 措钦大殿门厅四大天王壁画起甲脱落

图版76 措钦大殿壁画粉化脱落

图版77 措钦大殿龙布拉康殿壁画粉化脱落

图版78 措钦大殿内转经道壁画水渍

图版79 措钦大殿内转经道壁画泥渍

图版81 措钦大殿烟熏壁画

图版80 措钦大殿壁画烟熏覆盖

图版82 措钦殿龙布拉康殿壁画表面划痕

图版83 措钦大殿龙布拉康大殿壁画表面覆盖

图版84 混合焙烧灰土材料水合28天扫描电子显微镜照片（×2000）

图版85 混合焙烧灰土材料水合365天扫描电子显微镜照片（×2000）

图版86　壁画空鼓区域开注浆孔

图版87　空鼓区域埋设注浆管

图版88　支顶空鼓壁画

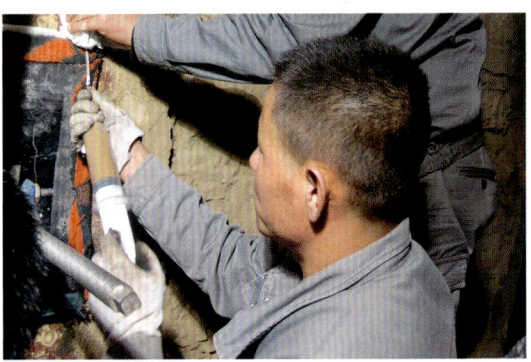

图版89　空鼓壁画灌浆加固

图版90　支顶、回帖壁画

图版91　在注浆孔打锚杆孔

图版92　呈网状钉入锚杆

图版93　按照传统藏传佛教壁画绘画材料与技法进行补绘

图版94　措钦大殿门厅四大天王壁画表面除尘

图版95　措钦大殿门厅四大天王起甲壁画注射黏合剂

图版96　棉球滚压起甲壁画

图版97　木质修复刀压平起甲壁画

图版98　措钦大殿门厅四大天王起甲壁画修复（前）

图版99　措钦大殿门厅四大天王起甲壁画修复（后）

图版100　涂敷2～3遍牛皮胶后壁画起甲情况

图版101　起甲壁画修复后效果

图版102　壁画表面清洗、颜料层加固

图版103　修补壁画地仗层裂隙

图版104　依据画面原有裂隙和内容分布确定分割线

图版105　桃胶粘贴一层宣纸

图版106　宣纸上用明胶粘贴纱布并做编号

图版107　整体揭取画面网格定位线

图版108　加深切割缝

图版109 铲割分离壁画地仗层与支撑体的粘结

图版110 壁画脱离墙体

图版111 揭取的壁画运至临时库房存放

图版112 内转经道壁画揭取分块示意图及锚杆位置记录

锚杆坐标（距西壁最北端的距离，距屋顶的距离），单位：cm。墙壁总长度12m，总高度5m

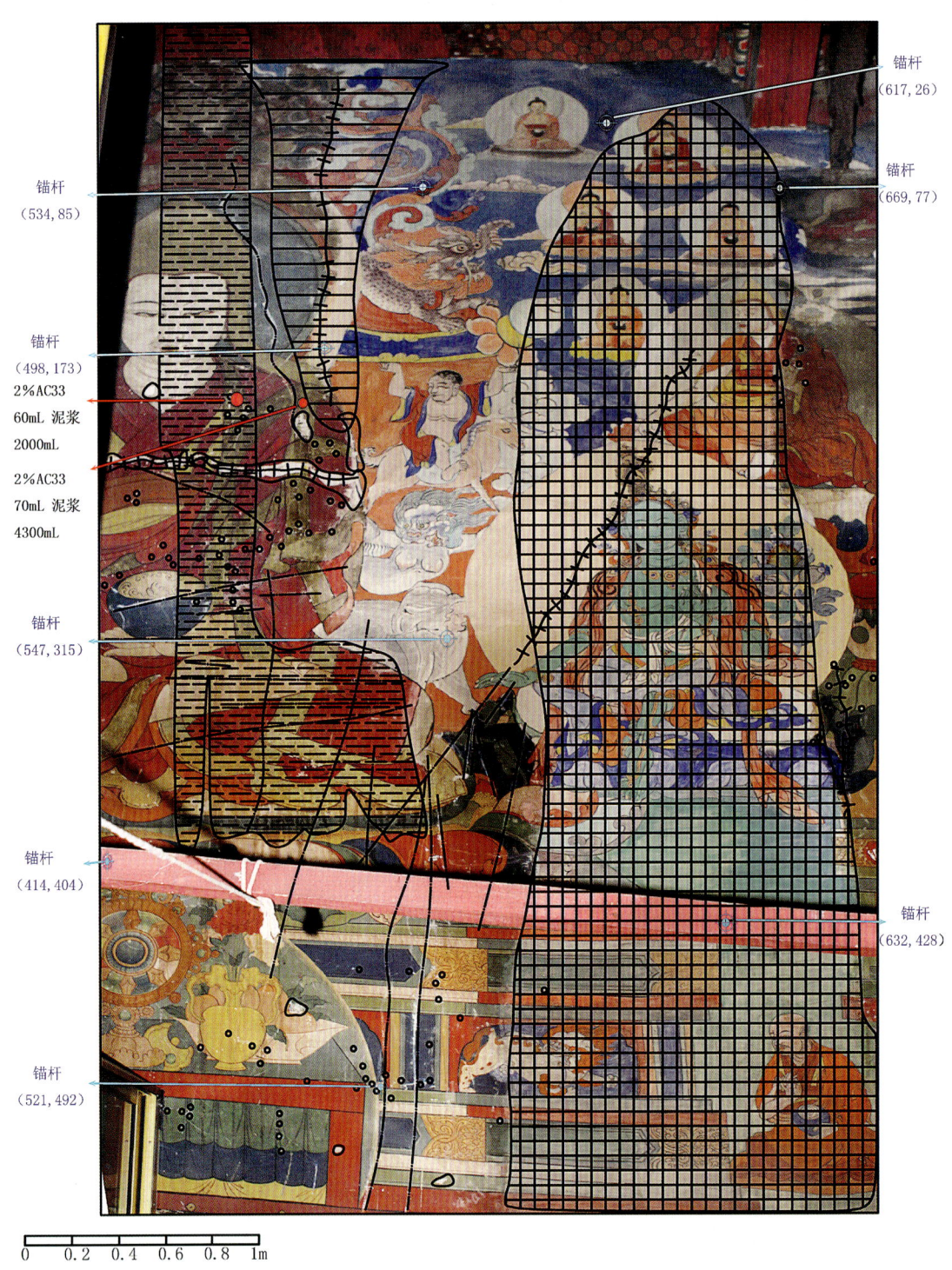

图版113 措钦大殿龙布拉康殿壁画修复施工与竣工图

锚杆坐标（距西壁的距离，距屋顶的距离），单位：cm

图版114 措钦大殿龙布拉康殿壁画修复(前)

图版115 措钦大殿龙布拉康殿壁画修复(中)

图版116 措钦大殿龙布拉康殿壁画修复(后)

图版117 措钦大殿龙布拉康殿壁画修复（前）

图版118 措钦大殿龙布拉康殿壁画修复（后）

图版119　哲蚌寺甘丹颇章壁画修复施工与竣工图

图版120　哲蚌寺甘丹颇章壁画修复（前）

图版121　哲蚌寺甘丹颇章壁画修复（中）

图版122　哲蚌寺甘丹颇章壁画修复（后）

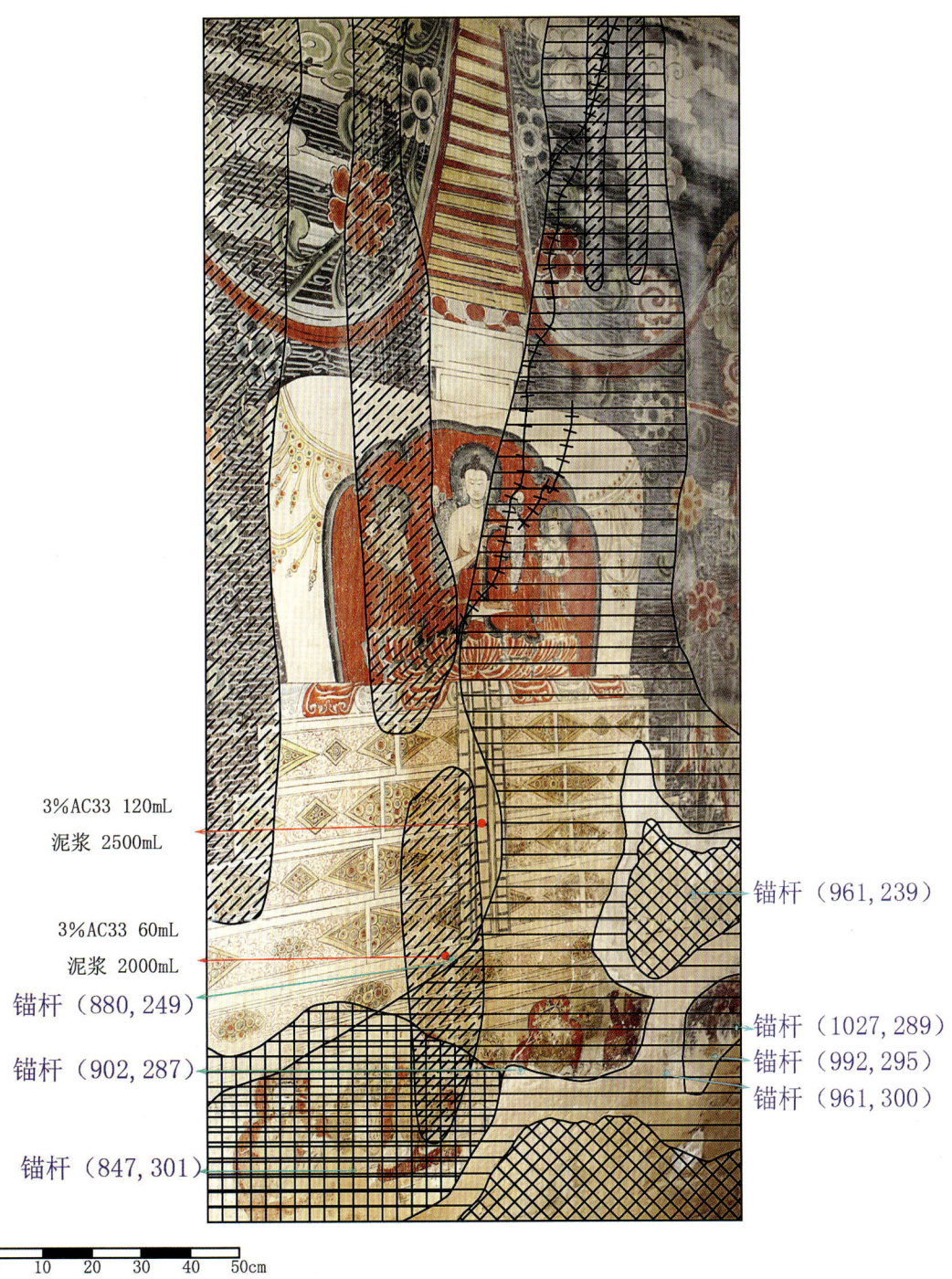

图版123　措钦大殿内转经道原位保护壁画施工与竣工图

锚杆坐标（距东壁门框的距离，距从东往西第五根横梁的距离），单位：cm

图版124 措钦大殿内转经道原位保护壁画修复（前）

图版125 措钦大殿内转经道原位保护壁画修复（后）

图版126 措钦大殿内转经道原位保护壁画修复（前）

图版127 措钦大殿内转经道原位保护壁画修复（后）

图版128 措钦大殿门厅四大天王壁画修复施工与竣工图

锚杆坐标（距正门东侧壁面最西端的距离，距门廊房顶的距离），单位：cm

图版130 措钦大殿门厅四大天王壁画修复（后）

图版129 措钦大殿门厅四大天王壁画修复（前）